现代物流

一体化课程教学指导手册

主　　编　杨卫平　吴小杨　刘丽婉

副 主 编　黄惠珍　欧仙群　刘　玲

参　　编　张克难　陈璐璐　赵楠楠　莫　畏

　　　　　张　华　林燕萍　罗家慧　王文隶

编　　辑　林　枫　李　夏

校　　对　甘素文　廖婷婷

封面设计　林　枫　李燕东

图书在版编目（CIP）数据

现代物流一体化课程教学指导手册 / 杨卫平，吴小杨，刘丽婉主编. —成都：西南交通大学出版社，2022.10

ISBN 978-7-5643-8955-0

Ⅰ. ①现… Ⅱ. ①杨… ②吴… ③刘… Ⅲ. ①物流－教学研究－职业教育 Ⅳ. ①F252

中国版本图书馆 CIP 数据核字（2022）第 193420 号

Xiandai Wuliu Yitihua Kecheng Jiaoxue Zhidao Shouce

现代物流一体化课程教学指导手册

主编　杨卫平　吴小杨　刘丽婉

责任编辑	罗爱林
封面设计	林　枫　李燕东
出版发行	西南交通大学出版社 （四川省成都市金牛区二环路北一段 111 号 西南交通大学创新大厦 21 楼）
发行部电话	028-87600564　028-87600533
邮政编码	610031
网　　址	http://www.xnjdcbs.com
印　　刷	四川玖艺呈现印刷有限公司
成品尺寸	210 mm × 260 mm
印　　张	19.5
字　　数	633 千
版　　次	2022 年 10 月第 1 版
印　　次	2022 年 10 月第 1 次
书　　号	ISBN 978-7-5643-8955-0
定　　价	130.00 元

广州市工贸技师学院

一体化课程教学指导手册

编写委员会

主　　任　李红强

副 主 任　陈海娜

委　　员　周志德　陈志佳　吴多万

周红霞　王正旭　高小秋

朱　漫　刘炽平　伍尚勤

黄颂杰　甘　路　张扬吉

陈静君　李文远　宋　雄

陈　冰　符　强　杨　旭

李　江　寿丽君　陈　波

物流
项目
管理
仓管员
货代操作员
仓储主管
单证员
物流
运输配送专员

现代物流专业
思政特点

拓宽国际视野，树立爱国情怀，提升按规则办事意识、安全意识、风险意识、客户意识和沟通表达能力，做到爱岗敬业、求真务实。

现代物流专业课程思政方案

思政领域	融合的思政元素	课程名称	学习任务	思政内容
国家意识	国情观念（爱国情怀）	国际货运集装箱班轮运输代理作业	普货整箱出口作业	在接受委托确定货运海运航线和港口的过程中，通过收集各个船公司时政信息，选择维护我国主权统一、领土完整的船公司，培养爱国、技能报国的精神
	国际视野（贸易摩擦）	国际商品进出口关务管理	节能灯具出口关务管理	在准备货物出口相关数据中学习分析中美贸易摩擦问题对照明行业的影响，正确看待中美贸易摩擦问题，客观评价我国在国际上的经济地位，拓展国际视野，增强民族自信心

思政领域	融合的思政元素	课程名称	学习任务	思政内容
技术思想	技术运用（物流新技术）	国际货运集装箱班轮运输代理作业	普货整箱出口作业	学习拖车与报关流程，了解区块链技术、无人操作 AGV 等物流新技术，理解技术与人类文明的有机联系，提高学生掌握物流新技术的兴趣和意愿，提高技术运用能力
技术思想	技术运用（甩挂技术）	运输调度管理	汽车运输调度管理	分析和计算本任务情境下使用甩挂运输车辆情况下的成本构成，通过对比分析，突显出甩挂技术的优势，使学生充分体会到科学技术在提高物流工作效率上的重要作用
	实证求真（项目管理）	物流项目管理	校园快件派取项目管理	在市场调研、制作商业计划书的过程中，不畏困难，坚持不懈，大胆尝试，积极寻求有效的解决问题方法，培养实证求真的探索精神

现代物流专业课程思政方案

思政领域	融合的思政元素	课程名称	学习任务	思政内容
职业素养	规则意识（道德意识）	快递作业	国内快递操作	学习快递行业操作规范，分析派件过程中的不当操作及其不良后果，引以为戒，培养规则意识和良好的职业道德
职业素养	规则意识（法律意识）	快递作业	国际快递操作	学习报关报检的案例，填写报关单据，掌握国际快件的报关报检手续，提高行业操作的法律意识
	规则意识（离港手续）	船舶代理操作	船舶离港代理操作	按规范填写和制作各类单据，保证信息正确，并模拟向海关及检验检疫部门申报船舶离港手续，培养按规范办事的能力和规则意识
	爱岗敬业（单证审核）	国际商品进出口关务管理	山地车进口关务管理	通过反面案例教学，引导学生在审核单证中做到不厌其烦、细心细致，培养良好的职业素养和爱岗敬业精神
	规则意识（仓储合同）	仓储与配送操作	单一品种商品入库操作	学习仓储合同内容及格式规范，学习和分析纠纷案例，尝试制定并签订符合规范的合同，培养合同规则意识

现代物流专业课程思政方案

思政领域	融合的思政元素	课程名称	学习任务	思政内容
人文素养	厚德精技（入库操作）	仓储与配送操作	单一品种商品入库操作	利用立体仓储学习系统，反复进行商品上架入库实操练习，提升学生对上架入库活动的认识和技能熟练程度，培养学生厚德精技的品质
	健全人格（积极心态）	托运作业	服装包托运作业	根据脚本扮演客户和收件员，模拟上门取件，面对不同客户做到克制情绪、放平心态、有问有答、有礼有节，培养积极向上的心态

思政领域	融合的思政元素	课程名称	学习任务	思政内容
专业文化	客户服务意识	海运航线认知	太平洋航线认知	角色扮演，模拟海运咨询过程，接受客户的海运咨询，加强沟通表达能力，培养客户服务意识

思政领域	融合的思政元素	课程名称	学习任务	思政内容
专业文化	风险防控意识（项目管理）	物流项目管理	校园快件派取项目管理	学习多个物流工程项目中因风险防控意识薄弱导致的典型事故，分析校园快件派取项目的潜在风险，提出应对方案，深刻理解风险防控的重要性，提高风险防控意识
	风险防控意识（海运操作）	国际货运单证操作	国际海运单证操作	学习缮制海运提单，通过讨论条款在“风险防控”方面的作用和重要性等活动提高对国际海运活动中风险的认识，将常用的规避防控的手段熟练应用到实践活动中，提升海运操作中的风险防控意识
	企业精神	快递作业	国内快递操作	观看快递公司企业文化视频，了解速运文化理念、企业愿景、企业核心价值观等，并能使用 PPT 介绍企业文化，增进对行业的认知，培养良好的职业认同感，领悟企业精神
	安全管理意识	配送中心运营管理	配送中心在库管理	学习仓储安全知识，模拟仓库日常安全管理工作，锻炼实操技能，增强安全管理意识

目录

思政融合

专创任务

初级工
新手

中级工
生手

高级工
熟手

职业能力成长阶梯

课程 1　海运航线认知

课时：80

学习任务 1
太平洋航线认知
（50）学时

学习任务 2
大西洋航线认知
（30）学时

课程目标

完成本课程后，学生应当能够完成太平洋航线认知和大西洋航线认知工作，如根据客户的委托信息填制货物托运信息表，根据货物起运时间计算预计到港时间，确定该次航运航线所在区域并制作航线的线路图，熟知太平洋及大西洋重要国家、地区与港口分布的位置，明确太平洋及大西洋各条航线的航行特点、沿线国家或地区的地理状况，港口的进出口贸易情况等信息，选择适合客户所要求的起运港、中转港、目的港的海运航线等工作任务；并严格执行行业操作管理制度，具备独立分析与解决非常规性专业问题的能力。具体要求如下：

1. 能根据广州 JH 电子贸易有限公司的来电，与客户沟通，收集客户该次托运的各项信息（货物品名、体积、重量，运输时间、起运港、目的港等），制作货物托运信息表。
2. 能根据客户航运时间要求，估算该次货物在起运港的起运时间，到达目的港的时间，通过时区的区时计算方法，计算出到达旧金山港的时间，为选择船公司做准备。
3. 根据客户航运的起运港、目的港等信息，确定该次航运航线所在区域为太平洋与大西洋航线组，制作太平洋与大西洋航线的线路图。
4. 为准确认知航线，能熟知环太平洋与大西洋的重要国家、地区与港口分布的位置，制作太平洋与大西洋航线国家、地区与港口位置图。
5. 为准确认知航线，能明确太平洋航线及大西洋航线中远东—北美西海岸航线，远东—加勒比、北美东海岸等航线的航行特点、沿线国家或地区的地理状况，港口的进出口贸易情况等信息，制作相关航线的情况简介 PPT。
6. 根据所知的太平洋航线中航行特点、所经国家或地区港口及港口进出口货物等情况，选择适合客户要求的起运港、中转港、目的港的海运航线。
7. 根据确定的太平洋航线，搜索走该航线的船公司信息，获取船期表，结合客户的托运信息，选择符合客户时间、港口、货物等航运要求的船名、航次，与船公司联系订舱。
8. 在接收货主委托海运工作中，充分了解太平洋与大西洋的航线信息，与客户耐心、友善地沟通，秉承诚信的态度为客户服务，满足客户航运需求。
9. 了解各船公司数字化平台上航线搜索的功能操作，运用船公司数字化平台完成客户货物门到门运送的需求，比如长荣的 GREENX 平台、马士基的数字化平台等。

课程内容

根据课程目标逐条梳理学习内容。

1. 货物托运表的格式、内容，货物托运信息表的作用。
2. 班轮运输的基础知识。
3. 时区的定义与划分、时区的计算方法。
4. 全球 24 个时区的分布位置与特点。
5. 国际日界线的定义与特点。
6. 太平洋 6 条航线的名称、作用。
7. 大西洋 5 条航线的名称、作用。
8. 太平洋 6 条航线路的分布范围。
9. 大西洋 5 条航线线路的分布范围。
10. 太平洋 6 条航线所运输的货物类型。
11. 大西洋 5 条航线所运输的货物类型。
12. 太平洋航线所经的重要港口的名字和位置。
13. 大西洋航线所经的重要港口的名字和位置。
14. 太平洋航线所经国家、地区与港口出口贸易的货物。
15. 大西洋航线所经国家、地区与港口出口贸易的货物。
16. 东亚、北美西海岸以及欧洲等重要国家和港口的名称和位置。
17. 东亚、北美西海岸以及欧洲等沿海重要国家的自然地理风貌，经济发展特征，进出口贸易货物。
18. 订舱单的定义、作用、内容。
19. 订舱单传递的注意事项。
20. 太平洋及大西洋航线主要船公司信息。
21. 各大船公司船期表的内容。
22. 船期表中航线起运港、中转港、目的港的位置。
23. 客户沟通技巧和诚信的态度。

学习任务 1 太平洋航线认知

任务描述

学习任务学时：50 课时

任务情境

2017 年 2 月 1 日广州锦绣国际货代有限公司客服部小张接到广州 JH 电子贸易有限公司来电，该客户有一批电子产品从广州出发，经过韩国釜山、日本横滨运到美国旧金山。该批货物品名是英特尔 CPU 酷睿 5，货物重量 5.5 t，体积 6.4 m^3，需 2017 年 3 月 6 日前运抵目的港。锦绣国际货代公司的校企合作基地是我院货运代理实训基地，锦绣国际货代公司希望基地的学生能够借助校企合作资源，结合客户的货运要求，为客户选择合适的船舶航行线路，选择符合该次船运的船公司和航次，做好航线规划操作。

海运航线认知

工作流程和标准

工作环节 1

接受客户的海运咨询

1

1. 根据广州 JH 电子贸易有限公司的来电，与客户沟通，收集客户该次托运的各项信息（货物品名、体积、重量，运输时间、起运港、目的港等），制作货物托运信息表，在接收货主委托海运工作中，扮演业务员，充分了解太平洋与大西洋的航线信息，与客户耐心、友善地沟通，秉承诚信的态度为客户服务，满足客户航运需求。
2. 根据客户航运时间要求，估算该次货物在起运港的起运时间，到达目的港的时间，通过时区的区时计算方法，计算出到达旧金山港的时间，为选择船公司做准备。
3. 根据客户货运信息中的起运港、中转港、目的港，在全球海运四大航线组中判断该次货运航行应走的航线范围。

主要成果：

1. 货物托运信息表；
2. 四大航线组航行线路简介 PPT。

工作环节 2

搜集太平洋主要航线信息

2

1. 根据客户航运的起运港、目的港等信息，确定该次航运航线所在区域为太平洋航线组。
2. 为准确选择航线，需熟知环太平洋的重要国家、地区与港口分布的位置，制作太平洋航线国家、地区与港口位置图。教师引用船公司信息化平台案例视频，让学生了解各船公司现代化数字化平台上航线搜索的功能操作，比如长荣的 GREENX 平台、马士基的数字化平台等，认识现今航线规划信息化新技术。

主要成果：

1. 太平洋 6 条航线的线路图；
2. 太平洋航线国家、地区与港口位置图。

学习任务1　太平洋航线认知

工作环节3

分析太平洋各条航线

3

1. 为准确选择航线，需明确太平洋航线中远东—北美西海岸航线的航行特点、沿线国家或地区的地理状况，港口的进出口贸易情况等信息，制作远东—北美西海岸航线情况简介 PPT。
2. 明确远东—加勒比、北美东海岸航线的航行特点、沿线国家或地区的地理状况，港口的进出口贸易情况等信息，制作远东—加勒比、北美东海岸航线情况简介 PPT。
3. 明确远东—澳大利亚、新西兰航线的航行特点、沿线国家或地区的地理状况，港口的进出口贸易情况等信息，制作远东—澳大利亚、新西兰航线情况简介 PPT。
4. 明确太平洋其他航线的航行特点、沿线国家或地区的地理状况，港口的进出口贸易情况等信息，制作太平洋其他航线情况简介 PPT。

主要成果：

1. 远东—北美西海岸航线情况简介 PPT；
2. 远东—加勒比、北美东海岸航线情况简介 PPT；
3. 远东—澳大利亚、新西兰航线情况简介 PPT；
4. 太平洋其他航线情况简介 PPT。

工作环节4

选择合适的运输航线

4

1. 根据所知的太平洋航线中航行特点、所经国家或地区港口及港口进出口货物等情况，选择适合客户所要求的起运港、中转港、目的港的海运航线。
2. 根据确定的太平洋航线，搜索走该航线的船公司信息，获取船期表，结合客户的托运信息，选择符合客户时间、港口、货物等航运要求的船名、航次，与船公司联系订舱，制作船公司选择表、订舱单。

主要成果：

1. 订舱单；
2. 船公司选择表。

学习内容

知识点	1.1 货物托运表的格式、内容； 1.2 班轮运输的基础知识； 1.3 货物托运信息表的作用； 1.4 货物托运信息表	2.1 时区的定义与划分； 2.2 全球 24 个时区的分布位置与特点； 2.3 时区的计算方法； 2.4 国际日界线的定义与特点	3.1 航线及航路的定义及特点； 3.2 四大洋、七大洲的名字以及分布范围； 3.3 四大洋所属的四大航线组的航线名称及分布； 3.4 四大航线组中航线所经过的国家、地区与港口	4.1 太平洋 6 条航线的名称、作用； 4.2 太平洋 6 条航线线路分布范围； 4.3 太平洋 6 条航线所运输的货物类型	5.1 太平洋航线所经的国家、地区的名字和位置； 5.2 太平洋航线所经的重要港口的名字和位置； 5.3 太平洋航线所经国家、地区与港口出口贸易的货物； 5.4 各船公司数字化平台上航线搜索的功能操作
技能点	1.1 明确客户需求； 1.2 与客户耐心、友善地沟通，秉承诚信的态度为客户服务； 1.3 填写托运人、收货人全称、地址、联系方式等内容； 1.4 填写起运港、中转港、目的港等托运信息； 1.5 填写货物的品名、包装类型、重量、体积等信息	2.1 能分辨各国重要港口所在的时区位置； 2.2 根据起运港时间计算到达目的港的时间； 2.3 根据目的港时间计算起运港当前时间； 2.4 预计海运运输所需的时间	3.1 搜集四大航线组航线的路线分布信息； 3.2 描述四大航线组各自的特点、意义； 3.3 制作 PPT； 3.4 展示 PPT	4.1 画出太平洋 6 条航线的线路路径； 4.2 根据已有的航线线路写出对应的航线名称； 4.3 根据船公司的船期表，选择对应的太平洋航线线路； 4.4 制作太平洋 6 条航线的线路图	5.1 分辨太平洋航线的国家、地区和港口位置； 5.2 能在地图中指出其中一条太平洋航线所经的国家、地区与港口位置； 5.3 能指出该航线所经的重要海峡、运河等海运地理名称； 5.4 制作太平洋航线国家、地区和港口位置图
工作环节	工作环节 1 接受客户的海运咨询			工作环节 2 搜集太平洋主要航线信息	
成果	1.1 货物托运信息表	2.1 太平洋航线的线路图	3.1 四大航线组航行线路简介 PPT	4.1 太平洋 6 条航线的线路图	5.1 太平洋航线国家、地区与港口位置图
素养	行业认同感、客户服务意识	信息查询与筛选、沟通能力、文件编辑能力	信息查询能力、文件编辑能力、口头表达能力	文件编辑能力	文件编辑能力、平台技术应用能力

学习任务 1　太平洋航线认知

6.1 东亚沿海重要国家、地区和港口的名称、位置； 6.2 北美西海岸、重要国家和港口的名称、位置； 6.3 东亚—北美西海岸航线上沿海重要国家、地区的自然地理风貌，经济发展特征，进出口贸易货物； 6.4 东亚—北美西海岸航线上沿海重要港口的意义与作用	7.1 加勒比沿海重要国家和港口的名称、位置； 7.2 北美东海岸重要国家和港口的名称、位置； 7.3 远东—加勒比、北美东海岸航线上沿海重要国家的自然地理风貌，经济发展特征，进出口贸易货物； 7.4 远东—加勒比、北美东海岸航线上沿海重要港口的意义与作用	8.1 东南亚沿海重要国家和港口的名称、位置； 8.2 澳大利亚、新西兰沿岸重要国家和港口的名称、位置； 8.3 澳大利亚、新西兰沿岸航线上沿海重要国家的自然地理风貌，经济发展特征，进出口贸易货物； 8.4 澳大利亚、新西兰沿岸航线上沿海重要港口的意义与作用	9.1 南美洲沿海重要国家和港口的名称、位置； 9.2 南美洲沿海航线上沿海重要国家的自然地理风貌，经济发展特征，进出口贸易货物； 9.3 南美洲沿岸航线上沿海重要港口的意义与作用	10.1 东亚—美洲航线主要船公司信息； 10.2 船期表的内容； 10.3 东亚—美洲航线中起运港、中转港、目的港的位置	11.1 订舱单的定义、作用； 11.2 订舱单的内容； 11.3 订舱单的传递
6.1 描述东亚—北美西海岸航线国家、地区与重要港口的位置； 6.2 搜集东亚—北美西海岸航线主要运输的货物种类与运输特点的信息； 6.3 描述东亚—北美西海岸航线的经济地位和航线特点； 6.4 制作 PPT； 6.5 展示 PPT	7.1 描述远东—加勒比、北美东海岸航线国家与重要港口的位置； 7.2 搜集远东—加勒比、北美东海岸航线主要运输的货物种类与运输特点的信息； 7.3 描述远东—加勒比、北美东海岸航线的经济地位和航线特点； 7.4 制作 PPT； 7.5 展示 PPT	8.1 描述远东—澳大利亚、新西兰航线国家与重要港口的位置； 8.2 搜集远东—澳大利亚、新西兰航线主要运输的货物种类与运输特点的信息； 8.3 描述远东—澳大利亚、新西兰航线的经济地位和航线特点； 8.4 制作 PPT； 8.5 展示 PPT	9.1 描述太平洋其他航线国家与重要港口的位置； 9.2 搜集太平洋其他航线主要运输的货物种类与运输特点的信息； 9.3 描述太平洋其他航线的经济地位和航线特点； 9.4 制作 PPT； 9.5 展示 PPT	10.1 选择符合客户时间、港口、货物等航运要求的船名、航次； 10.2 制作航线选择分析表； 10.3 制作船公司选择表	11.1 撰写邮件，与船公司联系订舱； 11.2 识读订舱单； 11.3 缮制订舱单

6.1 远东—北美西海岸航线情况简介 PPT	7.1 远东—加勒比、北美东海岸航线情况简介 PPT	8.1 远东—澳大利亚、新西兰航线情况简介 PPT	9.1 太平洋其他航线情况简介 PPT	10.1 船公司选择表	11.1 订舱单
信息查询能力、文件编辑能力、口头表达能力	信息查询能力、文件编辑能力、口头表达能力	信息查询能力、文件编辑能力、口头表达能力	信息查询能力、文件编辑能力、口头表达能力	文件编辑能力	文件编辑能力

课程 1　海运航线认知

学习任务 1　太平洋航线认知

1 接受客户的海运咨询 → 2 搜集太平洋主要航线信息 → 3 分析太平洋各条航线 → 4 选择合适的运输航线

接受客户的海运咨询

工作子步骤	教师活动	学生活动	评价
托运信息收集	1. 给学生互联网搜索信息的提示，抽点学生回答托运表相关问题。 2. 观察各小组情境模拟的过程，提出双方沟通过程中的问题并指导，特别留意学生沟通过程中是否能保持诚信、友善、耐心的沟通态度。 3. 通过视频教学法提出货物托运信息表填写规则，抽点学生展示完成的内容并点评。 4. 提出各小组互评规则与标准	1. 通过互联网搜索信息，独立学习货物托运表的知识。 2. 情境模拟，一组扮演客户、一组扮演货代操作员，双方通过面谈、电话等方式沟通获取客户托运信息。 3. 搜集客户提供的托运人、货物、中转港等信息，观看教学视频，按照填写规则填写工作页中的货物托运信息表。 4. 扮演操作员的小组成员在沟通时要保持耐心、友善、诚信的沟通态度。 5. 各小组交换信息表互评，指出不规范的内容并提出修改建议	1. 教师抽点各小组情境模拟活动并点评（师评）。 2. 对填写在工作页中的货物托运信息表内容，教师抽点演示点评（师评）。 3. 各小组根据评价标准进行互评
课时： 4 课时 1. 硬资源：网络实训室（多媒体设备、互联网）等。 2. 软资源：工作页（货物托运信息搜集知识）、南北美洲货物托运信息表样本、互评评价标准等。			
计算时区时间	1. 通过教师机下发时区教学 PPT 并抽点学生回答问题。 2. 通过视频教学法让学生明白目的港、起运港所在时区及时区划分。 3. 通过行动导向法让学生完成时区计算题，通过案例分析法讲解时区计算过程。 4. 对各小组计算过程进行监控及指导。 5. 提出互评规则与标准	1. 接收由教师发来的教学 PPT，独立学习，完成时区的定义、24 时区分布、各国或地区港口所在时区等问题。 2. 观看案例视频，结合工作页情境描述内容，写出客户需求的目的港、起运港所在时区以及两港口相差多少小时。 3. 完成工作页中时区的计算题，依据已知的起运港时间计算目的港的时间。 4. 各小组交换计算结果互评	1. 对填写在工作页中的时区计算的内容，教师抽点小组演示并点评（师评）。 2. 各小组根据评价标准互评
课时： 4 课时 1. 硬资源：网络实训室（多媒体设备、互联网）等。 2. 软资源：工作页（时区划分及计算知识）、全球港口及时区分布图、互评评价标准等			

1 接受客户的海运咨询 → 2 搜集太平洋主要航线信息 → 3 分析太平洋各条航线 → 4 选择合适的运输航线

	工作子步骤	教师活动	学生活动	评价
接受客户的海运咨询	搜集国际货运航线信息	1. 给出互联网搜索的关键词，教师抽点学生回答四大洋、七大洲的地理知识。 2. 指导学生分组并描述关键词法的学习规则，引导各小组标示四大航线的关键词，小组间互相描述其关系。 3. 让各小组代表在白板上展示通过关键词法所了解到的四大航线知识。 4. 提出互评规则与标准	1. 利用互联网搜索信息学习四大洋、七大洲、四大航线组的名字和分布范围。 2. 分小组运用关键词法在世界地图中找出四大航线组各条航线所经国家、地区及港口。 3. 回答工作页中的问题：①四大航线分别是什么？②四大航线所经的大型港口有哪些？③四大航线途径哪些国家或地区？ 4. 分小组制作四大航线组航行线路简介PPT。 5. 各小组互评	1. 对填写在工作页中的四大航线的内容，教师抽点小组 PPT 演示并点评（师评）。 2. 各小组根据评价标准互评
	课时： 4 课时 1. 硬资源：网络实训室（多媒体设备、互联网）等。 2. 软资源：工作页（四大洋、七大洲的知识）、世界地图、四大航线分布图及相关资料、互评评价标准等			
搜集太平洋主要航线信息	搜集太平洋航线的线路信息	1. 给出互联网搜索的关键词，抽点学生回答太平洋的 6 条航线。 2. 指导学生明白旋转木马法的学习规则，引导学生分小组让各成员相互介绍所学内容，监督各小组的最终展示，归纳总结成果。 3. 评价学生成果，并引导学生在工作页中正确绘制 6 条航线的线路图。 4. 提出互评规则与标准	1. 利用互联网搜索信息学习太平洋的 6 条航线。 2. 分小组运用旋转木马法相互介绍 6 条航线的路径位置及航线名称，并归纳总结后展示给其他小组。 3. 根据展示内容在工作页中完成 6 条航线线路图的绘制。 4. 各小组成果互评	1. 对填写在工作页中的航线路径及名称，进行点评（师评）。 2. 对各小组制作的线路图进行点评（师评）。 3. 各小组根据评价标准互评
	课时： 4 课时 1. 硬资源：网络实训室（多媒体设备、互联网）等。 2. 软资源：工作页（太平洋 6 条航线的知识）、6 条航线分布及相关资料、互评评价标准等			

课程 1　海运航线认知

学习任务 1　太平洋航线认知

1 接受客户的海运咨询 → 2 搜集太平洋主要航线信息 → 3 分析太平洋各条航线 → 4 选择合适的运输航线

	工作子步骤	教师活动	学生活动	评价
搜集太平洋主要航线信息	搜集太平洋航线国家与港口位置信息	1. 下发教学 PPT，抽点学生回答太平洋航线国家或地区、港口位置。 2. 教师指导学生了解自由市场法的学习规则，引导学生分组完成太平洋航线上港口、海峡、运河等地理名称及位置标示内容，数字化平台上航线搜索的功能操作，客户货物门到门运送的操作。 3. 对各小组填写航线所经海峡、运河等地理名称进行控制与指导。 4. 提出互评规则与标准	1. 利用教师的 PPT 以及视频案例，学习太平洋航线所经的国家或地区、港口，数字化平台上航线搜索的功能操作，客户货物门到门运送的操作。 2. 分小组运用自由市场法将太平洋航线上港口、海峡、运河等地理名称及位置写在白纸上。 3. 各小组相互借鉴所描述的内容，在认为正确的小组旁贴上小红花，并回到自己小组改正答案。 4. 根据改正的内容完成工作页中的问题，标出太平洋航线的国家或地区、港口位置，并制作位置图。 5. 各小组成果互评	1. 对填写在工作页中海峡、运河等地理名称，教师抽查并点评（师评）。 2. 对各小组制作的国家或地区、港口位置图进行点评（师评）。 3. 各小组根据评价标准互评
	课时： 4 课时 1. 硬资源：网络实训室（多媒体设备、互联网）等。 2. 软资源：工作页（太平洋航线沿线港口、国家或地区的知识）、世界地图及太平洋周边国家或地区分布图等相关资料、互评评价标准等			
分析太平洋各条航线	分析远东—北美西海岸航线	1. 给出互联网搜索的关键词，抽点学生回答该条航线国家、港口情况。 2. 指导学生了解卡片法的学习规则，引导学生将本组意见写在白纸上，并汇总意见。 3. 引导学生正确地作答工作页中的内容。 4. 抽查各小组制作 PPT 的情况并讲评 PPT 展示的结果。 5. 提出互评规则与标准	1. 利用互联网资源独立学习远东—北美西海岸航线线路所经国家、港口的情况。 2. 分小组运用卡片法将东亚—北美西海岸航线的国家地理风貌、港口位置、出口贸易货物等内容进行总结并展示。 3. 根据总结内容填写工作页中的问题：①东亚国家或地区重要港口有哪些？②上海港、釜山港进出口的货物有哪些？③西雅图港、奥克兰港是什么类型的港口？ 4. 分小组制作远东—北美西海岸航线情况简介 PPT，介绍该航线国家、港口、进出口货物的情况。 5. 各小组成果互评	1. 对填写在工作页中东亚—北美西海岸沿线国家、港口等内容，教师抽查并点评（师评）。 2. 对各小组展示的远东—北美西海岸航线情况简介 PPT 进行点评（师评）。 3. 各小组根据评价标准互评
	课时： 5 课时 1. 硬资源：网络实训室（多媒体设备、互联网）等。 2. 软资源：工作页（东亚—北美西海岸航线港口、国家的知识）、东亚—北美西海岸航线图及相关资料、互评评价标准等			

基准学时：50

1 接受客户的海运咨询 → 2 搜集太平洋主要航线信息 → 3 分析太平洋各条航线 → 4 选择合适的运输航线

分析太平洋各条航线

工作子步骤	教师活动	学生活动	评价
分析远东—加勒比、北美东海岸航线	1. 给出互联网搜索的关键词，抽点学生回答该条航线国家、港口情况。 2. 指导学生了解小组拼图法的学习规则：①引导演示组学习将总结内容写在白纸上并展示。②引导专家组对白纸内容进行评价，提出意见。 3. 引导学生回答工作页中的问题。 4. 检查远东—加勒比、北美东海岸沿线的国家、港口相关简介内容，抽查各小组制作 PPT 的情况并讲评。 5. 提出互评规则与标准	1. 利用互联网资源独立学习远东—加勒比、北美东海岸航线所经国家、港口情况。 2. 分小组运用小组拼图法进行学习：①本小组将远东—加勒比、北美东海岸航线的国家地理风貌、港口位置、出口贸易货物等内容进行总结并展示。②其他小组组成专家组对该小组总结情况进行提问并发表意见，本小组对总结内容进行修改。 3. 根据总结内容填写工作页中的问题：①加勒比及北美东海岸重要港口有哪些？②纽约港、迈阿密港进出口货物有哪些种类？ 4. 分小组制作远东—加勒比、北美东海岸航线情况简介 PPT。 5. 各小组成果互评	1. 对填写在工作页中远东—加勒比、北美东海岸沿线国家、港口等内容，教师抽查并点评（师评）。 2. 对各小组展示的远东—加勒比、北美东海岸航线情况简介 PPT 进行点评（师评）。 3. 各小组根据评价标准互评
课时： 5 课时 1. 硬资源：网络实训室（多媒体设备、互联网）等。 2. 软资源：工作页（远东—加勒比、北美东海岸航线港口、国家的知识），远东—加勒比、北美东海岸航线图及相关资料，互评评价标准等			
分析远东—澳大利亚、新西兰航线	1. 给出互联网搜索的关键词，抽点学生回答该条航线国家、港口情况。 2. 指导学生了解学习站法的学习规则：①引导学生分小组轮流阅读信息页。②引导学生分析 4 段信息的逻辑关系，将该航线的路径、国家、港口等重要信息汇总写在白纸中并展示。③引导各小组对展示结果进行评价。 3. 引导学生正确回答工作页中的问题。 4. 提出远东—澳大利亚、新西兰航线的国家、港口相关简介内容，抽查各小组制作 PPT 的情况并讲评。 5. 提出互评规则与标准	1. 利用互联网资源独立学习远东—澳大利亚、新西兰航线所经国家、港口情况。 2. 分小组运用学习站法进行学习：①分为 4 个小组分别阅读 4 段该航线的信息页（包括航线路径、沿途国家地理风貌、沿途重要港口进出口货物以及该航线经济与航运作用）。② 4 小组轮流阅读 4 个信息段后总结其逻辑关系，并写在白纸上展示。 3. 根据总结内容填写工作页中的问题：①该航线重要港口有哪些？②悉尼港、新加坡港进出口货物有哪些种类？ 4. 分小组制作远东—澳大利亚、新西兰航线情况简介 PPT。 5. 各小组成果互评	1. 对填写在工作页中远东—澳大利亚、新西兰沿岸的国家、港口等内容，教师抽查并点评（师评）。 2. 对各小组展示的远东—澳大利亚、新西兰航线情况简介 PPT 进行点评（师评）。 3. 各小组根据评价标准互评
课时： 5 课时 1. 硬资源：网络实训室（多媒体设备、互联网）等。 2. 软资源：工作页（远东—澳大利亚、新西兰航线港口、国家的知识），远东—澳大利亚、新西兰航线图及相关资料，互评评价标准等			

海运航线认知

课程 1　海运航线认知

学习任务 1　太平洋航线认知

1 接受客户的海运咨询 → 2 搜集太平洋主要航线信息 → 3 分析太平洋各条航线 → 4 选择合适的运输航线

	工作子步骤	教师活动	学生活动	评价
分析太平洋各条航线	分析太平洋其他航线	1. 给出互联网搜索的关键词，抽点学生回答该条航线国家或地区、港口情况。 2. 指导学生了解头脑风暴法的学习规则：①引导学生就国家或地区地理风貌、港口位置、进出口货物类型等关键词轮流发言，组长汇总记录并展示。②引导其他小组对该组展示结果进行正确的评价。 3. 引导学生正确回答工作页中的问题。 4. 提出远东—南美洲航线的国家、港口相关简介内容，抽查各小组制作 PPT 的情况并讲评。 5. 提出互评规则与标准	1. 利用互联网资源独立学习远东—南美洲航线的所经国家、港口情况。 2. 分小组运用头脑风暴法进行学习：①小组成员就南美洲沿海国家地形、气候，港口位置，贸易货物种类等关键词进行讨论，组长汇总成员发言并写在白纸上，向其他小组展示成果。②其他小组运用头脑风暴法对该小组成果进行评价并提出修改意见。 3. 根据总结内容填写工作页中的问题：①巴西、智利等国家海岸线与港口特点？②马尼拉港、瓦尔帕莱索港进出口哪些类型的货物？ 4. 根据头脑风暴法汇总及修改的成果分小组制作远东—南美洲航线情况简介 PPT。 5. 各小组成果互评	1. 对填写在工作页中远东—南美洲的国家、港口等内容，教师抽查并点评（师评）。 2. 对各小组展示的远东—南美洲情况简介 PPT 进行点评（师评）。 3. 各小组根据评价标准互评
	课时： 5 课时 1. 硬资源：网络实训室（多媒体设备、互联网）等。 2. 软资源：工作页（远东—南美洲航线港口、国家的知识）、远东—南美洲航线图及相关资料、互评评价标准等			
选择合适的运输航线	选择航线及船公司	1. 通过教师机下发时区教学 PPT 并抽点学生回答船期表的定义、内容及作用。 2. 引导学生运用关键词法明确该次任务中货物所应走的航线，抽查各小组选择航线的情况并讲评。 3. 运用案例分析法，提出船期表查询规则，讲解船期表内容。 4. 对各小组填写船公司选择表的过程进行控制与指导。 5. 提出互评规则与标准	1. 接收由教师发来的教学 PPT，独立学习船期表的定义、内容及作用，船公司的信息，起运港、目的港的位置。 2. 分小组运用关键词法，根据情境任务，标示货物起运港、目的港等关键词。填写工作页中该次航运应走的航线内容。 3. 分小组根据上述信息选择合适的航线。 4. 分小组根据所选择的航线，结合各船公司情况，查询船期表，填制船公司选择表，确定合适的船公司以及船名、航次。 5. 各小组成果互评	1. 对制作的航线选择分析表进行点评（师评）。 2. 对制作的船公司选择表进行点评（师评）。 3. 各小组根据评价标准互评
	课时： 6 课时 1. 硬资源：网络实训室（多媒体设备、互联网）等。 2. 软资源：工作页（航线及船公司选择的考虑因素的知识）、船公司船期表、世界及太平洋航线分布图等相关资料、互评评价标准等			

基准学时：50

① 接受客户的海运咨询 → ② 搜集太平洋主要航线信息 → ③ 分析太平洋各条航线 → ④ 选择合适的运输航线

选择合适的运输航线

工作子步骤	教师活动	学生活动	评价
制作订舱单	1. 给出互联网搜索的关键词，抽点学生回答订舱单的内容及作用。 2. 提出订舱单填制的规则，抽查各小组填制订舱单的情况并讲评。 3. 对各小组订舱单中有误的内容进行评讲。 4. 对各小组填写联系客户邮件的过程进行控制与指导。 5. 提出互评规则与标准	1. 利用互联网资源独立学习订舱单的定义、内容及作用。 2. 根据教师所讲企业订舱邮件编写案例，结合学习情境中客户对目的港、货物情况、时间要求、费用等信息，撰写工作页中与客户联系的订舱邮件。 3. 观看订舱单制作教学视频，按照填写规则填写工作页中订舱单的订舱时间、货物种类、数量、包装类型等内容。 4. 各小组成果互评	1. 对填写在工作页中的客户联系邮件进行点评（师评）。 2. 对制作的订舱单内容进行点评（师评）。 3. 各小组根据评价标准互评

课时：4 课时

1. 硬资源：网络实训室（多媒体设备、互联网）等。
2. 软资源：工作页（订舱单填写规则、内容的知识）、订舱单、联系邮件样本及相关资料、互评评价标准等

学习任务 2　大西洋航线认知

任务描述

学习任务学时：30 课时

任务情境

2017 年 3 月 15 日广州锦绣国际货代有限公司客服部小黄接到驻荷兰分公司来电，由荷兰英达钢铁货运公司委托承运的一批 100 t TC025 型铁矿石已运到荷兰鹿特丹港。据客户要求，该批货物还需由荷兰经英国的港口转运到美国波士顿。小黄经沟通询问了解客户的具体货运要求，请为客户选择合适的船舶航行线路，选择符合该次船运的船公司和航次，做好航线规划操作。

海运航线认知

工作流程和标准

工作环节 1

接受客户的海运咨询

1

1. 根据本货代公司驻荷兰分公司的来电，收集荷兰英达钢铁货运公司该次托运的各项信息（货物品名、体积、重量，运输时间、起运港、目的港等）。
2. 根据客户航运时间要求，估算该次货物在起运港起运时间、目的港的到港时间，通过时区的区时计算方法，计算出到达波士顿港的时间，为选择船公司做准备。

主要成果：货物托运信息表。

工作环节 2

搜集大西洋主要航线信息

2

1. 根据客户航运的起运港、目的港等信息，确定该次航运航线所在区域为大西洋航线组。
2. 为准确选择航线，需熟知环大西洋的重要国家与港口分布的位置，制作大西洋航线国家与港口位置图。

主要成果：

1. 大西洋 5 条航线的线路图；
2. 大西洋航线国家与港口位置图。

学习任务 2　大西洋航线认知

工作环节 3

分析大西洋各条航线

3

1. 为准确选择航线，需明确大西洋航线中欧洲—南美东海岸航线的航行特点、沿线国家的地理状况，港口的进出口贸易情况等信息，制作欧洲—南美东海岸航线情况简介 PPT。
2. 明确西北欧—加勒比海岸航线的航行特点、沿线国家的地理状况，港口的进出口贸易情况等信息，制作西北欧—加勒比海岸航线情况简介 PPT。
3. 明确西北欧—北美东海岸航线的航行特点、沿线国家的地理状况，港口的进出口贸易情况等信息，制作西北欧—北美东海岸情况简介 PPT。

主要成果：

1. 欧洲—南美东海岸航线情况简介 PPT；
2. 西北欧—加勒比海岸航线情况简介 PPT；
3. 西北欧—北美东海岸情况简介 PPT。

工作环节 4

选择合适的运输航线

4

1. 根据所知的大西洋航线航行特点、所经国家港口及港口进出口货物等情况，选择适合客户要求的起运港、中转港、目的港的海运航线。
2. 根据确定的大西洋航线，搜索走该航线的船公司信息，获取船期表，结合客户的托运信息，选择符合客户时间、港口、货物等航运要求的船名、航次，与船公司联系订舱。

主要成果：

1. 订舱单；
2. 船公司选择表。

学习内容

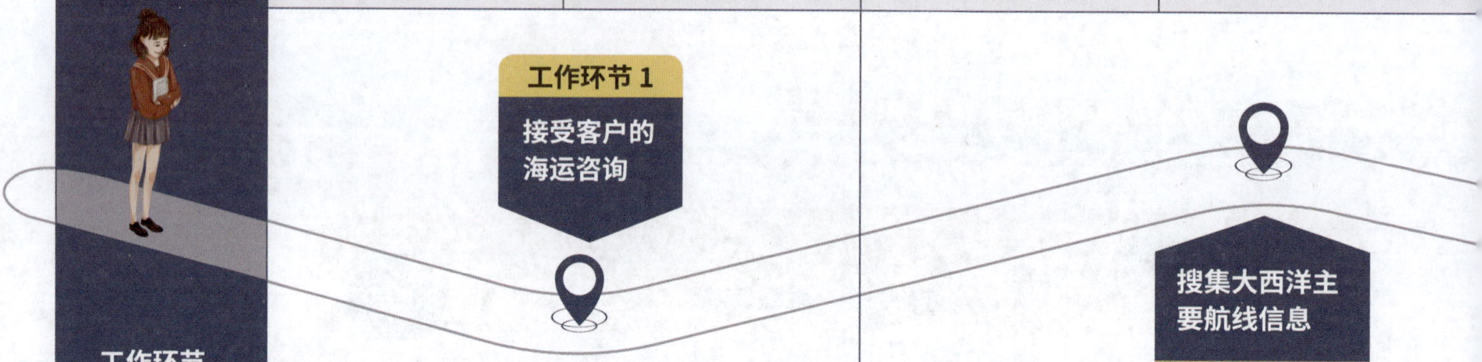

知识点	1.1 货物托运表的格式、内容； 1.2 班轮运输的基础知识； 1.3 货物托运信息表的作用； 1.4 货物托运信息表	2.1 时区的定义与划分； 2.2 全球 24 个时区的分布位置与特点； 2.3 时区的计算方法； 2.4 国际日界线的定义与特点	3.1 大西洋 5 条航线的名称、作用； 3.2 大西洋 5 条航线线路分布范围； 3.3 大西洋 5 条航线所运输的货物类型	4.1 大西洋航线所经的国家的名字和位置； 4.2 大西洋航线所经的重要港口的名字和位置； 4.3 大西洋航线所经国家与港口出口贸易的货物
技能点	1.1 明确客户需求； 1.2 与客户沟通，列出客户的托运要求； 1.3 填写托运人、收货人全称、地址、联系方式等内容； 1.4 填写起运港、中转港、目的港等托运信息； 1.5 填写货物的品名、包装类型、重量、体积等信息	2.1 能分辨各国重要港口所在的时区位置； 2.2 根据起运港时间计算到达目的港的时间； 2.3 根据目的港时间计算起运港当前时间； 2.4 预计海运运输所花的时间	3.1 画出大西洋 5 条航线的线路路径； 3.2 根据已有的航线线路写出对应的航线名称； 3.3 根据船公司的船期表，选择对应的大西洋航线线路； 3.4 制作大西洋 5 条航线的线路图	4.1 分辨大西洋航线的国家和港口位置； 4.2 能在地图中指出其中一条大西洋航线所经的国家与港口位置； 4.3 能指出该航线所经的重要海峡、运河等海运地理名称； 4.4 制作大西洋航线国家和港口位置图
工作环节	工作环节 1 接受客户的海运咨询		搜集大西洋主要航线信息 工作环节 2	
成果	1.1 货物托运信息表		3.1 大西洋 5 条航线的线路图	4.1 大西洋航线国家与港口位置图
素养	行业认同感、沟通协调能力、口头表达能力	信息查询与筛选、沟通能力、文件编辑能力	文件编辑能力	文件编辑能力

学习任务 2　大西洋航线认知

5.1 西欧沿海重要的国家和港口的名称、位置； 5.2 南美东海岸重要的国家和港口的名称、位置； 5.3 东亚—北美西海岸航线上沿海重要国家的自然地理风貌，经济发展特征，进出口贸易货物； 5.4 欧洲—南美东海岸航线上沿海重要港口的意义与作用	6.1 北欧沿海重要国家和港口的名称、位置； 6.2 加勒比海岸重要的国家和港口的名称、位置； 6.3 西北欧—加勒比海岸航线上沿海重要国家的自然地理风貌、经济发展特征、进出口贸易货物； 6.4 远东—加勒比、北美东海岸航线上沿海重要港口的意义与作用	7.1 南欧沿海重要国家和港口的名称、位置； 7.2 北美东海岸沿岸重要国家和港口的名称、位置； 7.3 西北欧—北美东海岸航线上沿海重要国家的自然地理风貌、经济发展特征，进出口贸易货物； 7.4 西北欧—北美东海岸航线上沿海重要港口的意义与作用	8.1 订舱单的定义、作用； 8.2 订舱单的内容； 8.3 订舱单的传递	9.1 西欧—美洲航线主要船公司信息； 9.2 船期表的内容； 9.3 西欧—美洲航线中起运港、中转港、目的港的位置
5.1 描述欧洲—南美东海岸航线的国家与重要港口位置； 5.2 搜集欧洲—南美东海岸航线主要运输的货物种类与运输特点的信息； 5.3 描述欧洲—南美东海岸航线的经济地位和航线特点； 5.4 制作 PPT； 5.5 展示 PPT	6.1 描述西北欧—加勒比海岸航线的国家与重要港口位置； 6.2 搜集西北欧—加勒比海岸航线主要运输的货物种类与运输特点的信息； 6.3 描述西北欧—加勒比海岸航线的经济地位和航线特点； 6.4 制作 PPT； 6.5 展示 PPT	7.1 描述西北欧—北美东海岸航线的国家与重要港口位置； 7.2 搜集西北欧—北美东海岸航线主要运输的货物种类与运输特点的信息； 7.3 描述西北欧—北美东海岸航线的经济地位和航线特点； 7.4 制作 PPT； 7.5 展示 PPT	8.1 撰写邮件，与船公司联系订舱； 8.2 识读订舱单； 8.3 缮制订舱单	9.1 搜索途径该航线的船公司信息； 9.2 选择符合客户时间、港口、货物等航运要求的船名、航次； 9.3 制作航线选择分析表； 9.4 制作船公司选择表

5.1 欧洲—南美东海岸航线情况简介 PPT	6.1 西北欧—加勒比海岸航线情况简介 PPT	7.1 西北欧—北美东海岸航线情况简介 PPT		9.1 船公司选择表
信息查询能力、文件编辑能力、口头表达能力	信息查询能力、文件编辑能力、口头表达能力	信息查询能力、文件编辑能力、口头表达能力	文件编辑能力	文件编辑能力

课程 1　海运航线认知

学习任务 2　大西洋航线认知

1 接受客户的海运咨询 → 2 搜集大西洋主要航线信息 → 3 分析大西洋各条航线 → 4 选择合适的运输航线

接受客户的海运咨询

工作子步骤	教师活动	学生活动	评价
托运信息收集	1. 给学生互联网搜索信息的提示，抽点学生回答托运表相关问题。 2. 观察各小组情境模拟的过程，提出双方沟通过程中的问题并指导。 3. 通过视频教学法提出货物托运信息表填写规则，抽点学生展示完成的内容并点评。 4. 提出各小组互评规则与标准	1. 通过互联网百度搜索信息，独立学习货物托运表的知识。 2. 情境模拟，一组扮演客户、一组扮演货代操作员，双方通过面谈、电话等方式沟通获取客户托运信息。 3. 搜集客户提供的托运人、货物、中转港等信息，观看教学视频，按照填写规则填写工作页中的货物托运信息表。 4. 各小组交换信息表互评，指出不规范的内容并提出修改建议	1. 教师抽点各小组情境模拟活动并点评（师评）。 2. 对填写在工作页中的货物托运信息表内容，教师抽点学生演示，并点评（师评）。 3. 各小组根据评价标准进行互评
课时： 2 课时 1. 硬资源：网络实训室（多媒体设备、互联网）等。 2. 软资源：工作页（货物托运信息搜集知识）、欧洲线货物托运信息表样本、互评评价标准等			
计算时区时间	1. 通过教师机下发时区教学 PPT 并抽点学生回答问题。 2. 通过视频教学法让学生明白欧洲大西洋沿岸目的港、起运港所在时区及时区划分。 3. 通过行动导向法让学生完成大西洋时区计算题，通过案例分析法讲解大西洋时区计算过程。 4. 对各小组计算过程进行监控及指导。 5. 提出互评规则与标准	1. 接收由教师发来的教学 PPT，独立学习，在工作页中完成问题作答，完成欧洲总共有多少个时区，欧洲各国重要港口分布在哪些时区等问题。 2. 观看案例视频,结合工作页中情境描述内容，写出大西洋沿岸的目的港、起运港所在时区以及两港口相差多少小时。 3. 完成工作页中时区的计算题，依据已知的起运港时间计算目的港的时间。 4. 各小组交换完成的计算结果，并互评	1. 对填写在工作页中的欧洲大西洋时区计算的内容，教师抽点小组演示并点评（师评）。 2. 各小组根据评价标准互评
课时： 2 课时 1. 硬资源：网络实训室（多媒体设备、互联网）等。 2. 软资源：工作页（时区划分及计算知识）、欧洲港口及时区分布图、互评评价标准等			

基准学时：30

① 接受客户的海运咨询 ② 搜集大西洋主要航线信息 ③ 分析大西洋各条航线 ④ 选择合适的运输航线

搜集大西洋主要航线信息

工作子步骤	教师活动	学生活动	评价
搜集大西洋航线的线路信息	1. 给出互联网搜索的关键词，教师抽点学生回答大西洋有哪 5 条航线。 2. 指导学生遵循旋转木马法的学习规则，引导学生分小组相互介绍所学内容，监督各小组最终展示归纳修改成果。 3. 评价学生成果，并引导学生在工作页中正确绘制大西洋 5 条航线线路图。 4. 提出互评规则与标准	1. 利用互联网搜索信息，学习大西洋 5 条航线的知识。 2. 学生分小组运用旋转木马法进行学习：①各小组相互介绍 6 条航线路径位置及航线名称，并归纳总结后展示。②各小组对展示小组进行评价并提出意见，归纳完成正确的大西洋航线路径、航行范围等内容，各小组修改成果。 3. 根据展示内容在工作页中完成 6 条航线线路图的绘制。 4. 各小组成果互评	1. 对填写在工作页中的航线路径及名称，教师进行点评（师评）。 2. 对各小组制作的线路图进行点评（师评）。 3. 各小组根据评价标准互评
课时： 2 课时 1. 硬资源：网络实训室（多媒体设备、互联网）等。 2. 软资源：工作页（大西洋 5 条航线的知识）、5 条航线分布及相关资料、互评评价标准等			
搜集大西洋航线国家与港口信息	1. 下发教学 PPT，抽点学生回答大西洋航线国家、港口位置。 2. 指导学生了解自由市场法的学习规则，引导学生分组完成大西洋航线上港口、海峡、运河等地理名称及位置标示内容。 3. 对各小组填写航线所经大西洋的海峡、运河等地理名称进行控制与指导。 4. 提出互评规则与标准	1. 运用教师所给的教学 PPT 学习大西洋航线所经国家、港口相关知识。 2. 分小组运用自由市场法将大西洋航线上港口、海峡、运河等地理名称及位置写在白纸上。 3. 各小组相互借鉴所描述的内容，在认为正确的小组旁贴上小红花，并回到自己小组改正答案。 4. 根据改正的内容完成工作页中的问题，标出大西洋航线的国家、港口位置并制作位置图。 5. 各小组成果互评	1. 对填写在工作页中的海峡、运河等地理名称，教师抽查并点评（师评）。 2. 对各小组制作的国家、港口位置图进行点评（师评）。 3. 各小组根据评价标准互评
课时： 2 课时 1. 硬资源：网络实训室（多媒体设备、互联网）等。 2. 软资源：工作页（大西洋航线沿线港口、国家的知识）、世界地图及大西洋周边国家分布图等相关资料、互评评价标准等			

课程 1　海运航线认知

学习任务 2　大西洋航线认知

1 接受客户的海运咨询 → 2 搜集大西洋主要航线信息 → 3 分析大西洋各条航线 → 4 选择合适的运输航线

分析大西洋各条航线

工作子步骤	教师活动	学生活动	评价
分析欧洲—南美东海岸航线	1. 给出互联网搜索的关键词，抽点学生回答该条航线国家、港口情况。 2. 指导学生遵循学习站法的学习规则：①引导学生分小组轮流阅读信息页。②引导学生分析 4 段信息的逻辑关系，将有关该航线路径、国家、港口等重要信息汇总写在白纸中并展示。③引导各小组对展示结果进行评价。 3. 引导学生正确回答工作页中的问题。 4. 提出欧洲—南美东海岸航线的国家、港口相关简介内容，抽查各小组制作 PPT 的情况并讲评。 5. 提出互评规则与标准	1. 利用互联网资源独立学习欧洲—南美东海岸航线所经国家、港口情况。 2. 分小组运用学习站法进行学习：①分为 4 个小组分别阅读 4 段该航线的信息页（包括航线路径、沿途国家地理风貌、沿途重要港口进出口货物以及该航线经济与航运作用）。② 4 小组轮流阅读 4 个信息段后总结其逻辑关系并写在白纸上展示。 3. 根据总结内容填写工作页中的问题：①该航线重要港口有哪些？②汉堡港、布鲁塞尔港进出口货物有哪些种类？ 4. 分小组制作欧洲—南美东海岸航线情况简介 PPT。 5. 各小组成果互评	1. 对填写在工作页中的欧洲—南美东海岸沿线的国家、港口等内容，教师抽查并点评（师评）。 2. 对各小组展示的欧洲—南美东海岸航线情况简介 PPT 进行点评（师评）。 3. 各小组根据评价标准互评
课时： 5 课时 1. 硬资源：网络实训室（多媒体设备、互联网）等。 2. 软资源：工作页（欧洲—南美东海岸航线港口、国家的知识）、欧洲—南美东海岸航线图及相关资料、互评评价标准等			
分析西北欧—加勒比海岸航线	1. 给出互联网搜索的关键词，抽点学生回答该条航线国家、港口情况。 2. 指导学生遵循卡片法的学习规则，引导学生将本组意见写在白纸上，并汇总意见。 3. 通过案例分析及视频教学法引导学生正确地回答工作页中的问题。 4. 抽查各小组制作 PPT 的情况并讲评 PPT 展示的结果。 5. 提出互评规则与标准	1. 利用互联网资源独立学习西北欧—加勒比海岸航线所经国家、港口的情况。 2. 分小组运用卡片法对西北欧—加勒比海岸航线的国家地理风貌、港口位置、出口贸易货物等内容进行总结并展示。 3. 根据总结内容填写工作页中的问题：①西北欧有哪些主要的国家与港口？②佛列科斯托港、利物浦港主要进出口哪些货物？③波罗的海到加勒比海主要的线路有哪些？ 4. 分小组制作西北欧—加勒比海岸航线情况简介 PPT，介绍该航线国家、港口、进出口货物的情况。 5. 各小组成果互评	1. 对填写在工作页中的西北欧—加勒比海岸沿线的国家、港口等内容，教师抽查并点评（师评）。 2. 对各小组展示的西北欧—加勒比海岸航线情况简介 PPT 进行点评（师评）。 3. 各小组根据评价标准互评
课时： 5 课时 1. 硬资源：网络实训室（多媒体设备、互联网）等。 2. 软资源：工作页（西北欧—加勒比海岸航线港口、国家的知识）、西北欧—加勒比海岸航线图及相关资料、互评评价标准等			

1 接受客户的海运咨询 → 2 搜集大西洋主要航线信息 → 3 分析大西洋各条航线 → 4 选择合适的运输航线

分析大西洋各条航线

工作子步骤	教师活动	学生活动	评价
分析西北欧—北美东海岸航线	1. 给出互联网搜索的关键词，抽点学生回答该条航线所经国家、港口情况。 2. 指导学生遵循小组拼图法的学习规则：①引导演示组学习并将总结内容写在白纸上并展示。②引导专家组对白纸内容进行评价，并提出意见。 3. 引导学生正确回答工作页中的问题。 4. 提出西北欧—北美东海岸沿线国家、港口相关简介内容，抽查各小组制作 PPT 的情况并讲评。 5. 提出互评规则与标准	1. 利用互联网资源独立学习西北欧—北美东海岸航线所经国家、港口情况。 2. 分小组运用小组拼图法进行学习：①本小组对西北欧—北美东海岸航线的国家地理风貌、港口位置、出口贸易货物等内容进行总结并展示。②其他小组组成专家组对该小组总结情况进行提问并发表意见，本小组对总结内容进行修改。 3. 根据总结内容填写工作页中的问题：①北欧的重要港口有哪些？②鹿特丹港、波尔多港主要进出口哪些货物？ 4. 分小组制作西北欧—北美东海岸航线情况简介 PPT。 5. 各小组成果互评	1. 对填写在工作页中的西北欧—北美东海岸航线的国家、港口等内容，教师抽查并点评（师评）。 2. 对各小组展示的西北欧—北美东海岸航线情况简介 PPT 进行点评（师评）。 3. 各小组根据评价标准互评

课时： 5 课时

1. 硬资源：网络实训室（多媒体设备、互联网）等。
2. 软资源：工作页（西北欧—北美东海岸航线港口、国家的知识）、西北欧——北美东海岸航线图及相关资料、互评评价标准等

选择合适的运输航线

工作子步骤	教师活动	学生活动	评价
选择航线及船公司	1. 通过教师机下发时区教学 PPT 并抽点学生回答船期表的定义、内容及作用。 2. 引导学生运用关键词法明确该次任务中货物应走的航线，抽查各小组选择航线的情况并讲评。 3. 引导学生在填写表格时严格按照欧洲线国家及港口的特殊填写要求填制单据。 4. 运用案例分析法，提出船期表查询规则，讲解船期表内容。 5. 对各小组填写船公司选择表的过程进行控制与指导。 6. 提出互评规则与标准	1. 接收由教师发来的教学 PPT，独立学习船期表的定义、内容及作用，船公司信息，起运港，目的港位置等知识。 2. 分小组运用关键词法，根据情境任务，标示货物起运港、目的港等关键词，填写工作页中该次航运应走的航线内容。填写时应注意：①欧洲各国港口会征收特殊附加费。②欧洲港口对进出口货物检验有独立、严格的体系。③欧洲港口要求货主标明进口货物的安全标准。 3. 分小组根据所选择的航线，结合各船公司情况，查询船期表，填制船公司选择表，确定合适的船公司以及船名、航次。 4. 各小组成果互评	1. 教师对航线选择分析表进行点评（师评）。 2. 教师对船公司选择表进行点评（师评）。 3. 各小组根据评价标准互评

课时： 4 课时

1. 硬资源：网络实训室（多媒体设备、互联网）等。
2. 软资源：工作页（航线及船公司选择的考虑因素的知识）、船公司船期表、世界及大西洋航线分布图等相关资料、互评评价标准等

工作子步骤	教师活动	学生活动	评价
制作订舱单	1. 给出互联网搜索的关键词，抽点学生回答订舱单的填写细则。 2. 提出订舱单填制的规则，抽查各小组填制订舱单的情况并讲评。 3. 对各小组订舱单有误的内容进行讲评。 4. 对各小组填写联系客户邮件的过程进行控制与指导。 5. 提出互评规则与标准	1. 利用学习资源独立学习订舱单填写细则知识。 2. 根据教师所讲企业订舱邮件编写案例，结合学习情境中客户对目的港、货物情况、时间要求、费用等信息，撰写工作页中与客户联系的订舱邮件。 3. 观看订舱单制作教学视频，按照填写规则填写工作页中订舱单的订舱时间、货物种类、数量、包装类型等内容。 4. 各小组成果互评	1. 教师对填写在工作页中的客户联系邮件进行点评（师评）。 2. 教师对制作的订舱单内容进行点评（师评）。 3. 各小组根据评价标准互评

课时： 3 课时

1. 硬资源：网络实训室（多媒体设备、互联网）等。
2. 软资源：工作页（订舱单填写规则、内容的知识）、订舱单、联系邮件样本及相关资料、互评评价标准等

考核标准

情境描述

2017 年 4 月 3 日广州锦绣国际货代有限公司接到来自广州 WH 玩具进出口有限公司的电话，该公司有一批货物需由广州出口到美国长滩，货名为 Hello Kitty 凯蒂猫毛绒公仔玩具，包装类型为纸箱，共 50 箱，规格为 20 件 / 箱、总毛重为 2000 kg、每箱体积为 60 cm×40 cm×30 cm，需要在 2017 年 5 月 29 日前运到目的地。锦绣国际货代公司的校企合作基地是我院货运代理实训基地，锦绣国际货代公司希望基地的学生能够借助校企合作资源，结合客户的货运要求，为客户选择合适的船舶航行线路，选择符合该次船运的船公司和航次，做好航线认知操作。

任务要求

根据客户的托运信息，确定该次托运应该经过哪些国家与常见港口，确定应选择哪条海运航线，画出该次托运航线线路图和港口位置，制作该次托运航线规划的汇报 PPT。

参考资料

实施任务时，你可以使用所有的常见教学资料，如工作页、教材、工作手册、个人笔记等。

评价方式

1. 正确填制货物托运信息表中托运人、收货人全称、地址、联系方式、起运港、中转港、目的港等托运信息；
2. 正确计算起运港当前时间，预计海运所需的时间；
3. 准确绘制大西洋及太平洋航线的线路图；
4. 准确分辨太平洋航线国家、地区和港口位置，能指出该航线所经的重要海峡、运河等海运地理名称；
5. 正确描述港口位置，货物种类与运输特点，经济地位和航线特点；
6. 准确搜索该航线的船公司信息，选择符合客户时间、港口、货物等航运要求的船名、航次。
7. 熟悉船公司数字化平台的操作步骤，选择合适的海运航线并运用相应功能为客户提供高质量的服务。

考核评分表

课程名称			海运航线认知			
学习任务名称			学生姓名			
评价项目	评价内容	分值	评分标准	得分	小计分数	扣分原因
专业能力	填制货物托运信息表中托运人、收货人全称、地址、联系方式、起运港、中转港、目的港等托运信息	10	填写正确一项得 2 分，少一项扣 2 分，扣完为止			
	画出大西洋及太平洋航线的线路图	10	正确画出线路图得 5 分，画错扣 5 分，扣完为止			
	制作太平洋及大西洋航线的线路图	10	正确制作线路图得 5 分，错误扣 5 分，扣完为止			
	正确分辨太平洋航线国家、地区和港口位置	10	正确指出一处得 1 分，错误一处扣 1 分			
	正确写出航线所经的重要海峡、运河等海运地理名称	10	正确指出一处得 1 分，错误一处扣 1 分			
	描述港口中进出口货物种类、经济地位和航线特点	10	填写描述一项得 2 分，少一项扣 2 分，扣完为止			
	搜索该航线的船公司信息，选择符合客户时间、港口、货物等航运要求的船名、航次，选择合适的航线	10	搜索正确信息得 2 分，选择正确得 2 分，错误扣 2 分			
	与客户耐心、友善地沟通，秉承诚信的态度为客户服务，满足客户航运需求	10	操作步骤正确得 1 分，错误一处扣 1 分			
通用能力	礼貌、有目光交流、微笑、语言表达流畅	3	仪态不自然、吐字模糊、思路不清晰每项扣 1 分；表述与实际不符扣 1 分			
	对该项目的工作分工阐述清晰	5	符合要求得 2 分，否则酌情扣分			
	对工作过程的阐述清晰正确	5	口述清楚，层次逻辑清晰得 3 分，不符合酌情减分			
	幻灯片美观整洁，风格一致，展示有动画	5	符合要求得 2 分，否则酌情扣分			
	与考官有交流	2	符合要求得 2 分，否则酌情扣分			
总分		100				
学生自评：						

课程 2　快递作业

学习任务 1
国内快递操作
（50）学时

学习任务 2
国际快递操作
（30）学时

课程目标

学生学习快递作业课程后，应能够完成各类物品国内外快递业务的操作，并严格执行行业安全环保法律法规等管理制度和“8S”管理规定；养成在业务操作过程中遵纪守法，诚实守信，爱岗敬业，务实发展的工作态度和良好的职业认同感；关注快递业务发展；树立强烈的社会责任感。具体要求如下：

1. 了解快递业发展现状，企业服务内容和经营理念，增进对行业的认知，培养良好的职业认同感；
2. 能接收采用各种不同形式下单的快件，按工作规范与客户进行有效的沟通，重视客户的相关信息保密工作；
3. 能按照操作规程做好快件的验视、按标准包装快件工作，判断快件是否符合寄递要求；
4. 能运用计算方法对客户的不同快件进行计费；
5. 能指导客户正确填写快递详情单；
6. 能做好快件总包的检查与拆解工作；
7. 能做好快件分拣工作；
8. 能做好快件封装与装运工作；
9. 能做好快件派送前的相关准备工作；
10. 能够遵照海关条例和要求，规范填写报检报关单据，正确完成国际快件的报关报检手续；
11. 能严格遵循行业道德要求和规范将快件交给收件人并获得客户签收信息；
12. 能正确指导客户签收快件并进行收费，及时上缴费用，做到诚实守信；
13. 能做好快件派送的后续处理及客户服务工作，务实发展快递业务。

课时：80

课程内容

1. 快递的定义、作用及其发展；
2. 知名快递企业及其服务内容和经营理念；
3. 在取件前准备检查所需的相关工具、用具操作；
4. 在取件前整理仪容仪表；
5. 核实客户信息方法；
6. 辨识允许寄递、禁寄及限寄的物品；
7. 重量规格验视要求；
8. 对物品内包装进行验视操作；
9. 选择包装材料的方法；
10. 快件包装的规范操作；
11. 快件包装检查的方法；
12. 包装标识的规范粘贴；
13. 快件称重、尺寸测量工具的使用方法；
14. 快件计费方法；
15. 快递详情单的填写与正确粘贴方法；
16. 信息初步录入操作；
17. 到站总包检查交接的步骤；
18. 车辆封志、总包拆解的操作；
19. 总包卸载的要求；
20. 快速分拣快件方法；
21. 快件封装的操作，出站交接的步骤，安全装车的要求；
22. 工具用具的准备与检查操作；
23. 快件交接手续办理流程及排序的原则；
24. 快件的捆扎方法及搬运装车安全要点；
25. 跨境包裹运输有关的海关条例；
26. 报关单、报检单的填写方法；
27. 客户身份的核实，提醒客户检查快件操作；
28. 到付款和代收款的规范；
29. 指导客户签收；
30. 快件、营业款、单据移交的手续办理；
31. 信息录入的操作。

学习任务 1　国内快递操作

任务描述

学习任务学时：**50** 课时

任务情境

2017 年 3 月 10 日 SHUNB 快递公司快递员小李接到广州 AOMEI 玩具公司销售部经理蔡先生的来电咨询，有 20 件儿童电动飞机玩具模型的快件（货物每件重量：295 g，每件包装尺寸：25 cm×7 cm×18.6 cm，公司地址：广州市越秀区教育路 × 号，）要求上门取件，2017 年 3 月 15 日寄往到上海市虹桥工业区祥富路 × 号光明玩具批发中心一楼 ×，陈 × 收，电话：186443215××。我院物流实训基地是广州 SHUNB 快递公司校企合作基地，广州 SHUNB 快递公司希望基地的学生能够借助校企合作资源，完成该物品的快递业务操作。

订单（上门取件）
公司：广州AOMEI玩具公司
货物：儿童电动飞机玩具模型
重量：295g/件
尺寸：25cm×7cm×18.6cm/件
公司地址：广州市越秀区教育路×号
收件人信息和地址：
姓名：陈×
电话：186443215××
地址：上海市虹桥工业区祥宫路×号光明玩具批发中心一楼
SHUNB快递

快递作业

工作流程和标准

工作环节 1

接单

1

1. 接收广州 AOMEI 玩具公司销售部订单，注意接听客户电话礼仪，明确公司允许的接单方式以及针对性提问的信息和收件信息的记录工作。认知快递企业服务内容和经营理念，制作 PPT 介绍物流企业公司文化、经营理念、企业愿景、核心价值观等。
2. 接收客户订单时，应在最短时间快速审核订单，制作一份确定订单时应明确的内容清单，然后尽快给予客户答复。
3. 制定一份收件路线安排和时间安排表。

主要成果：
1. 制作快递公司经营范围介绍 PPT；
2. 收件信息记录表；
3. 收件路线安排和时间安排表。

工作环节 2

收件

2

1. 接收客户订单信息，做好收件准备（工具、单证）上门揽收。制作收件准备工作流程图。
2. 验视快件（重量、规格、核查是否存在禁限运物品），指导客户填写运单并检查，包装快件，称重、量体计费及收取费用，并指导客户签字，粘贴运单及标志；展示本快件运费的计算方法（PPT）。
3. 在客户处收取快件后，在规定时间内将快件运输入库，制定运输交接工作步骤（将以图示呈现）。
4. 将快件信息录入快递企业的信息系统。

主要成果：
1. 收件工作流程图；
2. 快件运费的计算方法（PPT）；
3. 运输交接工作步骤以图示呈现；
4. 运单信息录入，系统登单。

工作环节 3

快件处理

3

1. 检查操作变更通知，准备相关物品与工具并做好个人准备工作。
2. 到件接收，总包拆解后进行分拣；汇总常见快件总包拆解与分拣异常处理方法。
3. 快件封装，总包封装和码放。
4. 快件装车发运，选择合适的运输方式，做好装车发运交接，装运、建立车辆封志。

主要成果：
1. 汇总常见快件总包拆解与分拣异常处理方法 (Word 文档)；
2. 快件封装；
3. 合理选择运输方式理由说明（PPT）、运输交接单。

工作环节 4

快件派送

4

1. 做好派前准备，汇总派前三大准备（PPT 文稿）。
2. 快件在到达派送处理点后，快件处理人员负责对快件按路段进行分拣，并与各派送路段的派件员办理交接手续；填写快递企业派送快件交接清单。
3. 按运单信息中的路段进行分拣、规划最佳派送路线与装车并按派送规划投送，严格遵循行业道德规范和快件派送规范，将快件交给收件人并获得客户签收信息。
4. 快件派送特殊情况处理；汇总快件派送异常问题应对办法、客户异常签收标准和责任划分表。
5. 快件派件送完毕后，应及时将运单回执联交至快递企业客服人员，将运单号码、派件时间、派件员姓名、收件人（或代收人）签名等内容录入快递企业信息系统。

主要成果：
1. 快递企业派送快件交接清单；
2. 规划最佳派送路线、运单回执联；
3. 快件派送异常问题应对办法的汇总、客户异常签收标准和责任划分表；
4. 完成快递企业信息系统操作。

学习内容

	工作环节 1	工作环节 2
知识点	1.1 快递业的业务范围； 1.2 演示文稿的使用方法； 1.3 电话礼仪知识； 1.4 路线规划方法； 1.5 展示的基本礼仪知识	2.1 准备工具的使用方法； 2.2 运费计算方法； 2.3 验视快件方法； 2.4 运输交接工作方法
技能点	1.1 制作路线规划图； 1.2 制作快递公司经营范围介绍 PPT； 1.3 制作 PPT； 1.4 展示 PPT	2.1 填写运单； 2.2 信息录入； 2.3 系统登单操作
 工作环节	工作环节 1 接单	收件 工作环节 2
成果	1.1 快递公司经营范围介绍 PPT； 1.2 收件路线安排和时间安排表； 1.3 收件信息记录表	2.1 本快件运费的计算方法（PPT）； 2.2 运输交接工作步骤以图示呈现；
素养	企业精神、审美能力、口头表达能力	沟通与协调能力

学习任务 1　国内快递操作

3.1 准备工具的使用方法； 3.2 总包拆解，分拣方法； 3.3 总包封装和码放方法； 3.4 车辆封志知识	4.1 派前准备及相关要求； 4.2 规划派送路线方法； 4.3 派送特殊情况处理方法
3.1 异常处理； 3.2 发运交接； 3.3 制作 PPT； 3.4 展示 PPT	4.1 填写快递企业派送快件交接清单； 4.2 信息系统录入； 4.3 异常问题解决
工作环节 3 **快件处理**	**工作环节 4** **快件派送**
3.1 常见快件总包拆解与分拣异常处理方法 (Word 文档)； 3.2 选择运输方式理由说明（PPT）； 3.3 运输交接单	4.1 规划最佳派送路线； 4.2 快件派送异常问题应对办法、客户异常签收标准和责任划分表； 4.3 快递企业派送快件交接清单； 4.4 运单回执联
行业认同感、审美能力、口头表达能力	规则意识（道德意识）、沟通表达能力

课程 2　快递作业

学习任务 1　国内快递操作

1 接单　2 收件　3 快件处理　4 快件派送

	工作子步骤	教师活动	学生活动	评价
接单	电话沟通快件信息记录	1. 播放某快递公司的企业文化视频，增强学生的职业意识，了解快递业的发展现状与趋势。 2. 发放任务，提出学习规则，演示 PPT 制作技巧，观察指导，抽点学生演示操作，回答学生遇到的问题。 3. 组织学生进行小组 PPT 展示汇报并点评。 4. 讲解礼仪知识，组织学生进行角色扮演并点评。 5. 发放路线规划学习资料，提出学习规则。 6. 观察指导学生完成线路规划学习。 7. 指导学生完成信息记录。 8. 给学生点赞并评价成果	1. 观看视频，了解快递行业文化理念、企业愿景、企业核心价值观等，使学生对行业、企业有一定的认知。 2. 听讲任务描述，独立阅读相关知识并做好要点记录填写工作页。 3. 利用学习资源独自熟练演示文稿操作，记录问题。 4. 以小组为单位选择任意类型的知名物流企业，制作 PPT 介绍企业文化、经营理念、服务内容等并进行展示汇报。 5. 认真学习电话礼仪知识，被抽学生 1 和学生 2 角色扮演展示电话礼仪。 6. 被抽学生 3 和学生 4 点评，其他学生做记录，可补充点评。 7. 运用关键词法学习路线规划方法，以图示化形式呈现路线规划。 8. 根据业务要求记录收件信息填写工作页	1. 教师抽点各小组情境模拟活动并点评（师评）。 2. 对填写在工作页中的货物托运信息表内容，教师抽点学生演示，并点评（师评）。 3. 各小组根据评价标准进行互评
接单	**课时：** 8 课时 1. 硬资源：网络实训室（多媒体设备）、电话机等。 2. 软资源：Microsoft Office 软件、工作页、PPT 内容（电话礼仪知识、路线规则方法、信息记录以及 PPT 操作等）、学习参考教材、互评评价标准等。 3. 教学设施：投影、白板、A4 纸、卡片纸等			
收件	交接与信息录入	1. 以提问方式引入工作任务，提出独自学习的规则，抽点学生回答。 2. 举例讲解运费计算，组织学生运用餐垫法学习规则，并展示成果。 3. 发放验视快件资料，提出学习规则，抽点学生回答。 4. 观察指导学生完成运输交接工作步骤并展示，点赞评价。 5. 组织学生分小组运用学习工作站法填写快件运单，用旋转木马法点评，提出学习规则。 6. 演示信息录入操作，回答学生的问题。 7. 抽点学生 1 演示操作	1. 运用关键词法独自学习收件使用工具方法。 2. 听讲并做好记录，填写工作页。 3. 分小组运用餐垫法计算快件运费并展示计算方法。 4. 运用关键词法独自学习验视快件方法。 5. 以图示呈现运输交接工作步骤。 6. 利用学习工作站法填写快件运单。 7. 看演示信息录入系统登单操作，被抽学生 1 演示信息录入系统登单，被抽学生 2 点评，其他学生要做记录，可补充点评。 8. 抽点学生 2 点评，其他学生做记录，补充点评	1. 教师对抽点学生回答问题进行综合评价。 2. 成果展示根据评价标准相互评价，教师点评。 3. 教师对抽点学生回答问题进行评价；对成果展示，点赞评价。 4. 利用旋转木马法点评。 5. 抽点学生进行评价，其他学生做好记录，补充点评
收件	**课时：** 18 课时 1. 硬资源：网络实训室（多媒体设备）等。 2. 软资源：Microsoft Office 软件、快递业务系统工作页、运单、PPT 内容（运费计算、验视与交接方法）、参考教材、互评评价标准等。 3. 教学设施：投影、白板、大头笔、大白纸等			

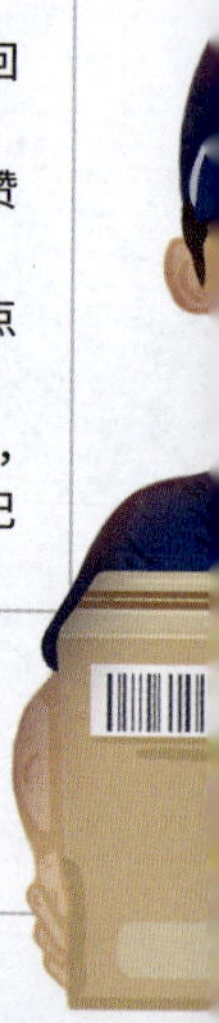

基准学时：50

1 接单 → 2 收件 → 3 快件处理 → 4 快件派送

	工作子步骤	教师活动	学生活动	评价
快件处理	总包拆解、分拣、封装、放码、发运交接	1. 以提问方式引入工作任务，提出小组学习的规则（每小组抽取一种工具说明使用方法），抽点小组学生回答。 2. 举例讲解总包拆解、分拣、封装、放码、发运交接等相关知识，并发放学习资料提出学习规则，抽点学生回答。 3. 观察指导学生完成工作页填写，异常处理方法（Word）、运输方式选择（PPT 制作）。 4. 组织学生展示评价，并做综合评价。 5. 组织学生分小组进行点评交接单填写。 6. 解答学生的问题	1. 分小组运用餐垫法学习快件处理所需工具的使用方法。 2. 听讲评做好记录，填写工作页。 3. 运用关键词法汇总常见快件总包拆解与分拣异常处理方法，被抽学生 1 展示回答。 4. 制作 PPT，呈现选择运输方式理由。 5. 被抽学生 1 展示汇报，被抽学生 2 点评，其他学生做记录，可补充点评。 6. 分小组填写运输交接单，运用学习工作站法进行点评并记录问题	1. 教师抽点评价。 2. 根据评价标准相互评价成果展示，教师点评。 3. 以小组形式进行点评。 4. 教师综合评价
	课时： 16 课时 1. 硬资源：网络实训室（多媒体设备）等。 2. 软资源：Microsoft Office 软件、快递业务系统、工作页、PPT 内容（运总包拆解、分拣、封装和码放、封志知识以及异常处理方法等）、参考教材、互评评价标准等。 3. 教学设施：投影、白板、大头笔、大白纸等			
快件派送	派送交接与系统录入	1. 通过某快递公司的案例（收派员阳光 421 行为指引）视频的播放，培养学生“4 不、2 要、1 保障”的行业操作行为规范，增强学生的职业道德意识。 2. 提问方式引入工作任务，提出独自学习的规则，抽点学生回答。 3. 举例讲解规划派送路线和特殊情况处理等相关知识并提出学习规则，抽点学生展示回答并综合评价。 4. 观察指导学生完成派送路线规划、特殊情况处理、工作页填写。 5. 组织学生交换成果，根据评价标准进行互评。 6. 演示系统录入，并巡回指导学生操作。 7. 抽点学生 2 演示操作并做综合点评，回答学生问题。 8. 收集多个关于快递违规派件的负面新闻事例，组织学生学习和分析派件过程中的不当操作，强调其不良后果	1. 观看视频认知行业操作的行为规范“421”。“4 不”：不弄虚作假、财务违规、三工赌博、信息泄密；“2 要”：要优质服务、主动担责；“1 保障”：好人保障。 2. 运用关键词法利用学习资源独自学习快件派前准备知识，通过分组形式讨论并派代表回答。 3. 听讲并做好记录，填写工作页。 4. 汇总快件派送异常问题应对办法、客户异常签收标准和责任划分表，被抽学生 1、2 展示，被抽学生 3、4 点评，其他学生做记录，可补充点评。 5. 以图形呈现规划最佳派送路线。 6. 填写快递企业派送快件交接清单交换，互评。 7. 看演示，学习信息系统录入操作。 8. 演示操作记录异常问题。 9. 学习有关快递违规派件的负面新闻事例，分析派件过程中的不当操作及其不良后果，并引以为戒	1. 教师抽点评价。 2. 学生根据评价标准相互评价成果。 3. 学生点评演示操作，教师综合评价
	课时： 8 课时 1. 硬资源：网络实训室（多媒体设备）、电话机等。 2. 软资源：Microsoft Office 软件、快递业务系统、工作页、PPT 内容（派送路线和特殊情况处理等相关知识等）、参考教材、互评评价标准等。 3. 教学设施：投影、白板、大头笔、大白纸等			

学习任务 2　国际快递操作

任务描述

学习任务学时：30 课时

任务情境

2017 年 6 月 10 日，广州 SHUNB 物流有限公司业务员小黄收到广州 HH 进出口贸易公司的邮件，要求寄送一箱电子零件给加拿大的客户，要求于 6 月 20 日前送到。相关信息如下：

TO: 广州 SHUNB 物流有限公司

我司有一箱电子零件须从广州发往加拿大，具体信息如下：

商品名称：电脑配件

数量：1 箱

重量：35 kg

体积：100 cm×80 cm×50 cm

到货时间：2017 年 6 月 20 日

收货人单位：加拿大 HZ 电子资讯有限公司

收货地址：加拿大温哥华武士街 × 号

联系人：王 ×（经理）

电话：239-4578-×××

如有任何问题，请尽快联系我司，收到请回复！

FROM：广州 HH 进出口贸易公司 周 ×（经理）

联系方式：020-83667××× 或 13502981×××

地址：广州市越秀区环市中路 × 号

邮编：5500××

传真：020-83667×××

我院物流实训基地是广州 SHUNB 国际快递公司校企合作基地，广州 SHUNB 国际快递。公司希望基地的学生能够借助校企合作资源，完成该物品的快递业务操作。

回复邮件
已发送

工作流程和标准

工作环节 1

接单

1

1. 接收广州 HH 进出口贸易公司邮件时，快递员小黄需要做的工作是回复邮件或电话联系客户， 明确是否可以接单。设置回复邮件或电话联系情境。
2. 接收客户订单时，应在最短时间快速审核订单，制作一份确定订单时应明确的内容（包括海关对快递物品的规定及通关要求），然后尽快给客户回复。
3. 制定一份收件路线安排和时间安排表。

主要成果：
1. 收件信息记录表；
2. 与客户往来邮件；
3. 收件路线安排和时间安排表。

工作环节 2

收件

2

1. 接收客户订单信息，做好收件准备（工具、单证）上门收取物品，制定收件准备工作流程图。
2. 验货（重量、规格、核查是否存在禁限运物品），指导客户填写运单并测算货物重量和体积，确定计费重量并指导客户签字，在货物外包装上写明目的地和相关单号，要求每票货物分类明确；展示本快件运费的计算方法（PPT）。
3. 快速员在客户处收取快件后，在规定的时间到达快递公司规定的总转运中心；制定运输交接工作步骤以图示呈现。
4. 快件信息录入快递企业的信息系统。

主要成果：
1. 工作流程图；
2. 快件运费的计算方法（PPT）；
3. 运输交接工作步骤；
4. 运单信息录入，系统登单。

学习任务 2 国际快递操作

工作环节 3

快件处理

3

1. 对货物进行分拣，并对货物的数据进行记录，确定机场的外包装总数以及机场的发货总量；遵照海关条例和要求，办理货物的报检报关手续。
2. 把已经分拣的货物和资料交给航空公司进行舱位预订。
3. 核对航空公司返回的批舱机场资料。

主要成果：
1. 货物分拣数据记录单、报检报关单；
2. 分拣及资料整理方法（PPT）。

工作环节 4

快件派送

4

1. 目的国 SHUNB 国际快递分公司小林等待航空公司把货物送来之后代办理清关手续，再分配快递人员进行派送，并交回单。
2. 快件异常问题处理：

（1）快件在目的地扣关，需要发件人或收件人提供产地证、配额、规范的发票等清关资料；

（2）快件出现破损或遗失。

小林需对以上问题进行处理（Word 文档）。

主要成果：
1. 快件派送交回单；
2. 异常问题处理情况描述。

课程 2 快递作业

学习内容

	工作环节 1	工作环节 2
知识点	1.1 信息记录内容填写方法； 1.2 编写邮件方法； 1.3 路线规划方法； 1.4 邮件发送方法	2.1 准备工具的使用方法； 2.2 国际快件运费计算方法； 2.3 国际快件验货方法； 2.4 运输交接工作方法
技能点	1.1 信息记录技巧； 1.2 编写邮件； 1.3 制作路线规划图	2.1 填写运单； 2.2 信息录入； 2.3 系统登单操作
工作环节	工作环节 1 接单	收件 工作环节 2
成果	1.1 收件信息记录表； 1.2 与客户往来邮件； 1.3 收件路线安排和时间安排表	2.1 快件运费的计算方法（PPT）； 2.2 运输交接工作步骤
素养	行业认同感、审美能力、口头表达能力	沟通与协调能力

学习任务 2　国际快递操作

	3.1 记录单填写方法； 3.2 报检报关办理流程以及注意事项； 3.3 核对资料方法； 3.4 资料整理方法	4.1 办理清关流程； 4.2 交回单注意事项； 4.3 国际快件问题情况处理方法
	3.1 记录单填写； 3.2 报检报关单填写； 3.3 核对资料技巧； 3.4 展示演示文稿	4.1 填写回单； 4.2 信息系统录入； 4.3 异常问题解决
	工作环节 3 快件处理	工作环节 4 快件派送
	3.1 货物分拣数据记录单； 3.2 报检报关单； 3.3 分拣及资料整理方法（PPT）	4.1 快件派送交回单； 4.2 异常问题处理情况描述
	规则意识（法律意识）、审美能力、口头表达能力	沟通表达能力

课程 2　快递作业

学习任务 2　国际快递操作

1 接单　2 收件　3 快件处理　4 快件派送

	工作子步骤	教师活动	学生活动	评价
接单	快件信息记录与邮件沟通	1. 让学生听讲任务描述，独立阅读相关知识并做好要点记录，填写工作页。 2. 指导学生运用关键词法学习邮件编写，要求学生以小组形式讨论结果展示，安排学生根据业务要求做好信息记录并回复邮件，抽查学生完成情况，被抽学生 1 展示回复邮件内容及操作，被抽学生 2 点评，其他学生要做记录，可补充点评。 3. 安排学生以小组形式运用学习站法并以图示化形式呈现路线规划，采用旋转木马法点评	1. 学习信息记录内容填写方法与信息记录技巧。 2. 编写邮件方法并编写邮件。 3. 学习邮件发送方法。 4. 学习路线规划方法。 5. 学习制作路线规划图	1. 教师抽点展示并评价。 2. 学生运用旋转木马法点评成果。 3. 教师综合评价

课时： 8 课时
1. 硬资源：网络实训室（多媒体设备）等。
2. 软资源：Microsoft Office 软件、工作页、参考教材、PPT 内容（编写邮件及路线规划、信息记录和回复邮件方法）、学习资料等。
3. 教学设施：投影、白板、大头笔、彩笔、A4 纸张等

	工作子步骤	教师活动	学生活动	评价
收件	交接与信息录入	1. 通过国际快递操作案例导入课程任务。 2. 发放学习资料，运用关键词法学习国际收件所需工具的使用方法，提出独自学习规则，抽点学生展示回答。 3. 举例讲解运费计算和验货及交接等相关知识，并提出学习规则，抽点学生回答。 4. 观察指导学生完成运费计算，并组织学生分组展示互评，最后做综合评价。 5. 指导小组学习，填写运单交接及信息录入。 6. 组织学生交换成果互评。 7. 抽点学生 1 展示成果，抽点学生 2 点评	1. 听取任务描述。 2. 利用学习资源独自学习国际收件所需工具的使用方法。 3. 填写工作页。 4. 听讲并做好记录，填写工作页。 5. 独立计算快件运费，再分小组讨论结果，制作 PPT 展示计算方法。 6. 小组学习，以图示呈现运输交接工作的步骤。 7. 填写快件运单，交换互评。 8. 信息录入系统、登单操作。 9. 被抽学生 1 演示信息录入系统登单。 10. 被抽学生 2 点评，其他学生做记录，可补充点评	1. 教师抽点评价。 2. 学生根据评价标准相互评价成果。 3. 教师综合评价成果。 4. 被抽点学生点评，其他学生补充评价成果

课时： 8 课时
1. 硬资源：网络实训室（多媒体设备）等。
2. 软资源：Microsoft Office 软件、快递业务系统、工作页、PPT 内容（运费计算和验货及交接等相关知识）、参考教材、国际快递操作案例、互评评价标准等。
3. 教学设施：投影、白板、大头笔、彩笔、A4 纸张等

基准学时：30

1 接单　2 收件　3 快件处理　4 快件派送

	工作子步骤	教师活动	学生活动	评价
快件处理	快件分拣、报检与报关	1. 播放视频，以提问方式导入课程任务。 2. 运用关键词法学习分拣数据记录单填写方法，提出独自学习和小组讨论的规则，组织学生展示成果点赞并评价。 3. 通过某国际快件的案例分析说明国际快件报检、报关的重要性，讲解资料核对、整理等相关知识，并提出学习规则，抽点学生回答，提高学生的行业操作法律意识。 4. 观察指导学生完成分拣数据记录、报检报关单填写及资料整理。 5. 组织学生交换成果互评。 6. 抽点学生 1 展示成果。 7. 抽点学生 2 点评	1. 看视频回答问题，听取任务描述。 2. 运用关键词法和学习资源独自学习分拣数据记录单填写方法，分组讨论成果展示。 3. 通过案例的分析说明，认知国际快递报检报关的意义及要求；搜索查阅我国跨境包裹运输有关的海关条例；认真做好记录并填写工作页，回答问题。 4. 每人按照单据填写规范正确填写报检报关单据；相邻 2 位同学交换，互评。 5. 独自完成分拣及资料整理方法（以 PPT 呈现）。 6. 被抽学生 1 展示汇报，被抽学生 2 点评，其他学生做记录，可补充点评	1. 教师抽点评价。 2. 学生点赞评价。 3. 教师综合评价成果。 4. 学生根据评价标准相互评价成果。 5. 被抽点学生点评，其他学生补充评价成果
	课时： 8 课时 1. 硬资源：网络实训室（多媒体设备）等。 2. 软资源：Microsoft Office 软件、快递业务系统、工作页、PPT 内容（报检报关、资料核对、整理等相关知识）、参考教材、国际快递操作视频、学习资料、互评评价标准等。 3. 教学设施：投影、白板、大头笔、彩笔、大白纸、A4 纸张等			
快件派送	办理清关派送交接与系统录入	1. 以播放视频、提问方式导入课程任务。 2. 提出独自学习和小组学习的规则，组织学生分组学习并展示汇报，并做综合评价。 3. 举例讲解回单、国际快件问题情况处理方法等相关知识，提出学习规则，抽点学生 1 回答并做评价。 4. 观察指导学生完成清关办理手续、问题处理、回单填写、信息录入。 5. 组织学生交换成果互评。 6. 抽点学生 2 展示成果，抽点学生 3 点评。 7. 综合评价，回答学生的问题	1. 看视频回答问题，听取任务描述。 2. 利用学习资源独自学习办理清关流程，再分小组讨论成果展示汇报。 3. 听讲并做好记录，填写工作页。 4. 汇总国际快件问题情况处理方法，并随机抽点学生 1 回答问题。 5. 解决回单中填写的出现异常问题，并交换互评。 6. 信息系统录入，并记录问题。 7. 被抽学生 2 展示操作被抽学生 3 点评，其他学生做记录，可补充点评	1. 教师综合评价成果。 2. 教师抽点评价。 3. 学生根据评价标准相互评价成果。 4. 被抽点学生点评，其他学生补充评价成果
	课时： 6 课时 1. 硬资源：网络实训室（多媒体设备）等。 2. 软资源：Microsoft Office 软件、快递业务系统、工作页、PPT 内容（回单、国际快件问题情况处理方法等相关知识）、参考教材、国际快递操作视频、学习资料、互评评价标准等。 3. 教学设施：投影、白板、大头笔、彩笔、大白纸、A4 纸张等			

快递作业

考核标准

情境描述

1. 2018 年 1 月 21 日，YD 快递有限公司业务员小李收到广州 QL 进出口贸易公司的电话，要求寄送一箱女式衬衣给河南郑州的客户，要求于 1 月 24 日前送到。相关信息如下：

   TO: 韵达快递有限公司

   商品名称：女式衬衣

   数量：1 箱 100 件

   重量：25 kg　体积：60 cm×80 cm×100 cm

   到货时间：2018 年 1 月 23 日

   收货人单位：TL 芬芳有限公司

   联系人：李 ×

   电话：18644320×××

   收货地址：河南省郑州市金水区花园路柳林村 × 号

   FROM：广州 QL 进出口贸易公司 周 ××

   联系方式：13502981×××

   地址：广州市越秀区环市中路 × 号

   邮编：5500××　传真：020-83667×××

   运输方式：陆路运输

2. 快递有限公司业务员小钟收到广州 YY 进出口贸易公司的邮件，要求从广州寄 1 个包裹（3 kg）给法国的客户，选择 DHL 快递公司，请以回复邮件方式报价。

参考资料

回答上述问题时，你可以使用所有的常见教学资料，如工作页、教材、快递作业规范、个人笔记等。

任务要求

请根据快递作业课程所学的知识，并结合任务情境，完成以下任务：

一、纸笔测试

1. 快递订单接收的处理流程。
2. 上门揽收的现场操作步骤有哪些？
3. 封志有哪些类型？常被快递行业所使用的是哪些类型的封志？
4. 快件派送一般要遵循什么顺序？
5. 国际快递运费计算方法分哪 7 步？

二、技能实操

1. 辨别图标中禁运物品的名称和指示性标志。
2. 填写快递详情单。
3. 计算资费。
4. 邮件回复。

三、现场操作展示与答辩

1. 选择快递员上门揽收，回答快件派送前需要准备哪些工具？（实物陈设：卷尺、便携式电子秤、小刀、绑带、布带、快递面单、圆珠笔、验钞笔、塑料袋、透明胶纸、信封、零钱等）。
2. 抽题完成快件（分为单件衣物，大、中、小 3 种规格的纸箱）打包操作。
3. 抽题完成评委现场提出的问题。问题主要包括快递取派件过程中各种紧急事故处理操作、无法分拣或易出错快件的分拣处理办法、客户异常签收标准做法等。

评价方式

现场操作展示与答辩，由任课教师、专业组长、企业代表组成考评小组共同实施考核评价，取所有考核人员评分的平均分为学生的答辩考核成绩。笔试、实操按以下评价标准得分。最后终结性考核的成绩由笔试（占 30 分）、实操（占 40 分）和答辩（占 30 分）组成。

1. 笔试评价标准

考核内容	评分细则	配分	配分
1. 快递订单接收的处理流程	完全符合 10 分；基本符合 6~8 分；部分符合 1 分或 3~5 分；完全不符合 0 分	10	
2. 上门揽收的现场操作步骤有哪些？	完全符合 5 分；基本符合 3~4 分；部分符合 1 分或 2 分；完全不符合 0 分	5	
3. 封志有哪些类型？快递行业经常使用的是哪些类型的封志？	完全符合 5 分；基本符合 3~4 分；部分符合 1 分或 2 分；完全不符合 0 分	5	
4. 快件派送一般要遵循什么顺序？	完全符合 5 分；基本符合 3~4 分；部分符合 1 分或 2 分；完全不符合 0 分	5	
5. 国际快递运费计算方法分哪 7 步？	完全符合 5 分；基本符合 3~4 分；部分符合 1 分或 2 分；完全不符合 0 分	5	
合计		30	

2. 实操评价标准

序号	项目	考核操作内容	配分	评分标准	扣分	扣分说明
1	辨别禁运标志与指示性标志	填写各种标志，并为本次任务选用合适的标志	5	每个标志占 0.5 分，为本次任务选用的标志占 2 分		
2	计算资费	列出快件尺寸重量限制，并计算资费	10	列出快件尺寸重量限制 2 分，计算资费 8 分		
3	填写收件通知书	正确填写收件通知书	5	每个空占 0.5 分		
4	填写运单	正确填写运单	10	每项信息占 0.5 分		
5	回复邮件	正确报价，格式符合标准	10	正确报价占 8 分，格式正确占 2 分		
合计			40			

3. 现场展示与答辩评分标准

考核部分	评分项目	配分	评分标准	得分
现场展示	态度认真，正确选择相应的工具	4	满分 4 分，少一个或多一个工具扣 1 分	
	正确操作快件包裹的打包	10	满分 10 分，少一个步骤扣 1 分	
答辩	礼貌用语，表达清楚，普通话流畅	3	分优、良、中、差 4 个级别，分别得 3、2、1、0 分	
	答辩思路清晰、正确或合理，符合行业标准	10	满分 10 分，酌情扣分（需注明扣分原因）	
	与考官交流无障碍	3	分优、良、中、差 4 个级别，分别得 3、2、1、0 分	
合计		30		
考核人员签名：				

课程 3　仓储与配送操作

学习任务 1
单一品种商品入库操作
(48) 学时

学习任务 2
多品种商品出库操作
(36) 学时

学习任务 3
万佳超市商品配送处理操作
(36) 学时

课程目标

学习完本课程后，学生应能够按照企业规定和一般操作要求，完成货物出入库单据处理、商品出入库检验和出入库操作，能够正确将商品配送到最终客户手中，具备物流领域仓储配送行业仓管员、信息员、理货员等基础岗位能力，养成真诚服务、诚信工作、善于沟通协作、按规范制单和办事等职业素养；养成在工作中吃苦耐劳、爱岗敬业的工作态度和良好的职业认同感；研读我国物流业政策，做好服务，并严格执行 8S 管理规定。具体要求如下：

1. 能够描述分析订单，接受委托，编写仓储合同的内容，签订仓储合同。
2. 能够依据商品验收要点完成商品的数量、重量、包装等的验收工作，正确填制入库单证，能区分不同类型的托盘、货架和条码。
3. 能够根据流程规范，选择和使用相关设备来完成立体仓库单一商品入库操作，并根据仓储管理要求对入库单证进行归档整理，形成文档。
4. 能够认知自动化立体仓库、大数据、物联网、AR 技术、全息拣货系统等物流新技术与应用，了解仓储自动化的发展趋势。
5. 能够描述分析订单、接受委托，下架、流通加工与包装、发货、单证归档，客户跟踪与维护的出库操作流程。
6. 能够根据客户的出库要求，分析订单，查询库存信息，接受委托。
7. 能根据出库要求，制作出库单，根据下架设备知识与操作规范，进行下架操作，将货物运至发货区。
8. 能识别包装与流通加工的作用，并识别指示性标志、危险性标志和唛头。
9. 能核对出库凭证，按照商品出库检查方法和注意事项进行发货出库。
10. 能够描述、完成超市配送处理流程，通过各种获取订货方式接收客户订单，准确确认商品订货内容。
11. 能使用仓储管理系统记录商品的存放信息，在系统中查询存货，录用配送订单，编制拣货单和送货单。
12. 能根据拣选方法的优缺点选择拣选方法，确定选择拣选路线，在仓库中准确拣选分拣单中的商品，最后送至指定的集货区。
13. 能结合车辆配载原则、车辆类型和商品属性，选择合适的车辆，制作车辆装载清单。
14. 能结合配送区域的交通情况制定配送路线，在模拟情境下，把商品送达各个分店。待商品送达后，完成货物的交割，将送货回单上交主管。
15. 能够分析配送行业现状，并增强社会责任心（培养学生勤劳、不怕累的美德），乐意投身物流行业，降低配送成本。
16. 能提高文档编辑和 PPT 制作能力、知识梳理能力、沟通表达能力、规范办事能力、逻辑分析能力。

课时：120

课程内容

根据课程目标逐条梳理学习内容：

1. 商品入库操作流程；
2. 仓储合同的作用、格式和主要内容；
3. 商品入库单要点与查阅；
4. 商品验收内容与验收方法；
5. 托盘、货架、条码的知识；
6. 堆码方法；
7. 理货作业操作要点；
8. 仓库 8S 管理知识；
9. 商品出库操作流程；
10. 商品出库方式；
11. 储位分配管理的方法；
12. 确认邮件的撰写规范；
13. 出库单证的形式与内容；
14. 堆垛机、机械手和辊道输送机的特点、用途；
15. 出库异常问题处理；
16. 流通加工与包装的知识；
17. 配送订单的处理流程；
18. 车辆装配的原则；
19. 分拣方式与分拣策略；
20. 配送的概念、作用和特点；
21. 工作安全手册和设备管理规定；
22. 物流新技术的应用——大数据、物联网、AR 技术、全息拣货系统。

学习任务 1　单一品种商品入库操作

任务描述

学习任务学时：48 课时

任务情境

我院物流专业仓储实训基地是广州朝华集团公司的一个仓库，用于储存日用商品。2017 年 2 月 15 日，仓储实训基地接到 HY 批发公司发过来的一份数量 1 200 箱的怡宝矿泉水的入库单，其中规格为 555 mL×24 瓶的矿泉水 800 箱，规格为 350 mL×24 瓶的矿泉水 400 箱。2 月 16 日货物将送到仓库，请根据货物不同包装规格入库，并妥善保管。我院物流专业仓储实训基地安排学生，进行矿泉水的接单、收货、理货、上架、单证归档，完成该批货物的入库操作。

仓储与配送操作

工作流程和标准

工作环节 1　分析订单，接受委托

1. 接收订单，明确任务要求。
2. 教师运用 PPT 或视频介绍仓储概述（含定义、作用，我国仓储行业发展以及现状，物流发展史等），了解经济社会对仓储业务需求自 2010 至今随着我国工业的发展而增加，增强学生专业认知与信心。
3. 登录仓储管理系统，使用仓储管理系统的仓储库存查询功能，查询仓库储位情况，在仓储系统中清点仓储空间，确定储位，接受委托。
4. 学生学习仓储管理系统的功能，熟悉仓储管理系统的使用规则，编写仓储管理系统查询操作使用流程的大纲。
5. 明确委托内容，编写仓储合同的内容，签订仓储合同。

主要成果：
1. 仓储管理系统的查询操作流程；
2. 仓储合同。

工作环节 2　收货

1. 货物到达卸货，依据入库订单，核对收货单，并填写核对记录，培养学生认真负责的态度，结合现今仓储发展方向——智能仓储相关视频，让学生明确在智能仓储中运用条形码、大数据等技术能做到精准收货。
2. 安排学生分组练习核对货物名称、数量、外包装，现场指导，培养学生踏实肯干的品质。
3. 与送货员交接，签收货物，在收货单上签名。

主要成果：收货单。

工作环节 3　理货

1. 卸载入库暂存区，清点货物数量。
2. 利用网络资源或辅助教材，认识托盘的定义、作用与分类。
3. 区分不同的堆码方法，学习堆码方法的名称、堆码操作的基本要求、物品堆码的目的；制作堆码方法优缺点的 PPT 展示文稿。
4. 准备托盘，对货物进行堆码。根据包装箱的尺寸估算使用托盘的数量并准备托盘，根据货物性质及包装特点选择合适的堆码方法。
5. 按堆码标准将货物堆码，利用无线手持设备完成理货作业，审核堆码质量。
6. 教师使用 PPT 讲解货物种类、包装的知识，8S 管理规范，智能仓储中互联网、RF 射频等技术应用；做好要点记录，增强安全意识，增强对仓储企业智能理货工作的专业认识。
7. 分组列出托盘堆码方法的选择理由，编写堆码方法的选择方案。

主要成果：
1. 堆码方法优缺点的 PPT；
2. 托盘堆码方法的选择方案。

学习任务 1　单一品种商品入库操作

工作环节 4

上架

4

1. 教师利用智慧物流视频展示智能仓储上架操作中大数据、物联网（IOT）、AR 技术相结合的视案例，让学生了解现今智能上架操作更具科技感、更体现高效低成本，加强学生行业自豪感。
2. 上架前准备，学习条码、叉车和无线手持设备的使用。
3. 仓管员在仓储管理系统里生成入库单。
4. 码垛收货：仓管员使用无线手持设备把托盘与货物捆绑在一起。
5. 托盘上架：选择合适的装卸搬运工具，利用手动搬运车进行搬运作业，使用叉车把货物上架至指定的储位。
6. 入库反馈：查询仓储系统库存明细，可查看货物的信息。
7. 学生分组、分角色利用立体仓储学习系统练习码垛收货，托盘上架等操作，反复练习，发现并解决问题，直到熟练掌握；教师监督与指导，引导学生不断发现与解决问题，确保学生掌握相关技能。
8. 根据实操过程，制作上架作业的设备使用与流程 PPT。

主要成果：
1. 入库单；
2. 上架作业的设备使用与流程 PPT。

工作环节 5

单证归档，客户跟踪与维护

5

1. 回顾操作过程中出现的问题，总结不少于 3 个关于入库操作中易出现的问题，详细描述问题内容并分析产生的原因和解决办法；总结单一品种入库操作的流程和操作注意事项，形成工作总结。
2. 客户跟踪与维护，反馈客户意见。
3. 对该客户入库单据进行归档，列明该批货物的各种单据，使用 Visio 软件制作入库操作流程图。

主要成果：
1. 工作总结；
2. 入库操作流程图。

学习内容

知识点	1.1 仓储管理系统的使用操作介绍； 1.2 仓储管理系统的功能； 1.3 仓储概述（定义、作用，物流发展史，我国仓储行业发展以及现状等）； 1.4 商品入库操作流程	2.1 仓储合同的定义； 2.2 仓储合同的作用； 2.3 仓储合同的格式； 2.4 仓储合同的内容	3.1 收货单的定义； 3.2 收货单的作用； 3.3 收货单的格式； 3.4 收货单的内容（智能仓储中条形码、大数据技术的结合运用效果）	4.1 托盘的类型； 4.2 托盘的规格； 4.3 堆码方法的种类； 4.4 堆码方法的作用
技能点	1.1 熟悉仓储管理系统的使用规则； 1.2 使用仓储管理系统的仓储库存查询功能； 1.3 制作仓储管理系统查询操作使用流程大纲； 1.4 制作文档； 1.5 提交文档	2.1 明确委托内容； 2.2 编写仓储合同的内容； 2.3 审阅仓储合同的内容； 2.4 签订合同	3.1 核对收货单的信息； 3.2 核对产品名称、数量、外包装； 3.3 签收货物	4.1 制作堆码方法优缺点大纲（PPT）； 4.2 制作 PPT 4.3 展示 PPT
 工作环节	工作环节 1 分析订单，接受委托		收货 工作环节 2	
成果	1.1 仓储管理系统的查询操作使用流程文档	2.1 仓储合同	3.1 收货单	4.1 堆码方法优缺点 PPT
素养	文档编辑能力、知识梳理能力	沟通协调能力、规则意识	逻辑分析能力、规范办事能力、踏实肯干、认真负责	文件编辑能力、沟通表达能力

学习任务 1　单一品种商品入库操作

5.1 堆码方法的优缺点； 5.2 货物的种类； 5.3 货物的包装； 5.4 8S 管理规范，智能仓储中互联网、RF 射频等技术应用	6.1 条码的分类与特点； 6.2 叉车的类型与特点； 6.3 无线手持设备的入库操作规则； 6.4 智能仓储上架操作中大数据、物联网（IOT）、AR 技术的应用	7.1 入库单的定义； 7.2 入库单的作用； 7.3 入库单的格式； 7.4 入库单的内容	8.1 学习心得构成	9.1 Visio 工具的基本操作
5.1 明确货物的特性与包装； 5.2 选择堆码方法； 5.3 列出托盘堆码方法的理由	6.1 制作上架作业的设备使用及流程大纲（PPT）； 6.2 制作 PPT； 6.3 展示 PPT	7.1 在系统中生成入库单； 7.2 码垛收货； 7.3 托盘上架； 7.4 反复练习直至熟练整个收货上架操作	8.1 罗列问题； 8.2 分析原因； 8.3 撰写学习心得； 8.4 客户维护方式	9.1 列明入库操作单据； 9.2 明确入库操作流程； 9.3 绘制入库操作流程图
工作环节 3 理货	工作环节 4 上架		工作环节 5 单证归档，客户跟踪与维护	
5.1 托盘堆码方法的选择方案	6.1 上架作业的设备使用及流程 PPT	7.1 入库单	8.1 工作总结	9.1 入库操作流程图
逻辑分析能力、安全意识	文稿编辑能力、沟通表达能力	规范办事能力、逻辑思维能力、厚德精技	总结能力、文字表达能力、持续改进与优化	逻辑分析能力

课程 3　仓储与配送操作

学习任务 1　单一品种商品入库操作

1 分析订单，接受委托 → 2 收货 → 3 理货 → 4 上架 → 5 单证归档，客户跟踪与维护

	工作子步骤	教师活动	学生活动	评价
分析订单，接受委托	仓储管理系统查询操作	1. 通过 PPT 或视频介绍仓储概述（定义、作用，物流发展史，我国仓储行业发展以及现状等）。 2. 发送任务，提出文档编写要求，让学生描述单一品种商品入库操作的任务情境。 3. 安排组长检查组员的完成情况，指导组长检查、点评。 4. 使用纸条抽签的方法抽点一位组长进行点评。 5. 在课间巡回指导，确保每一位学生都能掌握编辑文档的规范性。 6. 使用蜘蛛网屏控，举例操作，介绍仓储管理系统查询操作的使用。 7. 督促学生练习，观察指导。 8. 抽点学生回答仓储管理系统的使用规则。 9. 提供仓储管理系统查询操作使用流程的文档大纲说明，要求学生制作文档。 10. 检查学生提交文档情况并提供帮助。 11. 提供仓储管理系统查询操作使用流程文档评价规则，安排学生互评	1. 认真听课，做笔记；用心感受物流变迁，体会人类智慧，提升爱国情怀、民族自信。 2. 观看我国仓储行业发展现状 PPT、视频，明确我国仓储业稳步发展，加强学生行业认知信心。 3. 接收任务，按教师要求编写文档标题，使用规定的字体和字号描述单一品种商品入库操作的任务情境并保存，使用邮件发送文档到各组组长的邮箱。 4. 组长登录邮箱，查看组员任务的完成情况，记录组员的完成情况。 5. 被抽组长点评组员完成的规范性。 6. 组员根据组长的点评，修改文档。 7. 认真听教师介绍仓储管理系统的使用操作，并做好笔记。 8. 登录系统，学习仓储管理系统的功能。 9. 被抽点学生回答仓储管理系统的使用规则。 10. 根据教师提供的文档大纲说明，制作文档。 11. 分组提交文档。 12. 互换文档，根据仓储管理系统的查询操作使用流程文档评价规则点评小组成果	1. 依据编写文档的规范性，教师安排组长检查组员的文档，从标题、字体、间距字号、姓名班级等方面进行评价（组长点评）。 2. 依据仓储管理系统的使用规则，教师抽点学生回答并点评（师评）。 3. 学生根据仓储管理系统的查询操作使用流程文档评价规则，相互评价汇报过程

课时： 12 课时

1. 硬资源：网络实训室（多媒体设备）等。
2. 软资源：仓储管理系统、工作页、Word 文档软件、仓储管理系统的查询操作使用流程文档评价规则等。

基准学时：48

① 分析订单，接受委托 → ② 收货 → ③ 理货 → ④ 上架 → ⑤ 单证归档，客户跟踪与维护

<table>
<tr><th></th><th>工作子步骤</th><th>教师活动</th><th>学生活动</th><th>评价</th></tr>
<tr><td rowspan="2">分析订单，接受委托</td><td>仓储合同内容分析</td><td>1. 提出 5 个问题，让学生利用网络资源或辅助教材独自学习仓储合同知识（含仓储合同规范、作用、法律效力等）。
2. 提供一份仓储合同案例给各小组学习。
3. 引出情境任务，组织学生明确委托内容和制定仓储合同。
4. 分配模拟角色(供应商、第三方物流公司)，说明签订合同的规则。
5. 提出仓储合同的评价规则，供学生互评。
6. 组织学生学习和分析仓储合同纠纷案例，引导学生归纳合同制定的规范性要求和注意事项</td><td>1. 利用网络资源或辅助教材独自学习仓储合同知识（含仓储合同规范、作用、法律效力等），树立法治意识。
2. 以小组为单位学习仓储合同案例，讨论归纳仓储合同的格式、内容规范。
3. 接受和分析任务，结合任务背景和客户需求，尝试制定符合规范的仓储合同。
4. 模拟角色（供应商、第三方物流公司），签订合同，接受委托。
5. 交换仓储合同，互相审阅。
6. 学习和分析仓储合同纠纷案例，阐述合同制定的规范性要求和注意事项</td><td>1. 学生根据仓储合同评价规则相互评价成果。
2. 教师抽点学生成果进行评价</td></tr>
<tr><td colspan="4">课时：6 课时
1. 硬资源：网络实训室（多媒体设备）等。
2. 软资源：辅助教材（仓储合同章节）、仓储合同样本、工作页、仓储合同评价规则等</td></tr>
<tr><td rowspan="2">收货</td><td>收货作业</td><td>1. 提供收货单样本，引导学生学习收货单知识、条形码、大数据技术的操作原理。
2. 提出 3 个关于收货单的问题，根据学号抽点学生回答。
3. 讲解收货作业的注意要点，并安排学生填写工作页。
4. 根据任务情境，安排学生核对收货单信息，并填写核对记录，培养学生认真负责的态度。
5. 根据任务情境提供商品，安排学生分组练习核对货物，现场指导，培养学生踏实肯干的品质。
6. 指导学生角色扮演，巡回辅导。
7. 安排学生根据收货作业互评评价标准点评小组作业。
8. 点评角色工作。
9. 组织学生学习收货操作不当造成不良后果的案例</td><td>1. 利用教师提供的收货单样本，搜索网络和辅助教程，独自学习收货单知识；利用教师提供的 PPT 与视频,学习条形码、大数据技术在收货中的应用。
2. 被抽点学生回答教师问题。
3. 根据任务情境，明确收货作业的注意要点，认真填写工作页。
4. 认真核对收货单的信息、填写在工作页中核对记录，养成认真负责的态度。
5. 角色扮演。小组内部安排两名学生模拟核对收货单信息与产品名称、数量是否一致，外包装是否完好，签收收货单，签收货物，养成踏实肯干的品质。
6. 小组交叉角色扮演。
7. 小组互评收货作业模拟情况。
8. 听教师点评，并做记录。
9. 通过案例学习，体会收货操作的重要性，增强责任意识</td><td>1. 学生根据收货作业评价标准相互评价成果（小组互评）。
2. 教师抽查学生成果，并对之进行点评（师评）</td></tr>
<tr><td colspan="4">课时：6 课时
1. 硬资源：网络实训室（多媒体设备）、仓储实训室等。
2. 软资源：工作页、收货单、辅助教材、商品（一批矿泉水）、收货作业互评评价标准等</td></tr>
</table>

学习任务 1 单一品种商品入库操作

1 分析订单，接受委托 → 2 收货 → 3 理货 → 4 上架 → 5 单证归档，客户跟踪与维护

理货

工作子步骤	教师活动	学生活动	评价
堆码方法的分析	1. 提出 5 个关于托盘知识的问题，要求学生根据学习资源准备答案。 2. 要求学生快速记忆问题的答案。 3. 采用 Excel 的 rand () 函数随机抽点学生回答。 4. 利用 PPT，利用托盘的图片与学生一起总结 5 个问题的答案。 5. 讲解货物堆码方法相关知识。 6. 准备托盘和纸箱，指导学生堆码练习。 7. 安排学生分组讨论，总结堆码方法的种类、作用，并填写工作页。 8. 提供堆码方法优缺点的文稿大纲说明，安排学生分组制作演示文稿。 9. 检查学生提交文稿情况并提供帮助。 10. 提出演示文稿的互评规则。 11. 指导小组互评，并点评	1. 利用学习资源独自学习托盘知识，准备 5 个问题的答案。 2. 快速记忆答案。 3. 被抽点学生回答问题，回答不出可求助班上一名学生代为回答，但课后要把问题和答案复述给小组组长。 4. 改正问题的答案,从而知晓托盘的知识。 5. 听讲堆码方法知识并做好要点记录。 6. 练习堆码方法，总结堆码的优缺点。 7. 分组讨论，总结堆码方法的种类、作用，并完成对应工作页的填写。 8. 根据教师提供的文稿大纲说明，以小组为单位制作文稿。 9. 分组提交文稿。 10. 派小组代表汇报成果。 11. 各小组根据演示文稿评价规则，点评小组成果	1. 学生根据演示文稿评价标准相互评价成果（小组互评）。 2. 教师抽点成果进行点评（师评）
课时： 4 课时 1. 硬资源：网络实训室（多媒体设备）等。 2. 软资源：辅助教材、PowerPoint 文稿软件、工作页、演示文稿互评规则、托盘与堆码的授课 PPT 等			
堆码方法的选择	1. 使用学号抽点学生回答问题，并引导学生回顾堆码方法的优缺点。 2. 使用 PPT 讲解货物种类、包装的知识及 8S 管理规范。 3. 播放智能仓储中互联网、RF 射频技术理货操作视频与 PPT。 4. 根据任务情境分配任务，让学生识别货物的特性与包装，完成工作页。 5. 督促学生练习并观察指导，解答学生提出的问题。 6. 要求学生列出托盘堆码方法的选择理由，提出托盘堆码方法选择互评规则。 7. 检查工作页成果，并点评	1. 被抽点学生回顾堆码方法的优缺点。 2. 听讲货物种类与包装的知识、8S 管理规范，并做要点记录，增强安全意识。 3. 利用教师发放的 PPT、视频独立学习智能仓储中互联网、RF 射频等技术应用。 4. 根据任务情境，识别货物的特性与包装，完成工作页。 5. 根据任务情境，编写堆码方法的选择方案，完成工作页。 6. 分组列出托盘堆码方法的选择理由，并派小组代表回答。 7. 交换，互评。 8. 提交工作页成果	1. 学生根据托盘堆码方法选择方案互评规则相互评价成果（小组互评）。 2. 教师对提交成果进行点评（师评）
课时： 4 课时 1. 硬资源：网络实训室（多媒体设备）等。 2. 软资源：辅助教材、工作页、托盘堆码方法互评规则、货物种类、包装的授课 PPT 等			

1 分析订单，接受委托 → 2 收货 → 3 理货 → 4 上架 → 5 单证归档，客户跟踪与维护

上架

工作子步骤	教师活动	学生活动	评价
上架前准备	1. 教师引用智慧物流视频介绍智能物流技术与装备，培养学生的行业、民族自豪感。 2. 巡堂观察指导学生学习条码知识，提出条码的 5 个问题。 3. 抽点学生 1 回答。 4. 补充条码知识。 5. 安排学生用 5 分钟快速记忆叉车的类型与特点。 6. 抽点学生 2 回答问题。 7. 举例讲解无线手持设备的入库操作规则，要求学生分组学习，记录要点。 8. 提供上架作业的设备使用及流程的文稿大纲说明，制作文稿。 9. 检查学生提交文稿情况并提供帮助。 10. 提供演示文稿的评价规则，指导小组互评。 11. 总结活动任务，并点评	1. 认真观看视频，了解智慧物流仓储储上架操作中大数据、物联网（IOT）、AR 技术的应用，明确现今的仓储操作更具科技感，能更高效低成本，加强学生行业、民族自豪感。 2. 以小组为单位，利用网络资源了解条码分类与特点的知识。 3. 被抽点学生 1 回答问题。 4. 听讲，做笔记。 5. 独自利用学习资源了解叉车的类型与特点。 6. 被抽点学生 2 回答问题。 7. 分组学习无线手持设备的入库操作规则，记录要点。 8. 根据教师提供的文稿大纲说明，制作文稿。 9. 分组提交文稿。 10. 派小组代表汇报成果。各小组根据演示文稿的评价规则，点评小组成果。 11. 听教师点评，写活动任务小结	1. 学生根据演示文稿的评价规则相互评价成果（小组互评）。 2. 教师点评小组任务完成情况（师评）

课时： 6 课时

1. 硬资源：网络实训室（多媒体设备）等。
2. 软资源：工作页、条码图片、叉车图片、无线手持终端、PowerPoint 文稿软件、仓储实训室、演示文稿的评价规则等

学习任务 1　单一品种商品入库操作

1 分析订单，接受委托 → 2 收货 → 3 理货 → 4 上架 → 5 单证归档，客户跟踪与维护

上架

工作子步骤	教师活动	学生活动	评价
系统入库	1. 提出 3 个问题，引导学生学习入库单的知识。 2. 抽点学生 1 回答问题。 3. 在实训室安排集训区，举例示范如何生成入库单。 4. 根据任务情境，组织学生分组在系统中生成入库单。 5. 抽点学生 2 演示系统入库操作流程。 6. 示范操作码垛收货、托盘上架。 7. 安排学生分组、分角色应用立体仓储学习系统不断反复练习，观察、监督与指导操作过程。 8. 提出立体仓储系统入库操作的评价规则。 9. 待学生任务完成后，布置课后任务，引导学生对立体仓储学习系统的操作进行反思并改进	1. 以小组为单位，利用网络资源或辅助教材了解入库单的知识。 2. 被抽点学生 1 口述入库单的作用、内容，回答问题。 3. 观察教师示范，记录操作步骤。 4. 根据情境任务，分组在系统中练习生成入库单。 5. 被抽点学生 2 演示系统入库操作流程，其他学生观察。 6. 观察教师示范操作，记录操作步骤。 7. 采用分组、分角色扮演，应用立体仓储学习系统反复进行商品上架入库操作练习，达到熟练的程度。 8. 根据立体仓储系统入库操作评价规则，互评小组表现。 9. 任务完成后根据实操过程，制作立体仓储学习系统上架作业的设备使用与流程图，反思操作流程并提出小组成员如何配合才能提升上架入库操作效率的办法	1. 教师点评各小组成果（师评）。 2. 学生根据系统入库评价规则对系统入库、码垛收货、托盘上架的操作进行评价

课时： 6 课时

1. 硬资源：网络实训室（多媒体设备）等。
2. 软资源：仓储实训室、工作页、仓储管理系统、入库单、系统入库操作的评价规则等

1 分析订单，接受委托 → 2 收货 → 3 理货 → 4 上架 → 5 单证归档，客户跟踪与维护

单证归档，客户跟踪与维护

工作子步骤	教师活动	学生活动	评价
归纳总结	1. 提问，回顾前 4 个工作自步骤的知识点和技能点。 2. 给出工作总结的模板，要求学生独自总结。 3. 使用 Excel 的 rand（）函数抽点学生进行汇报。 4. 给出 10 分钟，让学生完成工作页中的工作总结。 5. 演示使用 Visio 软件说明。 6. 督促学生练习，巡堂观察指导，并解答学生提出的问题。 7. 接收作业。 8. 把作业交叉发给学生，让学生点评成果。 9. 讲解单证归档方法与客户维护方式。 10. 安排学生对本次任务出现的单证进行归档，并提出客户维护的方式。 11. 提出归纳总结的评价规则，要求学生互评	1. 回答问题，回顾知识点和技能点。 2. 根据给出的工作总结模板，独自撰写总结。 3. 被抽点学生进行汇报。 4. 完成工作页中的工作总结。 5. 观察教师演示操作，并记录要点。 6. 练习使用 Visio 软件制作入库操作流程图，遇到操作问题举手请教教师。 7. 分组提交入库操作流程图。 8. 交叉点评学生成果。 9. 听教师讲解单证归档方法和客户维护方式，记录要点。 10. 根据任务情境，对单证进行归档、罗列客户维护的方式。 11. 交换工作页，互评学生成果	1. 学生根据归纳总结的评价规则相互评价成果。 2. 教师对学生提交的成果进行点评（师评）

课时： 4 课时
1. 硬资源：网络实训室（多媒体设备）等。
2. 软资源：辅助教材、Visio 软件、工作页、归纳总结的评价规则等

仓储与配送操作

学习任务 2　多品种商品出库操作

任务描述

学习任务学时：36 课时

任务情境

我院物流专业仓储实训基地是广州朝华集团公司的一个仓库，用于储存日用商品。2017 年 3 月 5 日，仓储实训基地通过邮件接到 TD 公司发过来的一份数量为 500 箱的日用商品的出库单，其中规格为 555 mL×24 瓶的农夫山泉矿泉水 50 箱，规格为 550 mL×24 瓶的统一冰红茶 150 箱，规格为 550 mL×24 瓶的统一绿茶 240 箱，规格为 550 mL×24 瓶的康师傅绿茶 60 箱，预计 3 月 8 日货物将离开仓库。我院物流专业仓储实训基地安排学生进行货物的接单、下架、流通加工与包装、发货、单证归档，完成该批货物的出库操作。

工作流程和标准

工作环节 1

分析订单，接受委托

1

1. 分析客户订单，与客户确定出库订单内容。
2. 存货查询。
3. 存货满足要求，接受委托，回复邮件。

主要成果：确认邮件。

工作环节 2

下架

2

1. 仓管员在仓储管理系统中生成出库单。
2. 准备合适的装卸搬运工具，安排工作人员负责下架作业。
3. 仓管员使用无线手持设备整托出库，仓管员使用叉车把货物从指定储位下架。

主要成果：1. 货物下架位置图；
2. 下架作业设备的使用与流程 PPT。

工作环节 3

流通加工与包装

3

1. 分析流通加工的类型，明确流通加工与生产加工的区别。
2. 根据客户要求进行流通加工。
3. 分析包装的类型与用途。
4. 根据客户要求进行包装，给货物刷唛头。

主要成果：
1. 唛头设计图；
2. 流通加工与包装的认知总结。

工作环节 4

发货

4

1. 复核货物信息，核对货物数量，检查包装情况。
2. 货物到达装车，核对出库凭证。
3. 安排搬运工装车。
4. 与提货员交接，签发货物，在提货单上签名。
5. 在仓储管理系统核销，出库反馈，查询仓储系统库存明细，可查看货物的核销信息。

主要成果：
1. 提货单；
2. 发货工作要点总结。

工作环节 5

单证归档，客户跟踪与维护

5

1. 回顾操作过程中出现的问题，总结不少于 3 个关于出库操作中易出现的问题，详细描述问题内容并分析产生的原因和解决的办法；总结多品种出库操作的流程和操作注意事项，形成工作总结。
2. 对该客户出库单据进行归档，列明该批货物的各种单据，使用 Visio 软件制作出库操作流程图。

主要成果：
1. 工作总结；
2. 出库操作流程图。

学习内容

知识点	1.1 邮件的基本知识； 1.2 确认邮件的内容； 1.3 确认邮件的基本用语； 1.4 邮件的发送要求	2.1 手动液压叉车的特点； 2.2 电动堆垛机的特点； 2.3 无线手持设备的出库操作规则	3.1 手动液压叉车的使用规则； 3.2 电动堆垛机的使用规则； 3.3 拍摄要求	4.1 流通加工的概念； 4.2 流通加工的分类； 4.3 包装的概念； 4.4 包装的用途
技能点	1.1 收发邮件操作； 1.2 查询库存； 1.3 撰写确认邮件； 1.4 发送确认邮件	2.1 制作下架作业设备的使用及流程大纲（PPT）； 2.2 制作 PPT; 2.3 展示 PPT	3.1 拍摄货物下架前位置图状态； 3.2 下架操作； 3.3 拍摄货物下架过程的位置图状态	4.1 描述客户的流通加工要求； 4.2 描述客户的包装要求； 4.3 撰写认知总结； 4.4 提交认知总结
工作环节	工作环节 1 分析订单，接受委托	下架 工作环节 2		
成果	1.1 确认邮件	2.1 下架作业设备的使用及流程 PPT	3.1 货物下架位置图	4.1 流通加工与包装的认知总结
素养	文件编辑能力	文稿编辑能力、沟通表达能力	规范办事能力	文档编辑能力、沟通表达能力

学习任务 2　多品种商品出库操作

	5.1 唛头的作用； 5.2 唛头的构成要素； 5.3 刷唛头的注意事项	6.1 复核要点； 6.2 货物装载规则； 6.3 出库交接注意事项	7.1 提货单的定义； 7.2 提货单的作用； 7.3 提货单的格式； 7.4 提货单的内容	8.1 学习心得构成	9.1 Visio 工具的基本操作
	5.1 明确唛头的构成要素； 5.2 设计唛头草稿； 5.3 刷唛头	6.1 描述复核要点； 6.2 描述货物装载规则； 6.3 描述出库交接注意事项	7.1 核对提货单信息； 7.2 核对司机与车辆信息； 7.3 出库交接，签发货物	8.1 罗列问题； 8.2 分析原因； 8.3 撰写学习心得； 8.4 客户维护方式	9.1 列明出库操作单据； 9.2 明确出库操作流程； 9.3 绘制出库操作流程图

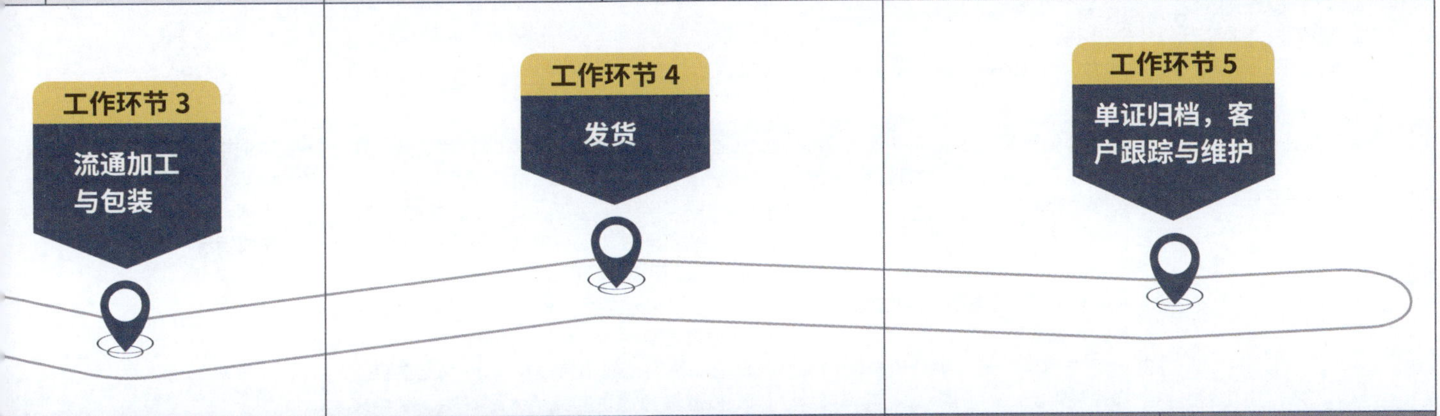

	5.1 唛头设计图	6.1 发货工作要点总结	7.1 提货单	8.1 工作总结	9.1 出库操作流程图
	规范办事能力、沟通表达能力	文件编辑能力、沟通表达能力	规范办事能力	总结能力、文字表达能力	逻辑分析能力

仓储与配送操作

学习任务 2　多品种商品出库操作

1 分析订单，接受委托 → 2 下架 → 3 流通加工与包装 → 4 发货 → 5 单证归档，客户跟踪与维护

	工作子步骤	教师活动	学生活动	评价
分析订单，接受委托	邮件确认	1. 提出独自学习的规则，让学生先独自了解邮件的基本知识。 2. 举例介绍确认邮件的内容和基本用语。 3. 安排学生按要求发送一封邮件给一名同班同学。 4. 使用学号抽点学生回答邮件的发送要求。 5. 提供仓储管理系统的账号，分组安排学生登录系统，查询库存。 6. 要求学生撰写确认邮件，发送给一名同班同学，并抄送给教师。 7. 检查学生提交确认邮件情况并提供帮助。 8. 抽点小组代表评价小组成员的邮件内容。 9. 教师总结	1. 利用学习资源独自学习邮件的基本知识。 2. 认真听教师介绍确认邮件的内容和基本用语，并做好笔记。 3. 登录邮箱，学习邮件的收发操作，发送邮件给一名同学。 4. 被抽点学生回答邮件的发送要求。 5. 根据任务情境，登录系统，查询订单货物在库情况，确认仓库库存量满足要求。 6. 根据要求，撰写确认邮件，并发送给一名同班同学，并抄送给教师。 7. 练习操作。 8. 被抽点小组代表根据邮件确认评价规则点评成果。 9. 听教师总结，做好笔记	1. 学生学习邮件的使用规则，教师抽点回答点评（师评）。 2. 学生根据邮件确认的评价规则相互评价确认邮件内容
	课时： 6 课时 1. 硬资源：网络实训室（多媒体设备）等。 2. 软资源：仓储管理系统、工作页、邮箱、邮件确认的评价规则等			
下架	下架前准备	1. 安排学生利用网上资源了解手动液压叉车与电动堆垛机的特点，巡堂观察指导。 2. 教师抽点学生 1 回答手动液压叉车的特点。 3. 抽点学生 2 回答电动堆垛机的特点。 4. 补充设备知识。 5. 分组举例讲解无线手持设备的出库操作规则。 6. 提供无线手持设备，让学生学习操作，教师从旁指导。 7. 提供下架作业设备使用及流程的文稿大纲说明，要求学生制作文档。 8. 检查学生提交文稿情况。 9. 指导小组互评，教师点评	1. 以小组为单位，利用网络资源了解手动液压叉车、电动堆垛机的特点。 2. 被抽点学生 1 回答手动液压叉车的特点。 3. 被抽点学生 2 回答电动堆垛机的特点。 4. 听教师讲设备知识，做好笔记。 5. 分组学习无线手持设备的出库操作规则，记录要点。 6. 分组练习无线手持设备操作，总结要点。 7. 根据教师提供的文稿大纲说明，制作文稿。 8. 分组提交文稿。 9. 派小组代表汇报成果。 10. 各小组根据评价规则，点评小组成果	1. 学生根据评价标准相互评价成果。 2. 教师点评小组任务完成情况（师评）
	课时： 4 课时 1. 硬资源：网络实训室（多媒体设备）等。 2. 软资源：工作页、授课 PPT、叉车、无线手持终端、PowerPoint 文稿软件、仓储实训室、互评评价标准等			

基准学时：36

1 分析订单，接受委托　2 下架　3 流通加工与包装　4 发货　5 单证归档，客户跟踪与维护

	工作子步骤	教师活动	学生活动	评价
下架	下架作业	1. 示范操作手动液压叉车，讲授使用规则。 2. 使用 rand () 随机抽点学生 1 回答问题。 3. 示范操作电动堆垛机，讲授使用规则。 4. 再次使用 rand () 函数抽点学生 2 回答问题。 5. 安排学生分组操作设备，现场指导。 6. 列出货物下架拍摄要求。 7. 提供商品和托盘，安排学生分组操作货物下架，现场从旁指导。 8. 收集学生成果。 9. 把学生成果发放给学生互评，并提供货物下架位置图的评价规则	1. 观察教师示范操作手动液压叉车，记录使用规则。 2. 被抽点学生 1 回答教师提问。 3. 观察教师示范操作电动堆垛机，记录使用规则。 4. 被抽点学生 2 回答教师提问。 5. 分组练习操作手动液压叉车和电动堆垛机。 6. 记录拍摄要求。 7. 根据任务情境，分组完成货物下架，组长安排组员用手机拍摄下架过程的位置状态。 8. 编辑照片，按时间先后给照片命名、整理，以文件夹形式提交给教师。 9. 小组根据货物下架位置图的评价规则进行互评	1. 学生根据货物下架位置图评价规则相互评价成果。 2. 教师抽点成果点评（师评）
	课时： 4 课时 1. 硬资源：网络实训室（多媒体设备）等。 2. 软资源：工作页、手动液压叉车、电动堆垛机、商品（多品种商品）、托盘、仓储实训室、手机或照相机、货物下架位置图评价规则等			
流通加工与包装	流通加工与包装的认知	1. 提出关于流通加工的 5 个问题，让学生独自学习流通加工的知识。 2. 教师抽点学生 1 回答。 3. 教师讲解包装知识。 4. 学生填写工作页，巡回指导。 5. 抽点学生 2 回答包装要求，并点评。 6. 提供认知总结的撰写要求说明，让学生撰写认知总结。 7. 检查学生提交总结情况并提供帮助。 8. 提出认知总结的评价规则，指导小组互评	1. 利用学习资源独自学习流通加工的知识。 2. 被抽点学生 1 回答问题。 3. 学生听讲包装知识并做好笔记。 4. 完成工作页（流通加工的概念、包装的概念及用途）。 5. 根据任务情境，被抽点学生 2 回答问题，描述客户的包装要求。 6. 学生根据教师提供的认知总结的要求说明撰写认知总结。 7. 分组提交总结。 8. 各小组根据认知总结的评价规则，点评小组成果	1. 学生根据认知总结的评价规则相互评价成果。 2. 教师抽点成果并点评（师评）。 3. 教师点评学生回答问题是否准确（师评）
	课时： 4 课时 1. 硬资源：网络实训室（多媒体设备）等。 2. 软资源：参考教材、Word 软件、工作页、认知总结的撰写要求、认知总结的评价规则等			

教学活动

课程 3　仓储与配送操作

学习任务 2　多品种商品出库操作

1 分析订单，接受委托 → 2 下架 → 3 流通加工与包装 → 4 发货 → 5 单证归档，客户跟踪与维护

	工作子步骤	教师活动	学生活动	评价
流通加工与包装	唛头制作	1. 提问“什么是唛头？”引导学生学习唛头知识。 2. 抽点学生 1 回答问题。 3. 教师使用 PPT 补充唛头知识。 4. 安排学生填写工作页，巡回指导。 5. 抽点学生 2 回答问题，确认学生是否明确唛头的构成要素。 6. 安排学生分组练习设计唛头，观察指导。 7. 收集学生成果，提出修改意见。 8. 分组安排学生在纸箱上刷唛头。 9. 安排学生对刷唛头的规范性进行评价	1. 利用网络资源学习唛头知识。 2. 被抽点学生 1 回答问题。 3. 认真听讲并做好要点记录。 4. 根据任务情境，完成工作页（刷唛头的注意事项）。 5. 根据任务情境，明确唛头的构成要素，被抽点学生 2 回答问题。 6. 设计唛头草稿并提交审核。 7. 听取意见，修改唛头草稿。 8. 分组刷唛头。 9. 小组互评	1. 教师对提交成果进行点评（师评）。 2. 小组互评刷唛头的规范性
	课时：4 课时 1. 硬资源：网络实训室（多媒体设备）等。 2. 软资源：参考教材、工作页、授课 PPT、8 个大纸箱、8 张 A4 纸等			
发货	发货作业	1. 观察分组指导学生学习，抽点学生 1 回答，补充货物装载规则知识。 2. 讲解复核要点。 3. 抽点学生 2 回答问题。 4. 学生练习，巡回指导。 5. 安排 5 分钟快速记忆，抽点学生 3 回答货物装载规则。 6. 举例讲解出库交接注意事项。 7. 抽点学生 4 回答问题。 8. 提供发货工作要点总结大纲说明，要求制作文档。 9. 检查学生提交文档情况并提供帮助。 10. 提供发货作业评价规则，指导小组互评，教师点评	1. 以小组为单位，利用网络资源了解复核要点，货物装载规则，被抽点学生 1 回答问题。 2. 听讲复核要点，做笔记。 3. 被抽点学生 2 回答问题。 4. 填写工作页（描述货物装载规则）。 5. 快速记忆，被抽点学生 3 口述货物装载原则。 6. 听教师讲解出库交接注意事项，做好笔记。 7. 被抽点学生 4 回答问题。 8. 根据教师提供的文档大纲说明，制作文档。 9. 分组提交文档，并派小组代表汇报成果。 10. 各小组根据发货作业评价规则，点评小组成果	1. 学生根据发货作业评价规则相互评价成果（互评）。 2. 教师点评小组任务完成情况（师评）
	课时：6 课时 1. 硬资源：网络实训室（多媒体设备）等。 2. 软资源：工作页、Word 软件、仓储实训室、发货作业评价规则、40 张 A4 纸等			

1 分析订单，接受委托 → 2 下架 → 3 流通加工与包装 → 4 发货 → 5 单证归档，客户跟踪与维护

	工作子步骤	教师活动	学生活动	评价
发货	提货受理	1. 提出独自学习的规则，要求学生学习提货单知识。 2. 抽点学生 1 回答。 3. 讲解提货受理的注意要点。 4. 根据任务情境，分组辅导学生核对提货单信息，要求学生填写工作页。 5. 提供商品，安排学生分组练习核对货物，现场指导。 6. 分配仓管员、提货员的角色，安排学生模拟签收提货单。 7. 督促学生分组练习，巡回辅导。 8. 提供提货受理的评价规则，指导小组互评	1. 利用学习资源独自学习提货单知识。 2. 被抽点学生 1 回答教师提问。 3. 记录提货受理的注意要点。 4. 根据任务情境，明确提货受理的注意要点，核对提货单信息，核对司机与车辆信息，填写工作页。 5. 核对提货单信息与产品名称、数量是否一致，外包装是否完好。 6. 角色扮演，小组内部安排两名学生模拟签收提货单，签发货物。 7. 小组轮换练习。 8. 小组根据提货受理的评价规则互评各小组的表现	1. 学生根据提货受理的评价规则相互评价成果（互评）。 2. 教师抽点成果点评（师评）
	课时：4 课时 1. 硬资源：网络实训室（多媒体设备）等。 2. 软资源：工作页、送货单、参考教材、商品（一批多品种商品）、仓储实训室、提货受理的评价规则等			
单证归档，客户跟踪与维护	归纳总结	1. 提问，让学生回顾前 4 个工作步骤的知识点和技能点。 2. 给出工作总结的模板，要求学生独立总结。 3. 使用 Excel 的 rand () 函数抽点学生进行汇报。 4. 给出 10 分钟，让学生完成工作页的工作总结。 5. 演示使用 Visio 软件说明。 6. 督促学生练习，巡堂观察指导，并解答学生提出的问题。 7. 接收作业。 8. 把作业交叉发给学生，让学生点评成果。 9. 讲解单证归档方法与客户维护方式。 10. 安排学生对本次任务出现的单证进行归档并提出客户维护的方式。 11. 提出归纳总结的评价规则，要求学生互评	1. 回答问题，回顾知识点和技能点。 2. 根据给出的工作总结模板独自撰写总结。 3. 被抽点学生进行汇报。 4. 完成工作页中的工作总结。 5. 观察教师演示操作，并记录要点。 6. 练习使用 Visio 软件制作出库操作流程图，遇到操作问题举手向教师请教。 7. 分组提交出库操作流程图。 8. 交叉点评学生成果。 9. 听教师讲解单证归档方法和客户维护方式，记录要点。 10. 根据任务情境，对单证进行归档与罗列客户维护的方式。 11. 交换工作页，互评学生成果	1. 学生根据归纳总结的评价规则相互评价成果。 2. 教师对学生提交的成果进行点评（师评）
	课时：4 课时 1. 硬资源：网络实训室（多媒体设备）等。 2. 软资源：辅助教材、Visio 软件、工作页、归纳总结的评价规则等			

学习任务 3　万佳超市商品配送处理操作

任务描述

学习任务学时：**36** 课时

任务情境

万佳超市是一个拥有 10 个分店的中小型连锁超市，其销售的商品存放在广州朝华集团公司的仓库中，由广州朝华集团公司负责仓储和配送。2017 年 3 月 10 日，物流公司通过传真方式接到了万佳超市沙河分店、新市分店、太和分店的配送订单，要求必须在 3 月 12 日早上 9 点前把商品送达各分店。

订单内容如下：

万佳沙河分店需要规格为 135 g×12 桶的康师傅红烧牛肉方便面 4 箱，规格为 135 g×12 桶的康师傅酸辣牛肉方便面 3 箱，规格为 68 g×40 包的绿盛卤味香辣牛筋 2 箱，规格为 68 g×40 包的绿盛卤味红烧牛筋 4 箱，规格为 680 g×12 盒的嘉顿原味威化饼 3 箱，规格为 680 g×12 盒的嘉顿草莓味威化饼 2 箱，规格为 680 g×12 盒的嘉顿巧克力威化饼 3 箱，规格为 750 mL×6 瓶的舒蕾清爽去屑洗发露 2 箱，规格为 750 mL×6 瓶的舒蕾清凉柔顺洗发露 2 箱，规格为 400 mL×12 瓶的潘婷柔顺去屑洗发露 4 箱，规格为 400 mL×12 瓶六神清爽沐浴露 3 箱。

万佳新市分店需要规格为 135 g×12 桶的康师傅红烧牛肉方便面 3 箱，规格为 135 g×12 桶的康师傅酸辣牛肉方便面 4 箱，规格为 68 g×40 包的绿盛卤味香辣牛筋 2 箱，规格为 68 g×40 包的绿盛卤味红烧牛筋 3 箱，规格为 680 g×12 盒的嘉顿原味威化饼 3 箱，规格为 680 g×12 盒的嘉顿草莓味威化饼 4 箱，规格为 680 g×12 盒的嘉顿巧克力威化饼 2 箱，规格为 750 mL×6 瓶的舒蕾清爽去屑洗发露 5 箱，规格为 750 mL×6 瓶的舒蕾清凉柔顺洗发露 3 箱，规格为 400 mL×12 瓶的潘婷柔顺去屑洗发露 2 箱，规格为 400 mL×12 瓶的六神清爽沐浴露 4 箱。

万佳太和分店需要规格为 135 g×12 桶的康师傅红烧牛肉方便面 5 箱，规格为 135 g×12 桶的康师傅酸辣牛肉方便面 6 箱，规格为 68 g×40 包的绿盛卤味香辣牛筋 6 箱，规格为 68 g×40 包的绿盛卤味红烧牛筋 1 箱，规格为 680 g×12 盒的嘉顿原味威化饼 4 箱，规格为 680 g×12 盒的嘉顿草莓味威化饼 2 箱，规格为 680 g×12 盒的嘉顿巧克力威化饼 1 箱，规格为 750 mL×6 瓶的舒蕾清爽去屑洗发露 3 箱，规格为 750 mL×6 瓶的舒蕾清凉柔顺洗发露 1 箱，规格为 400 mL×12 瓶的潘婷柔顺去屑洗发露 2 箱，规格为 400 mL×12 瓶的六神清爽沐浴露 2 箱，规格为 1000 mL×6 瓶的强生婴儿牛奶沐浴露 5 箱。

任务涉及的店铺地址及工作人员：

沙河分店地址：广州白云区沙河镇胜利街 × 号（邮编 510419）；

新市分店地址：广州白云区新市镇机场路 × 号（邮编 510440）；

太和分店地址：广州白云区太和镇兴业街 × 号（邮编 510515）；

万佳超市：周主管（负责所有分店的商品配送订货与到货联系），电话：139124398××；

我院物流专业仓储实训基地收到广州朝华集团公司下达的万佳超市商品配送订单任务。现安排我院物流专业仓储实训基地的学生，进行万佳超市各分店的接单、订单处理、分拣、配货与配载、送货与交接、单证归档的工作，完成该批货物的配送处理操作。

角色涉及配送中心经理、客服员、分拣员与送货员。其信息如下：

配送中心经理，高先生，电话：186564823××；

客服员，小陈，电话：137123003××；

分拣员，小李，电话：139276812××；

送货员，老宋，电话：159569806××。

万佳

工作流程和标准

工作环节 1

接受订单

1

1. 客服人员利用邮件接收客户配送订单；
2. 与客户进行沟通，确认本次订单的缺失内容。

主要成果：

1. 配送订单；
2. 与客户沟通中，邮件与电话的使用技巧。

工作环节 2

订单处理

2

1．查询存货。
2．录入配送订单。

主要成果：仓储管理系统配送订单录入步骤。

工作环节 3

分拣

3

1．分析分拣方式及其适用范围，选择合适的分拣方式。
2．分析分拣单位，选择合适的分拣单位。
3．明确分拣策略。
4．生成分拣资料。
5．分拣与异常处理。
6．使用 Visio 软件制作分拣策略分析流程图。

主要成果：

1. 分拣单；
2. 分拣策略分析流程图。

学习任务3　万佳超市商品配送处理操作

工作环节 4

配货与配载

4

1. 将货品运至集货区。通常把集货区按客户分成若干区域，把从不同储存区拣出的货品归入相应客户区域内，重新核对订单，防止货物未拣全。
2. 分析配货的流程及配货的作用。
3. 配货检查，核对货物数量与质量。
4. 根据货物的特点，选择合适的车辆装货。
5. 按照装载原则进行车辆装载。
6. 与送货员交接，签发货物，在出库单上签名。

主要成果：

1. 出库单；
2. 货车种类与配载要求文档；
3. 车辆装载清单。

工作环节 5

送货与交接

5

1. 确定配送线路。
2. 运送货物，跟踪货物在途状态。
3. 货物送达服务与交接。货物送达到收货人处，按照要求，司机将车停放在指定位置，卸货。待收货方点数验收后，签收送货单，即签发实收情况。

主要成果：送货单。

工作环节 6

单证归档，客户跟踪与维护

6

1. 回顾操作过程中出现的问题，总结不少于3个关于商品配送处理操作中易出现的问题，详细描述问题内容并分析产生的原因和解决的办法；总结商品配送处理操作的流程和操作注意事项，形成工作总结。
2. 客户跟踪与维护，反馈客户意见。
3. 对该客户配送单据进行归档，列明该批货物的各种单据，使用 Visio 软件制作配送处理操作流程图。

主要成果：

1. 工作总结；
2. 配送处理操作流程图。

学习内容

知识点	1.1 邮件使用的规范用语； 1.2 电话使用的规范用语	2.1 配送订单的定义； 2.2 配送订单的作用； 2.3 配送订单的格式； 2.4 配送订单的内容	3.1 仓储管理系统的操作指南； 3.2 配送订单录入的关键要素	4.1 分拣策略要素； 4.2 分拣单位； 4.3 分拣方式； 4.4 播种式分拣与摘果式分拣的区别
技能点	1.1 使用邮件或电话与客户沟通； 1.2 归纳邮件与电话的使用技巧	2.1 明确配送订单内容； 2.2 分析订单缺失内容； 2.3 与客户沟通； 2.4 填写订单缺失内容记录表； 2.5 接受订单	3.1 明确配送订单的内容； 3.2 在系统中录入配送订单； 3.3 保存订单； 3.4 描述配送订单录入步骤	4.1 明确分拣策略要素； 4.2 使用 Visio 软件描述分拣策略流程图； 4.3 选择分拣策略
工作环节	工作环节 1 接受订单		订单处理 工作环节 2	工作环节 3 分拣
成果	1.1 与客户沟通中，邮件与电话的使用技巧	2.1 配送订单	3.1 仓储管系统配送订单录入步骤	4.1 分拣策略分析流程图
素养	沟通表达能力、知识梳理能力	沟通协调能力	沟通表达能力、知识梳理能力	分析判断能力、绘图能力

学习任务3　万佳超市商品配送处理操作

	5.1 分拣单的定义与分类； 5.2 分拣单的作用； 5.3 分拣单的格式； 5.4 分拣单的内容	6.1 车辆的分类； 6.2 车辆装载原则； 6.3 商品特性	7.1 配货的流程； 7.2 配货的作用； 7.3 配货检查的要点	8.1 配送线路的目标； 8.2 配送线路的约束条件； 8.3 货物在途跟踪的方式； 8.4 送货交接的注意事项	9.1 学习心得构成	10.1 Visio 工具的基本操作
	5.1 明确分拣方式与分拣单位； 5.2 明确分拣策略； 5.3 填写分拣单； 5.4 分拣作业	6.1 分析商品特性； 6.2 搜索网页了解车辆的类型，选用合适车辆； 6.3 制作车辆种类与配载要求的大纲； 6.4 制作文档； 6.5 提交文档	7.1 将货品运至集货区； 7.2 配货检查，核对数量与包装； 7.3 车辆配载； 7.4 与送货员交接，签发货物，在出库单、车辆载货清单上签名	8.1 确定配送线路； 8.2 跟踪货物在途状态； 8.3 货物送达服务与交接； 8.4 签收送货单	9.1 罗列问题； 9.2 分析原因； 9.3 撰写学习心得； 9.4 客户维护方式	10.1 列明配送处理操作单据； 10.2 明确配送处理操作流程； 10.3 绘制配送处理操作流程图
	5.1 分拣单	6.1 货车种类与配载要求	7.1 出库单，车辆载货清单	8.1 送货单	9.1 工作总结	10.1 配送处理操作流程图
	规范办事能力	文件编辑能力、沟通表达能力	规范办事能力	逻辑分析能力、规范办事能力	总结能力、文字表达能力	分析判断能力

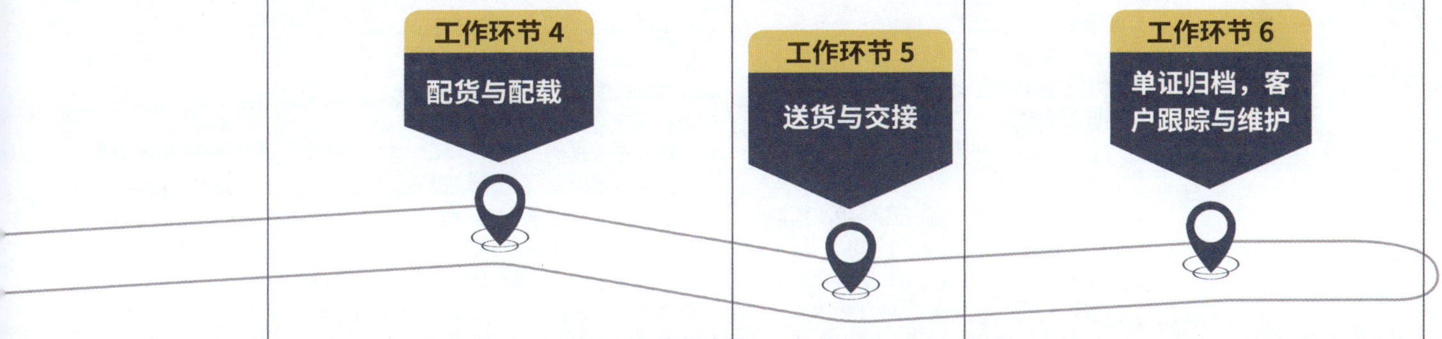

仓储与配送操作

学习任务 3　万佳超市商品配送处理操作

1 接受订单 → 2 订单处理 → 3 分拣 → 4 配货与配载 → 5 送货与交接 → 6 单证归档，客户跟踪与维护

接受订单

工作子步骤	教师活动	学生活动	评价
电话沟通与邮件使用	1. 提出独自学习的规则，让学生先独自了解邮件使用的规范用语与沟通礼仪。 2. 提出问题，采用猜字谜接龙的方式抽点学生回答。 3. 分组练习，安排小组长分配两名组员模拟邮件使用，其他组员监督。 4. 安排每个组的监督人员指出小组邮件使用得好与不好的地方。 5. 提出完成工作页情境对话填写规则。 6. 组内采用纸条抽签抽点学生演示电话沟通的情境对话。 7. 点评情境对话，总结沟通技巧。 8. 抽点学生复述邮件使用与电话沟通技巧。 9. 提出汇报评价规则。 10. 教师点评	1. 利用学习资源独自学习邮件编写与电话沟通礼仪。 2. 被抽点学生回答问题。 3. 分组练习，每个小组由小组组长安排两名组员模拟邮件使用，其他组员监督。 4. 每个小组的监督人员指出小组的邮件使用得好与不好的地方，其他同学听取意见。 5. 完成工作页的情境对话填写。 6. 被抽点学生演示电话沟通的情境对话邮件编写并发送。 7. 归纳总结技巧，做好笔记。 8. 被抽点学生汇报与客户沟通时邮件与电话的使用技巧。 9. 分小组按汇报评价规则互评。 10. 听教师点评	1. 填写工作页情境对话问题，教师抽点演示点评（师评）。 2. 学生根据汇报评价规则相互评价汇报过程
课时： 4 课时 1. 硬资源：网络实训室（多媒体设备）等。 2. 软资源：电话工具、工作页（邮件与电话沟通知识）、汇报评价规则等			
订单内容分析	1. 提出关于配送与配送订单的 5 个问题，要求学生独自学习。 2. 采用 Excel 中的 rand（）函数抽点学生回答问题。 3. 提供配送订单样本，让学生找出配送订单的内容。 4. 提出任务，说明规则，让学生明确配送订单的内容并记录在工作页中。 5. 安排学生完成工作页（订单缺失内容）。 6. 抽点学生工作页，对成果进行点评。 7. 分配角色（客服与客户），模拟电话与客户沟通，补全订单缺失内容。 8. 督促学生练习，从旁观察指导。 9. 提出沟通对话的评价规则，供其他学生点评。 10. 要求学生互换角色，重复练习。 11. 让学生小结，点评自己和组内成员的表现。 12. 教师总结	1. 利用学习资源独自学习配送与配送订单知识。 2. 被抽点学生回答教师的提问。 3. 举手回答，找出配送订单的内容。 4. 根据任务要求明确配送订单内容并记录整理在工作页中。 5. 完成工作页（订单缺失内容）。 6. 听教师点评，修正答案。 7. 小组组长在内部派两个组员模拟电话与客户沟通，补全订单缺失内容，并接受订单。 8. 练习对话。 9. 其他学生观察给出意见，点评学生模拟效果。 10. 互换角色身份，重复练习。 11. 学生小结，点评自己和组内成员的表现。 12. 听教师总结	1. 学生根据沟通对话的评价规则相互评价成果。 2. 教师抽点学生成果进行评价
课时： 4 课时 1. 硬资源：网络实训室（多媒体设备）等。 2. 软资源：电话工具、工作页、配送订单样本、沟通对话的评价规则等			

1 接受订单 → 2 订单处理 → 3 分拣 → 4 配货与配载 → 5 送货与交接 → 6 单证归档，客户跟踪与维护

	工作子步骤	教师活动	学生活动	评价
订单处理	系统订单录入	1. 讲解操作指南，并示范操作。 2. 抽点学生回答。 3. 演示配送订单操作系统。 4. 根据任务情境,安排学生练习,观察指导。 5. 要求学生以图示化形式呈现配送订单录入步骤，并发送至邮箱。 6. 抽点学生 1 演示系统订单录入步骤。 7. 提供配送电动录入步骤的评价规则，抽点学生 2 点评。 8. 抽点学生成果进行点评	1. 听教师讲授操作指南并做好订单关键要素记录。 2. 被抽点学生回答问题。 3. 记录操作步骤。 4. 查看配送订单，把关键要素录入系统并保存。 5. 以图示化形式呈现配送订单录入步骤，并整理发送至教师邮箱。 6. 被抽学生 1 演示系统订单录入步骤，其他同学观察。 7. 被抽学生 2 根据评价规则点评，其他学生做好记录，可补充点评。 8. 听教师点评，做好笔记	1. 教师抽点演示并点评（师评）。 2. 学生根据配送电动录入步骤的评价规则相互评价成果
	课时： 6 课时 1. 硬资源：网络实训室（多媒体设备）等。 2. 软资源：仓储管理系统、仓储管理系统的操作指南、工作页、A4 打印纸 50 张、辅助教材、配送电动录入步骤的评价规则等			
分拣	分拣策略分析	1. 提出“什么是分拣”，引导学生利用网络资源和辅助教材独自学习分拣知识。 2. 采用学号抽签方式抽点学生 1 回答问题。 3. 播放视频，介绍播种式与摘果式分拣方式。 4. 讲解分拣策略要素的组合运用。 5. 要求学生完成工作页中分拣策略要素的填写。 6. 提出使用 Visio 软件制作分拣策略流程图，加深对分拣策略的认知。 7. 督促学生练习，观察分组指导，解答学生提出的问题。 8. 安排学生根据任务选择分拣策略，列出理由。 9. 收集成果。 10. 交叉把成果发给各个小组，提供分拣策略分析的评价规则，要求学生互评。 11. 教师点评	1. 利用网络资源和辅助教材，独自学习分拣知识。 2. 被抽点学生 1 回答问题。 3. 观看视频，描述播种式分拣与摘果式分拣的区别。 4. 认真听讲并做好要点记录。 5. 完成工作页（分拣策略要素）。 6. 独自使用 Visio 软件制作分拣策略流程图。 7. 独自练习，遇到问题请教教师。 8. 根据任务选择分拣策略，罗列理由。 9. 提交成果。 10. 根据分拣策略分析的评价规则，对收到的成果进行评价。 11. 听教师点评	1. 学生根据分拣策略分析的评价规则相互评价成果。 2. 教师抽点成果点评（师评）
	课时： 4 课时 1. 硬资源：网络实训室（多媒体设备）等。 2. 软资源：辅助教材、Visio 软件、工作页、分拣策略分析的评价规则、授课 PPT、播种式与摘果式分拣视频等			

课程 3 仓储与配送操作

学习任务 3 万佳超市商品配送处理操作

1 接受订单 → 2 订单处理 → 3 分拣 → 4 配货与配载 → 5 送货与交接 → 6 单证归档，客户跟踪与维护

	工作子步骤	教师活动	学生活动	评价
分拣	分拣单填制与分拣作业	1. 讲解分拣单的知识。 2. 教师提问，采用纸条抽签方式抽点 5 名同学回答分拣单的定义、分类、格式、作用、内容。 3. 安排学生根据任务要求，填写工作页。 4. 安排实训任务——分拣作业，观察分组指导，解答学生提出的问题。 5. 提出分拣作业的评价规则，供小组间互评。 6. 教师点评	1. 学生听讲并做好要点记录。 2. 被抽点学生回答问题，其他同学倾听答案，指出不对的地方。 3. 完成工作页（填写分拣单）。 4. 学生执行实训任务——分拣作业，遇到问题可向教师请教。 5. 小组互评分拣作业。 6. 听教师点评	1. 学生根据分拣作业的评价规则相互评价成果。 2. 教师对提交成果进行点评（师评）
分拣	**课时：** 2 课时 1. 硬资源：网络实训室（多媒体设备）等。 2. 软资源：仓储管理系统、辅助教材、工作页、分拣单、分拣作业的评价规则、授课 PPT 等			
配货与配载	车辆分类与车辆配载	1. 安排学生以小组为单位，利用网络资源了解车辆分类与车辆配载的知识。 2. 提问，抽点 3 名学生回答车辆的分类、装载原则、商品特性。 3. 举例讲解商品特性与选用合适车辆的方法。 4. 要求学生依据情境任务分析商品特性，选用合适配载的车辆。 5. 提供车辆种类和配载要求的文档大纲说明，要求学生制作文档。 6. 检查学生提交文档情况并提供帮助。 7. 提供货车种类与配载要求文档评价规则，要求学生互评。 8. 点评各小组完成情况	1. 以小组为单位，利用网络资源了解车辆分类与车辆配载的知识。 2. 被抽点学生回答问题。 3. 认真听讲，做好笔记。 4. 根据情境任务，分析商品特性，选用合适配载的车辆。 5. 根据教师提供的文档大纲说明，制作文档。 6. 分组提交文档。 7. 互换文档，点评成果。 8. 听教师点评	1. 学生根据货车种类与配载要求文档评价规则相互评价成果。 2. 教师点评小组任务完成情况（师评）
配货与配载	**课时：** 4 课时 1. 硬资源：网络实训室（多媒体设备）等。 2. 软资源：工作页、商品特性分析案例、辅助教材、货车种类与配载要求文档评价规则等			
配货与配载	配货作业	1. 观察、分组指导学生学习，抽点学生回答。 2. 在实训室安排集训区，组织学生按组完成货物运至集货区的操作。 3. 检查学生复核的准确性，以组为单位派学生代表口述配货检查要点。 4. 要求学生填制出库单、车辆装载清单。 5. 提供出库单与车辆载货清单进行填写的评价规则，让学生互评出库单、车辆装载清单填制的准确性。 6. 组织小组代表进行角色扮演。 7. 对角色进行点评	1. 以小组为单位，利用网络资源或教材了解配货的知识。 2. 根据情境任务，完成把货物运至集货区的操作。 3. 被抽点学生口述配货检查要点，并复核商品的数量与包装。 4. 学生填制出库单、车辆装载清单。 5. 根据出库单与车辆载货清单填写的评价规则互评单证的准确性。 6. 小组代表进行角色扮演，模拟仓管员与送货员交接，在出库单、车辆装载清单上签名。 7. 听教师点评	1. 教师点评各小组成果（师评）。 2. 学生依据出库单与车辆载货清单填写的评价规则对出库单与车辆载货清单进行评价（互评）
配货与配载	**课时：** 4 课时 1. 硬资源：网络实训室（多媒体设备）等。 2. 软资源：工作页、仓储管理系统、出库单、辅助教材、出库单与车辆载货清单填写的评价规则等			

1 接受订单 → 2 订单处理 → 3 分拣 → 4 配货与配载 → 5 送货与交接 → 6 单证归档，客户跟踪与维护

	工作子步骤	教师活动	学生活动	评价
送货与交接	送货作业	1. 教师讲解配送线路的基本知识。 2. 抽点学生回答问题。 3. 分组辅导学生搜索资料，罗列货物在途跟踪方式。 4. 抽点学生回答问题。 5. 督促学生讨论，巡回辅导。 6. 提出问题（货物送达服务与交接的注意事项）。 7. 安排学生确定配送线路，罗列理由，填写在工作页中。 8.分配角色(司机与客户),模拟签收送货单。 9. 提供送货作业交接的评价规则，让学生互评各小组的表现。 10. 点评角色扮演	1. 听讲配送线路的基本知识，回答问题（配送线路的目标、约束条件）。 2. 被抽点学生回答问题。 3. 查找资料，罗列货物在途跟踪方式。 4. 被抽点学生回答问题。 5. 小组讨论，记录送货交接的注意事项。 6. 主动回答问题（货物送达服务与交接的注意事项）。 7. 根据任务情境，确认任务的配送线路，罗列理由，填写在工作页中。 8. 角色扮演，小组组长安排组员模拟签收送货单过程。 9. 根据送货作业交接的评价规则互评各小组的表现。 10. 听教师点评	1. 小组互评。 2. 教师总结
	课时： 4 课时 1. 硬资源：网络实训室（多媒体设备）等。 2. 软资源：工作页、送货单、辅助教材、授课 PPT、送货作业交接的评价规则等			
单证归档，客户跟踪与维护	归纳总结	1. 提问，让学生回顾前 4 个工作步骤的知识点和技能点。 2. 给出工作总结模板，要求学生独自总结。 3. 使用 Excel 的 rand（）函数抽点学生进行汇报。 4. 给出 10 分钟，让学生完成工作页的工作总结。 5. 演示使用 Visio 软件说明。 6. 督促学生练习，巡堂观察指导，并解答学生提出的问题。 7. 接收作业。 8. 把作业交叉发给学生，让学生互相点评成果。 9. 讲解单证归档方法与客户维护方式。 10. 安排学生对本次任务出现的单证进行归档并提出客户维护的方式。 11. 提出归纳总结的评价规则，要求学生互评	1. 回答问题，回顾知识点和技能点。 2. 根据给出的工作总结模板，独自撰写总结。 3. 被抽点学生进行汇报。 4. 完成工作页中的工作总结。 5. 观察教师演示操作，并记录要点。 6. 练习使用 Visio 软件制作配送处理流程图，遇到操作问题举手请教教师。 7. 分组提交配送处理流程图。 8. 交叉点评学生成果。 9. 听教师讲解单证归档方法和客户维护方式，记录要点。 10. 根据任务情境，对单证进行归档、罗列客户维护的方式。 11. 交换工作页，互评学生成果	1. 学生根据归纳总结的评价规则相互评价成果。 2. 教师对提交成果进行点评（师评）
	课时： 4 课时 1. 硬资源：网络实训室（多媒体设备）等。 2. 软资源：辅助教材、Visio 软件、工作页、归纳总结的评价规则等			

仓储与配送操作

考核标准

情境描述

傅立超市是一家中小型连锁超市，其销售的生活用品存放在凯通物流公司的仓库中，由凯通物流公司负责仓储和配送。2019 年 12 月 15 日，凯通物流公司通过 Email 方式接到了傅立超市 A 分店、B 分店的配送订单，要求必须在 12 月 17 日早上 9 点前把商品送达到这家分店。订单内容如下：

A 分店需要规格为 750 mL/ 瓶 舒蕾清爽去屑洗发露 36 瓶，包装规格 12 瓶 / 箱；规格为 750 mL/ 瓶 舒蕾清凉柔顺洗发露 40 瓶，包装 10 瓶 / 箱；规格为 400 mL/ 瓶 潘婷柔顺去屑洗发露 30 瓶，包装 15 瓶 / 箱；规格为 1000 mL/ 瓶 强生清爽沐浴露 60 瓶，包装 10 瓶 / 箱。

B 分店需要规格为 750 mL/ 瓶 舒蕾清爽去屑洗发露 48 瓶，包装规格 12 瓶 / 箱；规格为 750 mL/ 瓶 舒蕾清凉柔顺洗发露 20 瓶，包装 10 瓶 / 箱；规格为 400 mL/ 瓶 潘婷柔顺去屑洗发露 60 瓶，包装 15 瓶 / 箱；规格为 1000 mL/ 瓶 强生清爽沐浴露 60 瓶，包装 10 瓶 / 箱。

任务涉及的店铺地址及工作人员：

A 分店地址：广州越秀区桂华街 × 号；

B 分店地址：广州越秀区人民路 × 号。

傅立超市：周 ×（负责所有分店的商品配送订货与到货联系），电话：13912439×××；

凯通物流公司：陈 ×（仓管员），电话：18656482×××；王 ×（司机），电话：18688990×××；

你作为凯通物流公司的仓管员或司机角色，请根据以上信息完成商品的分拣、入库、出库与配送操作。

任务要求

请根据上述任务描述和主管安排，完成下列任务：

1. 纸笔测试：描述商品配送的流程；按订单拣货与批量拣货的概念、优缺点；描述条码类别与差异。
2. 任务实操：完成上述解决方案后，完成配送订单的处理，拣货方法的选择与送货单的填写，把相关的数据填写在表格中；根据给定的任务，完成拣货单位的选择。

参考资料

回答上述问题时，你可以使用所有常见教学资料。例如：工作页、教材、阅读项目要求、企业作业规范、专业相关的法律法规等。

评价方式

由任课教师实施考核评价，取所有考核人员评分的平均分为学生考核成绩。如果有笔试、实操等多种类型考核内容的，还需说明分数占比或分值计算方式。

考核评分表

<table>
<tr><td>班级</td><td></td><td>小组</td><td></td><td></td><td>学生姓名</td><td></td></tr>
<tr><td>考核部分</td><td colspan="3">评分项目</td><td>分值</td><td>得分</td><td>合计</td></tr>
<tr><td>第一部分：理论测试（20 分）</td><td colspan="3">测试题含单选、多选、判断和名词解释、问答题，评分见理论试题</td><td>20</td><td></td><td></td></tr>
<tr><td rowspan="6">第二部分：操作技能测试（40 分）</td><td colspan="3">按订单拣货与批量拣货的概念、优缺点</td><td>5</td><td></td><td rowspan="6"></td></tr>
<tr><td colspan="3">描述商品配送的流程</td><td>5</td><td></td></tr>
<tr><td colspan="3">列举 6 种条码类型</td><td>5</td><td></td></tr>
<tr><td colspan="3">根据任务描述的内容，填写配送订单</td><td>5</td><td></td></tr>
<tr><td colspan="3">根据任务描述的内容，选择拣货方法</td><td>10</td><td></td></tr>
<tr><td colspan="3">根据任务描述的内容，填写送货单</td><td>10</td><td></td></tr>
<tr><td rowspan="3">第三部分：立体仓库系统出入库操作（10 分）</td><td colspan="3">是否按规范完成入库作业</td><td>4</td><td></td><td rowspan="3"></td></tr>
<tr><td colspan="3">是否按规范完成出库作业</td><td>4</td><td></td></tr>
<tr><td colspan="3">是否进行设备归位，8S 管理是否达标</td><td>2</td><td></td></tr>
<tr><td rowspan="9">第四部分：成果展示（30 分）</td><td colspan="3">有没有片头和片尾</td><td>3</td><td></td><td rowspan="9"></td></tr>
<tr><td colspan="3">内容是否与主题贴近</td><td>3</td><td></td></tr>
<tr><td colspan="3">礼貌、有目光交流、微笑、语言表达流畅</td><td>3</td><td></td></tr>
<tr><td colspan="3">对该项目的工作分工阐述清晰</td><td>4</td><td></td></tr>
<tr><td colspan="3">对工作过程的阐述清晰正确</td><td>4</td><td></td></tr>
<tr><td colspan="3">幻灯片美观整洁，风格一致，展示有动画</td><td>3</td><td></td></tr>
<tr><td colspan="3">与考官有交流</td><td>4</td><td></td></tr>
<tr><td colspan="3">仓储最新政策、物流新技术的应用</td><td>3</td><td></td></tr>
<tr><td colspan="3">符合仓管员的岗位规范，符合社会主义核心价值观</td><td>3</td><td></td></tr>
<tr><td colspan="4">总分</td><td>100</td><td></td><td></td></tr>
</table>

课程 4　托运作业

学习任务 1
服装包托运作业
（60）学时

学习任务 2
粮食托运作业
（60）学时

课程目标

学习完本课程后，学生应能够胜任按照客户的运输要求，组织货物的运输工作，把货物从起运地运到目的地，从而完成托运作业工作，如与客户签订运输合同，根据托运货物与客户要求，选择合适的车辆，对托运货物贴标签，配载装车，选择经济的运输线路组织车辆运行；到达目的地后，提货交付并办理结算手续，在提货交付过程中严谨理性，做到准确无误；最后完善客户档案，整理相关运输单据并进行存档等工作任务，并严格执行行业安全环保管理制度和 8S 管理规定，具备独立分析与解决非常规性专业问题的能力。在整个任务完成过程中，需要学生发挥砥砺知行，踏实肯干的意志品质。具体要求如下：

1. 能规范地使用装卸搬运设备，保证托运操作的安全实施。
2. 能准确上门提货，按照行业要求，准确、有礼貌地完成托运受理，并恰当地解决客户问题。
3. 能按照不同的运输方式，遵照托运单填制规范，开具托运单；区别重量吨与尺码吨，选择恰当的运费计算方法，查看运价表进行费用核算。
4. 能根据货物和运输要求，制作标签，对托运货物吊签。
5. 能根据货物特点选择合适车辆进行装车配载，正确填写随车货物清单；审核司机证件，做好发车准备。
6. 能在实训室模拟完成到达卸车作业，根据随车清单进行货物整理。
7. 能进行卸货、验货，填写货物交接单，办理提货交付手续并结算费用。
8. 能整理客户资料和相关单据，并进行分类存档。
9. 能正确指导客户托运货物并收费，及时上缴费用，做到诚实守信。
10. 能做好接待客户与回答客户提问的客服工作，做到有礼貌，有素质。

课时：120

课程内容

根据课程目标逐条梳理学习内容：

1. 模拟情境下，执行上门提货的任务；
2. 公路运费计算公式，计算运费；
3. 重量吨和尺码吨；
4. 公路货物托运单的内容；
5. 进货和验货；
6. 标签内容和格式；
7. 随车清单的内容；
8. 司机证件种类；
9. 铁路货票的内容；
10. 铁路托运单的内容和格式；
11. 铁路领货凭证的基础知识；
12. 铁路货运品名及运价率表；
13. 铁路运费计算公式；
14. 铁路提货的流程。

学习任务 1　服装包托运作业

任务描述

学习任务学时：60 课时

任务情境

广州远华运输有限公司业务部接到广州君子服装公司的来电咨询，要求以汽运的形式托运一批服装包（货物重 20 t，体积为 33 m^3，工厂地址：广州市天河区沙河路 × 号，要求必须在 3 天内送达目的地）到湖南省长沙市。远华运输有限公司的校企合作基地是我院物流专业实训基地。远华运输有限公司希望基地的学生能够借助校企合作资源，完成该批货物的托运操作。

物流

工作流程和标准

工作环节 1

接受任务，上门提货

1

1. 根据广州君子服装公司的需求（货物信息、运输时间、目的地等），分析客户需求，接受托运任务，分析不同运输方式的特点，选择合适的运输方式，查阅公路里程表，准确计算出运输的距离以及预计运输时间等。
2. 确认接受任务后，做好提货路线设计，提货车辆安排，识别包装标识，做好道路交通知识、装卸安全知识以及上门提货礼仪培训等上门提货准备，模拟完成上门提货操作。

主要成果：

1. 填写客户信息表；
2. 计算运输距离和运输时间；
3. 提货路线设计方案；
4. 5 种运输方式的比较表。

工作环节 2

核算运费，开具托运单

2

1. 提货员随提货车辆到达客户指定的提货地点后，组织安排装车，包括选择合适的装卸搬运工具，合理安排配载，确认商品数量、重量和体积。
2. 根据确认的重量和体积，查找运价表，计算出本次任务的运费（包括重量运费与体积运费的计算和比较、体积的计算方法、重量的确认方式）。
3. 与客户确认好运费后，根据客户提供的信息填写托运单，并交客户签名确认，根据需要向客户解说托运单的规范填写及注意事项，公路运输的增值服务（保险业务办理、送货上楼服务、代收货款业务等）。

主要成果：

1. 托运单；
2. 运费组成 PPT。

工作环节 3

吊签、发车

3

1. 装车完毕，完成粘贴货物标签、货物的标记、车辆的施封工作，做好货物发送准备。
2. 审核司机资料，核实司机身份，包括司机证件的审核、车辆证件的审核，确保货物安全。
3. 制作随车清单，交给司机随车带到目的地，准备发车。

主要成果：

1. 货物标签；
2. 随车清单。

工作环节 4

到站卸货，货物送达

4

1. 车辆到达目的地后，由工作人员负责与司机交接，并与客户联系，明确送货地点与时间。
2. 货物送达后，工作人员与司机一起检查封条，做好卸车工具与人员的准备，确保卸货顺利。
3. 卸完货后，根据随车清单和收货人一起确认货物的数量、包装等无误，与收货人签字确认完成整个运输交接（交接的准备工作、交接内容以及交接的注意事项等）。

主要成果：

1. 司机交接单；
2. 货物签收单 。

工作环节 5

整理业务单据并归档

5

1. 完成本次运输任务后，客服员收集相关单证（客户信息表、托运单、随车清单、货物交接单、签收单等），完善客户资料。
2. 客服员完成客户收发货调查反馈后，根据客户的重要性，依据 ABC 分类管理法，对客户进行存档归类。

主要成果：客户存档材料。

课程 4　托运作业

学习内容

知识点	1.1 设计提货路线的方法； 1.2 识读运输里程表； 1.3 5 种运输方式的特点； 1.4 客户信息内容和规范填写	2.1 车辆的类型与特点； 2.2 装卸安全知识； 2.3 包装标识的分类	3.1 增值服务内容； 3.2 尺码吨的定义； 3.3 体积吨的定义； 3.4 各种装卸搬运设备的特点	4.1 托运单的内容； 4.2 托运单的格式； 4.3 托运单的作用； 4.4 托运单的定义
技能点	1.1 能规范填写客户托运信息记录表； 1.2 5 种运输方式的特点分析； 1.3 计算运输里程； 1.4 选择最佳提货路线	2.1 明确客户需求； 2.2 识别包装标识； 2.3 运用正确的礼仪礼貌与人沟通； 2.4 模拟完成上门提货操作	3.1 选择装卸搬运设备； 3.2 确定计费方式； 3.3 填写托运单； 3.4 办理保险业务	4.1 介绍增值服务； 4.2 撰写并发送订舱邮件给船公司； 4.3 运用公路运输计算公式
工作环节	工作环节 1 接受任务，上门提货		核算运费，开具托运单 工作环节 2	
成果	1.1 5 种运输方式对比表； 1.2 客户信息表	2.1 提货路线设计方案	3.1 托运单	4.1 运费的计算过程
素养	行业认同感、与人沟通、口头表达能力、绘图能力	分析判断能力、健全人格	分析判断能力	与人沟通，分析与计算能力

5.1 称证件的检查要点； 5.2 司机证件的检查要点； 5.3 车辆封条的定义； 5.4 货物标签内容	6.1 随车清单的格式	7.1 货物签收单的内容、作用； 7.2 司机交接单的内容、作用； 7.3 卸货准备的内容	8.1 制作 PPT 的方法	9.1 ABC 分类管理法的定义、作用； 9.2 客户档案包含的单据
5.1 制作货物标签； 5.2 安排车辆施封； 5.3 审核司机证件； 5.4 审核车辆证件； 5.5 制作随车清单	6.1 制作随车清单	7.1 安排卸货准备工作； 7.2 完成与司机交接，填写司机交接单； 7.3 填写货物签收单； 7.4 审核单证的正确性	8.1 制作 PPT； 8.2 展示 PPT	9.1 明确需收集的单据及资料； 9.2 制作客户存档材料； 9.3 运用 ABC 分类管理法对客户进行分类； 9.4 制作 PPT； 9.5 总结反馈

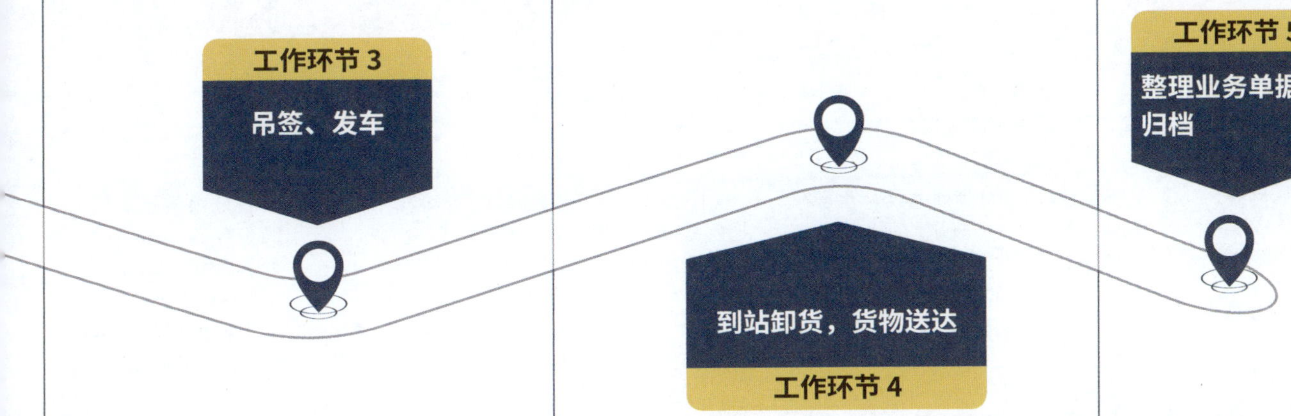

5.1 货物标签	6.1 随车清单	7.1 司机交接单	8.1 货物签收单	9.1 客户资料 PPT 展示； 9.2 客户存档材料
口头表达能力	文件归档能力、事故处理能力、应急能力	业务跟踪与监控、沟通表达能力	文件编辑能力	客户服务能力、办公设备使用能力

托运作业

课程 4　托运作业

学习任务 1　服装包托运作业

1 接受任务，上门提货 → 2 核算运费，开具托运单 → 3 吊签、发车 → 4 到站卸货，货物送达 → 5 整理业务单据并归档

接受任务，上门提货

工作子步骤	教师活动	学生活动	评价
分析客户需求，选择运输方式	1. 提出独自学习的规则，抽点学生回答。 2. 提出完成工作页规则和说明选择正确运输方式规则并抽点学生演示。 3. 说明填写客户信息表规则督促学生完成。 4. 监督并提供帮助。 5. 提出汇报规则和评价标准	1. 利用学习资源分析客户资料，完成信息表的填写。 2. 完成工作页情境对话的填写并展示。 3. 总结 5 种运输方式的特点。 4. 归纳总结技巧。 5. 阐述选择运输方式的理由并分小组按标准进行评价。	1. 学生组阐述选择何种运输方式并表明理由，教师抽点演示点评（师评）。 2. 学生根据评价标准相互评价汇报过程
课时：8 课时 1. 硬资源：网络实训室（多媒体设备）等。 2. 软资源：画图工具、工作页、互评评价标准等			
设计提货路线	1. 提出独自学习的规则，抽点学生回答。 2. 提出任务，说明规则，抽点学生成果点评。 3. 督促学生练习，观察指导。 4. 提出互评规则和标准。 5. 提供 3 个以上脚本供学生小组选择，点评各小组的表现，引导学生归纳上门取件的礼仪和客户难题的应对措施	1. 利用学习资源独自学习交通知识。 2. 根据任务要求设计提货路线。 3. 完成工作页的问题。 4. 分小组展示设计的路线，互评。 5. 以小组为单位扮演客户和收件员，模拟上门取件操作	1. 学生分组演示本组的设计路线方案并说明理由，教师抽点演示点评（师评）。 2. 学生根据评价标准相互评价汇报过程
课时：6 课时 1. 硬资源：网络实训室（多媒体设备）等。 2. 软资源：交通标识工具、工作页、路线图样本、互评评价标准等			

1 接受任务，上门提货　2 核算运费，开具托运单　3 吊签、发车　4 到站卸货，货物送达　5 整理业务单据并归档

核算运费，开具托运单

工作子步骤	教师活动	学生活动	评价
确定运费	1. 提出独自学习的规则，抽点学生回答。 2. 提出完成工作页规则，说明选择正确装卸搬运设备规则，并抽点学生演示。 3. 说明选择计费重量及运费计算公司的规则，监督并提供帮助。 4. 提出汇报规则和评价标准	1. 利用学习资源分析货物特点，选择正确的装卸工具。 2. 完成工作页情境对话的填写并展示。 3. 根据货物的重量和体积，确定计费重量。 4. 运用公路运输的计算公式，计算本次任务的运费。 5. 展示每组的计算过程及结果，并分小组按标准进行评价	1. 学生分组展示计算过程及计算的结果，教师抽点演示点评（师评）。 2. 学生根据评价标准相互评价汇报过程
课时： 6 课时 1. 硬资源：网络实训室（多媒体设备）等。 2. 软资源：计算工具、工作页、互评评价标准等			
填写托运单	1. 提出独自学习的规则，抽点学生回答。 2. 提出完成工作页规则，说明填写托运单的要点及注意事项，并抽点学生演示。 3. 指出填写托运单时容易出现的问题，监督并提供帮助。 4. 提出汇报规则和评价标准	1. 利用学习资源记录托运单的定义和作用。 2. 根据任务要求填写托运单。 3. 完成工作页的问题。 4. 分小组展示填写的托运单，互评	1. 学生分组展示每组所填写的托运单，教师抽点演示点评（师评）。 2. 学生根据评价标准相互评价汇报过程
课时： 6 课时 1. 硬资源：网络实训室（多媒体设备）等。 2. 软资源：工作页、互评评价标准等			

学习任务 1 服装包托运作业

1 接受任务，上门提货 → 2 核算运费，开具托运单 → 3 吊签、发车 → 4 到站卸货，货物送达 → 5 整理业务单据并归档

吊签、发车

工作子步骤	教师活动	学生活动	评价
制作货物标签，审核司机证件	1. 提出独自学习的规则，抽点学生回答。 2. 提出完成工作页规则，说明制作货物标签规则，并抽点学生演示。 3. 说明审核司机证件的方法，监督并提供帮助。 4. 提出汇报规则和评价标准	1. 利用学习资源分析货物信息，制作货物标签。 2. 完成工作页情境对话的填写并展示。 3. 根据司机提供的证件，审核其正确性。 4. 展示每组制作的货物标签并分小组按标准进行评价	1. 学生分组展示制作的货物标签，教师抽点演示点评（师评）。 2. 学生根据评价标准相互评价汇报过程
课时： 6 课时 1. 硬资源：网络实训室（多媒体设备）等。 2. 软资源：工具、工作页、互评评价标准等			
制作随车清单，车辆施封	1. 提出独自学习的规则，教师抽点学生回答。 2. 提出完成工作页规则，说明制作随车清单的要点及注意事项，并抽点学生演示。 3. 指出在施封过程中要注意的事项，监督并提供帮助。 4. 提出汇报规则和评价标准	1. 利用学习资源明确随车清单与封条的格式与作用。 2. 根据任务要求填写随车清单。 3. 完成工作页的问题。 4. 分小组展示填写的随车清单，互评	1. 学生分组展示每组所填写的随车清单，教师抽点演示点评（师评）。 2. 学生根据评价标准相互评价汇报过程
课时： 8 课时 1. 硬资源：网络实训室（多媒体设备）等。 2. 软资源：工作页、互评评价标准等			

基准学时：60

1 接受任务，上门提货 → 2 核算运费，开具托运单 → 3 吊签、发车 → 4 到站卸货，货物送达 → 5 整理业务单据并归档

	工作子步骤	教师活动	学生活动	评价
到站卸货，货物送达	安排卸货，完成交接	1. 提出独自学习的规则，抽点学生回答。 2. 提出完成工作页规则，说明安排人员及卸货工具规则，并抽点学生演示。 3. 说明填写货物交接表规则，监督并提供帮助。 4. 提出汇报规则和评价标准	1. 利用学习资源根据货物的信息，合理安排人员及选择正确的卸货工具。 2. 完成工作页情境对话的填写并展示。 3. 归纳交接时的注意事项。 4. 归纳总结技巧。 5. 阐述交接时的要点并分小组按标准进行评价	1. 学生分组展示本组填写的货物交接单，教师抽点演示点评（师评）。 2. 学生根据评价标准相互评价汇报过程
	课时： 6 课时 1. 硬资源：网络实训室（多媒体设备）等。 2. 软资源：卸货工具图片、工作页、互评评价标准等			
	完成卸货，填写货物签收单	1. 提出独自学习的规则，抽点学生回答。 2. 提出任务，说明填写货物签收单的注意事项，抽点学生成果点评。 3. 学生练习，观察指导。 4. 提出互评规则和标准	1. 利用学习资源独自学习商品标识。 2. 根据任务要求填写货物签收单。 3. 完成工作页中的问题。 4. 分小组展示货物签收单，互评	1. 学生分组展示本组填写的货物签收单并进行讲解，教师抽点演示点评（师评）。 2. 学生根据评价标准相互评价汇报过程
	课时： 6 课时 1. 硬资源：网络实训室（多媒体设备）等。 2. 软资源：工作页、货物签收单样本、互评评价标准等			
整理业务单据并归档		1. 提出独自学习的规则，抽点学生回答。 2. 演示使用 Visio 软件说明。 3. 监督学生练习，观察并分组指导解答学生提出的问题。 4. 讲解单证归档方法和维护客户的方式，抽点学生回答。 5. 提出互评规则和标准	1. 利用学习资源独自学习写作知识。 2. 完成工作页（学习心得）。 3. 使用 Visio 软件制作配送处理流程图。 4. 根据任务处理单证归档和维护客户的操作。 5. 交换，互评	1. 学生根据评价标准相互评价成果。 2. 教师对提交的成果进行点评（师评）
	课时： 8 课时 1. 硬资源：网络实训室（多媒体设备）等。 2. 软资源：参考教材、工作页、讲授 PPT、互评评价标准等			

托运作业

学习任务 2　粮食托运作业

任务描述

学习任务学时：60 课时

任务情境

2012 年 11 月 8 日，新疆全峰运输有限公司业务部接到新疆天山种子站的来电咨询，要求以铁路运输的形式托运一批小麦（货物重 120 t，要求必须在 2012 年 11 月 15 日前到达）到河南省郑州中原区百盛粮食储备公司。新疆全峰运输有限公司的校企合作基地是我院物流专业实训基地。新疆全峰运输有限公司希望基地的学生能够借助校企合作资源，完成该批货物的托运操作。

C₇₀ᴇ
414 7430

工作流程和标准

工作环节 1

接受托运任务

1

1. 根据新疆天山种子站的需求（货物信息、运输时间、目的地等），设计客户托运信息记录表，分析客户需求，接受托运任务。
2. 通过分析不同运输方式的特点，运用 SWOT 分析法，选择合适的运输方式，确认接受任务。

主要成果：

1. 设计客户信息表；
2. 客户托运信息记录表；
3. 5 种运输方式的比较表；
4. SWOT 分析图表。

工作环节 2

备货

2

1. 检查货物包装，熟悉各种运输包装标志的名称与含义。
2. 指导客户填写铁路货物运输服务订单，向当地铁路部门提出货物运输申请。

主要成果：

1. 铁路货物运输服务订单；
2. 运输包装标志图。

学习任务 2　粮食托运作业

工作环节 3

填制托运单、货票，安排进货

3

1. 根据铁路运费的计算公式，计算出本次任务的运费并给客户报价。
2. 与客户确认好运费后，要求客户根据货物信息填写托运单，并交客户签名确认，根据需要向客户解说托运单的规范填写及注意事项，根据铁路部门的时间要求，安排客户在指定的时间将货物运到指定的货场。
3. 根据货物的信息，指导客户填写货票。

主要成果：
1. 托运单；
2. 货票 。

工作环节 4

货物的承运与到达作业

4

1. 根据发货人的要求，指导客户填写货物运输合同变更要求书，完成铁路货物运输合同的变更。
2. 货物到达后，完成卸货工作，按照提货流程，完成提货工作。

主要成果：
1. 货物运输合同变更要求书；
2. 铁路货物运输流程图。

工作环节 5

整理业务单据并归档

5

1. 完成本次运输任务后，客服员收集相关单证 (客户信息表、铁路货物运输服务订单、托运单、货票、货物运输合同变更要求书等), 完善客户资料。
2. 客服员完成客户收发货调查反馈后，根据客户的重要性，依据 ABC 分类管理法，对客户进行存档归类。

主要成果：客户存档材料。

学习内容

知识点	1.1 SWOT 分析法； 1.2 5 种运输方式的特点； 1.3 客户信息内容和规范填写		3.1 装卸安全知识； 3.2 包装标识的分类	4.1 铁路货物运输服务订单的规范填写
技能点	1.1 能规范填写客户托运信息记录表； 1.2 5 种运输方式的特点分析； 1.3 运用 SWOT 分析法	2.1 明确客户需求； 2.2 运用正确的礼仪礼貌与人沟通	3.1 识别包装标识； 3.2 认识货物运输计划的种类	4.1 填写铁路货物运输服务订单
工作环节	工作环节 1 接受托运任务		备货 工作环节 2	
成果	1.1 客户信息表； 1.2 客户托运信息记录表	2.1 SWOT 分析图表	3.1 运输包装标志图	4.1 铁路货物运输服务订单
素养	行业认同感、与人沟通、口头表达能力、文件编辑能力	信息查询能力、礼仪礼貌能力、工作组织与协调能力	信息查询能力	文档编辑能力、规范办事能力

学习任务 2　粮食托运作业

5.1 托运单的内容； 5.2 托运单的格式； 5.3 托运单的作用； 5.4 托运单的定义	6.1 铁路运费计算公式； 6.2 货票的内容	7.1 铁路货运运输流程； 7.2 铁路货物运输合同变更要求书填写的格式； 7.3 卸货准备的内容	8.1 制作 PPT 的方法	9.1 ABC 分类管理法的定义、作用； 9.2 客户档案包含的单据
5.1 托运单的定义； 5.2 托运单的作用； 5.3 托运单的格式； 5.4 托运单的内容	6.1 货票的内容 6.2 货票的填写方法	7.1 安排卸货准备工作； 7.2 完成铁路货物运输合同变更要求书的填写； 7.3 熟悉铁路货运运输流程	8.1 制作 PPT； 8.2 展示 PPT	9.1 明确需收集的单据及资料； 9.2 制作客户存档材料； 9.3 运用 ABC 分类管理法对客户进行分类； 9.4 制作 PPT； 9.5 总结反馈

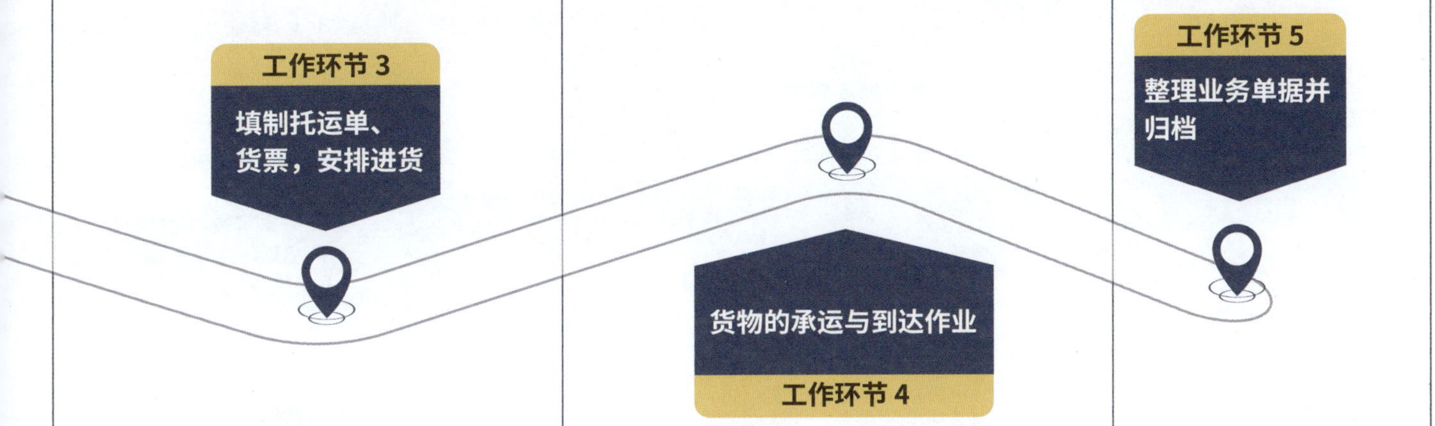

5.1 托运单	6.1 货票	7.1 铁路货物运输流程图； 7.2 货物运输合同变更要求书		9.1 客户资料 PPT 展示； 9.2 客户存档材料
口头表达能力	文件归档能力、事故处理能力、应急能力	业务跟踪与监控、沟通表达能力	文件编辑能力	客户服务能力、办公设备使用能力

托运作业

教学活动

课程 4　托运作业

学习任务 2　粮食托运作业

1 接受托运任务　2 备货　3 填制托运单、货票，安排进货　4 货物的承运与到达作业　5 整理业务单据并归档

接受托运任务	工作子步骤	教师活动	学生活动	评价
	设计客户托运信息记录表	1. 提出独自学习的规则，抽点学生回答。 2. 提出完成工作页规则和说明客户托运信息表的设计要点，并抽点学生演示。 3. 说明填写客户信息表规则监控并提供帮助。 4. 监督并提供帮助。 5. 提出汇报规则和评价标准	1. 利用学习资源分析客户资料，归纳信息表的设计要点。 2. 完成客户货物信息表的填写。 3. 完成工作页的问题。 4. 归纳总结技巧	1. 分组阐述选择何种运输方式并表明理由，教师抽点演示点评（师评）。 2. 学生根据评价标准相互评价汇报过程
	课时： 6 课时 1. 硬资源：网络实训室（多媒体设备）等。 2. 软资源：画图工具、工作页、互评评价标准等			
	运用 SWOT 分析法，选择合适的运输方式	1. 提出独自学习的规则，教师抽点学生回答。 2. 提出任务，说明规则，抽点学生成果点评。 3. 监督学生练习，观察指导。 4. 提出互评规则和标准	1. 总结 5 种运输方式的特点。 2. 学习 SWOT 分析法。 3. 完成工作页的问题。 4. 阐述选择运输方式的理由并分小组按标准评价	1. 分组阐述选择何种运输方式并说明理由，教师抽点演示点评（师评）。 2. 学生根据评价标准相互评价汇报过程
	课时： 6 课时 1. 硬资源：网络实训室（多媒体设备）等。 2. 软资源：工作页、SWOT 图样本、互评评价标准等			

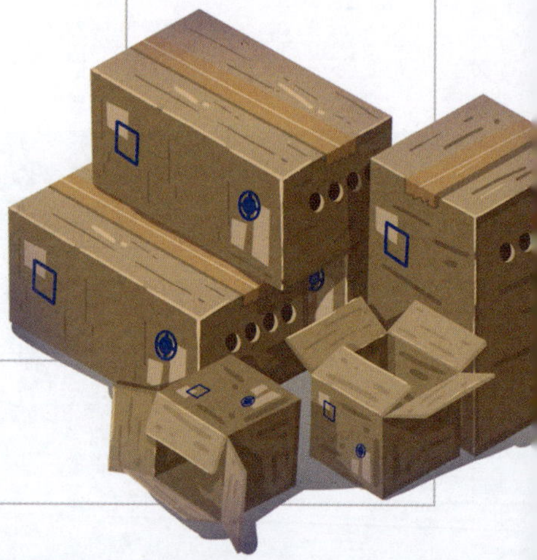

基准学时：60

1 接受托运任务　2 备货　3 填制托运单、货票，安排进货　4 货物的承运与到达作业　5 整理业务单据并归档

	工作子步骤	教师活动	学生活动	评价
备货	熟悉运输包装标志	1. 提出独自学习的规则，抽点学生回答。 2. 提出完成工作页规则和说明，选择正确包装标识规则并抽点学生演示。 3. 提出汇报规则和评价标准	1. 利用学习资源分析货物特点，选择正确的运输包装标识。 2. 完成工作页的情境对话填写并展示。 3. 根据包装标识阐述在运输与装运过程中应该注意事项。 4. 展示每组填写的包装标识图及结果，并分小组按标准评价	1. 分组展示填写的运输包装标志图，教师抽点演示点评（师评）。 2. 学生根据评价标准相互评价汇报过程
备货	**课时：** 4 课时 1. 硬资源：网络实训室（多媒体设备）等。 2. 软资源：计算工具、工作页、互评评价标准等			
备货	填写铁路货物运输服务订单	1. 提出独自学习的规则，抽点学生回答。 2. 提出完成工作页规则和说明填写铁路货物运输服务订单的要点及注意事项，并抽点学生演示。 3. 指出在填写铁路货物运输服务订单时容易出现的问题，监督并提供帮助。 4. 提出汇报规则和评价标准	1. 利用学习资源记录铁路货物运输服务订单的定义和作用。 2. 根据任务要求填写铁路货物运输服务订单。 3. 完成工作页的问题。 4. 分小组展示填写的铁路货物运输服务订单，互评	1. 分组展示每组所填写的铁路货物运输服务订单，教师抽点演示点评（师评）。 2. 学生根据评价标准相互评价汇报过程
备货	**课时：** 8 课时 1. 硬资源：网络实训室（多媒体设备）等。 2. 软资源：工作页、互评评价标准等			
填制托运单、货票，安排进货	确定运费	1. 提出独自学习的规则，抽点学生回答。 2. 提出完成工作页。 3. 说明选择计费重量及运费计算公司的规则并提供帮助。 4. 提出汇报规则和评价标准	1. 利用学习资源分析货物信息，选择计费重量。 2. 完成工作页的情境对话填写并展示。 3. 运用铁路运输的计算公式，计算本次任务的运费。 4. 展示每组的计算过程及结果并分小组按标准评价	1. 分组展示计算过程及计算的结果，教师抽点演示点评（师评）。 2. 学生根据评价标准相互评价汇报过程
填制托运单、货票，安排进货	**课时：** 6 课时 1. 硬资源：网络实训室（多媒体设备）等。 2. 软资源：计算工具、工作页、互评评价标准等			
填制托运单、货票，安排进货	填写托运单和货票	1. 提出独自学习的规则，抽点学生回答。 2. 提出完成工作页规则和说明填写托运单和货票的要点及注意事项，并抽点学生演示。 3. 指出在填写托运单和货票容易出现的问题，监督并提供帮助。 4. 提出汇报规则和评价标准	1. 利用学习资源记录托运单、货票的定义和作用。 2. 根据任务要求填写托运单和货票。 3. 完成工作页的问题。 4. 分小组展示填写的托运单和货票，互评	1. 分组阐述选择何种运输方式并说明理由，教师抽点演示点评（师评）。 2. 学生根据评价标准相互评价汇报过程
填制托运单、货票，安排进货	**课时：** 8 课时 1. 硬资源：网络实训室（多媒体设备）等。 2. 软资源：工作页、互评评价标准等			

课程 4　托运作业

学习任务 2　粮食托运作业

1 接受托运任务　2 备货　3 填制托运单、货票，安排进货　4 货物的承运与到达作业　5 整理业务单据并归档

	工作子步骤	教师活动	学生活动	评价
货物的承运与到达作业	完成铁路货物运输合同的变更	1. 提出独自学习的规则，抽点学生回答。 2. 提出完成工作页规则和说明填写货物运输合同变更要求书的方法，并抽点学生演示。 3. 监督并提供帮助。 4. 提出汇报规则和评价标准	1. 利用学习资源并根据货物的信息，学习铁路货物运输合同变更的种类及条件。 2. 归纳总结技巧。 3. 阐述填写货物运输合同变更要求书的要点	1. 分组展示本组填写的货物运输合同变更要求书，教师抽点演示点评（师评）。 2. 学生根据评价标准相互评价汇报过程
	课时： 8 课时 1. 硬资源：网络实训室（多媒体设备）、卸货工具图片等。 2. 软资源：工作页、互评评价标准等			
	完成卸货、提货工作，填写货物签收单	1. 提出独自学习的规则，抽点学生回答。 2. 分派任务，说明完成铁路提货流程图的注意事项，抽点学生成果点评。 3. 监督学生练习，观察指导。 4. 提出互评规则和标准	1. 利用学习资源独自学习商品标识。 2. 利用学习资源并根据货物的信息，合理安排人员及选择正确的卸货工具。 3. 根据任务要求完成铁路提货流程图。 4. 完成工作页的问题。 5. 分小组展示货物签收单，互评	1. 分组展示本组填写的铁路提货流程图并进行讲解，教师抽点演示点评（师评）。 2. 学生根据评价标准相互评价汇报过程
	课时： 8 课时 1. 硬资源：网络实训室（多媒体设备）等。 2. 软资源：工作页、货物签收单样本、互评评价标准等			
整理业务单据并归档	归纳总结	1. 提出独自学习的规则，抽点学生回答。 2. 演示使用 Visio 软件说明。 3. 监督学生练习，观察分组指导解答学生提出的问题。 4. 讲解单证归档方法与客户维护方式，抽点学生回答。 5. 提出互评规则和标准	1. 利用学习资源独自学习写作知识。 2. 完成工作页（学习心得）。 3. 使用 Visio 软件制作铁路托运作业处理流程图。 4. 根据任务处理单证归档与客户维护的操作。 5. 交换，互评	1. 学生根据评价标准相互评价成果。 2. 教师对提交成果进行点评（师评）
	课时： 6 课时 1. 硬资源：网络实训室（多媒体设备）等。 2. 软资源：参考教材、工作页、讲授 PPT、互评评价标准等			

考核标准

情境描述

2012 年 12 月 15 日，我系物流专业实训基地接收到广州唐山糖果食品有限公司委托，运送一批 100 箱利是郎的糖果食品至山西太原，要求必须在 28 日前送达（具体收货人信息如下）。请根据情况模拟完成货物从接收到运送的全过程。

序号	商品名称	数量	单位	重量 /t	体积 /m^3	到货日期
1	棉花糖	30	箱	4	10	2012-12-28
2	酥心糖	45	箱	6	15	2012-12-28
3	橡皮糖	25	箱	3.5	9	2012-12-28
收货地址：	山西太原市解北路 × 号					
联系人：	李 ×					
电话：	13789293×××					

任务要求

1. 正确接受客户委托，受理托运业务；
2. 根据具体业务信息，填写托运单，选择运费计算方式进行费用核算；
3. 给托运货物吊签，正确选择运载车辆；
4. 车到达目的地后，将货物卸下，办理提货交付并结算费用；
5. 操作员完成工作后，整理相关资料和作业成果，归档并提交给上级。

参考资料

回答上述问题时，你可以使用所有的常见教学资料，如工作页、教材、快递作业规范、个人笔记等。

评价方式

由任课教师、专业组长、企业代表组成考评小组，对各小组提交的项目实施方案进行评审、提问和打分，按照评分表对其他考核内容进行打分，共同实施考核评价，取所有考核人员评分的平均分为学生考核成绩。

1. 接受任务，合理安排车辆，占 20%；
2. 核算运费，占 25%；
3. 根据任务情境，开具托运单，占 35%；
4. 问题处理方法的合理性、有效性、可行性，占 20%。

课程 5　国际货运单证操作

学习任务 1
国际海运单证操作
（52）学时

学习任务 2
国际航空货运单证操作
（28）学时

课程目标

学习完本课程后，学生应能够理解国际货运中各种物流单证的作用、意义，明确单证流转的过程，按照单证填制规范和要求，完成托运单、订舱委托书、拖车委托书、空运业务明细表、集装箱设备交接单、费用结算单、海运提单、航空运单等单证的制作，能严格遵守法律法规和货运代理行业规范，养成在与货主、船公司、航空公司沟通过程中始终坚持文明、友善、敬业的职业态度，养成认真细致、吃苦耐劳等货代行业职业素养。完成班轮进出口操作，协助学生正确分辨选择合适的船公司，增强振兴我国海运事业的责任感。具体要求如下：

1. 能基于国际货运代理进出口操作流程，完成业务流程图的绘制和说明；
2. 能够熟练应用海运、空运地理知识、货运代理操作基础知识填制物流货运单证；
3. 能够正确辨别各种单证，描述单证产生的先后顺序、各种单证的作用和意义，明确单证流转过程；
4. 能够始终带着风险规避意识，按照单证填制规范和要求，完成托运单、订舱委托书、拖车委托书、设备交接单、费用结算单、海运提单、空运业务明细表、航空运单等单证的制作，并归纳单证填写的要点和注意事项；
5. 能够正确判断单证填写的错误之处和正确填写的方法，客观评价他人所填制的单证；
6. 能够对所做的单证成果进行充分的展示和解说；
7. 能够较好地开展自我总结、批评与自我批评活动；
8. 能够提高政治觉悟，关心国家时政，抵制支持干预我国内政的国外客户或供应商，选择维护我国主权统一、领土完整的公司，发扬爱国、技能报国的精神。

课时：80

课程内容

根据课程目标逐条梳理学习内容：

1. 商品进出口流程与手续；
2. 海运航线基础知识；
3. 海运地理港口知识；
4. 集装箱的作用和分类；
5. 货运代理人认知（货运代理人的作用、工作内容）；
6. 托运单的填制方法；
7. 订舱委托书的填制方法；
8. 拖车委托书的填制方法；
9. 设备交接单的填制方法；
10. 费用结算单的填制方法；
11. 海运提单的性质、作用、正反面条款和填制方法；
12. 电放提单产生的背景、意义及电放提单的操作方法；
13. 空运业务明细表的填制方法；
14. 航空货运单的填制方法；
15. 航空货运的特点、作用和分类；
16. 航空运输委托书填制规范；
17. 世界各国主要空运港口中英文名称；
18. 客户分类管理办法；
19. 航空运输费用组成结构；
20. 航空货运单的类型、作用和意义；
21. 机场三字代码；
22. Office 办公软件文档与 Excel 表格在单证中的使用；
23. 社会主义核心价值观。

学习任务 1　国际海运单证操作

任务描述

学习任务学时：52 课时

任务情境

2012 年 12 月 30 日，深圳果蔬进出口有限公司与新加坡的进口商（KWONG FOO YOUNG CO.,LTD.）签订了出口腐乳和米醋的外贸合同。在货物备妥之后，深圳果蔬进出口有限公司单证员小李缮制商业发票、装箱单和订舱委托书，准备委托广东飞腾国际货运代理公司代为办理订舱事宜。广东飞腾国际货代公司接受订舱委托后，填制集装箱货物托运单，随同商业发票、装箱单等向东方海外（OOCL）船公司办理订舱。船公司接受委托，预配好舱位后返回订舱确认书给飞腾国际。货物装运前，深圳果蔬公司向当地出入境检验检疫机构报检，填写报检单，取得通关单后，填制报关单，向海关申请报关离境。2013 年 2 月 19 日，货代公司安排司机到东方海外指定的集装箱堆场提取空箱，司机签署集装箱设备交接单（出场联）后，前往深圳工厂装货，货物装箱后工厂按照实际装箱情况填写集装箱装箱单，并交给司机带回堆场；重箱回场后，司机签署集装箱设备交接单（进场联）。2013 年 2 月 20 日，果蔬公司根据合同向中国人民财产保险公司广东分公司投保一切险，保险公司缮制一份保险单给果蔬公司。东方海外公司根据客户提供的提单补料缮制并签发海运提单。货物装船后，果蔬公司按照合同缮制装船通知发给新加坡进口商。

工作流程和标准

工作环节 1　缮制商业发票和装箱单

1. 查找相关资料，绘制海运出口单证流转图。
2. 阅读和查看销售合同，翻译合同内容，形成合同翻译本，并对合同上的重要信息做出标记。
3. 学习商业发票、装箱单样张，理解发票和装箱单的作用，认识单据的格式和内容。
4. 按照发票 / 装箱单填制规范（包括客户特别要求），缮制商业发票和装箱单，提交上级主管检查和确认。

主要成果：
1. 商业发票、装箱单；
2. 海运出口单证流转图；
3. 销售合同翻译本；
4. 填写要点与注意事项。

工作环节 2　缮制订舱委托书

1. 学习订舱委托书样张，理解订舱委托书的作用，认识其格式和内容。
2. 按照订舱委托书填制规范（包括客户特别要求），缮制订舱委托书，提交上级主管检查和确认。
3. 归纳订舱委托书填写要点和注意事项。

主要成果：
1. 订舱委托书；
2. 填写要点与注意事项。

工作环节 3　缮制托运单

1. 学习托运单样张，理解托运单的作用，认识其格式和内容。
2. 按照托运单填制规范（包括客户特别要求），缮制托运单，提交上级主管检查和确认。
3. 学习订舱确认书样张，理解订舱确认书的作用，认识其格式和内容。归纳托运单填写要点和注意事项。

主要成果：
1. 托运单；
2. 订舱确认书；
3. 填写要点与注意事项。

工作环节 4　缮制报检单和报关单

1. 阅读相关资料，描述报关 / 报检操作的定义和操作流程。
2. 学习报关单 / 报检单样张，理解其作用，认识其格式和内容。
3. 按照报关单 / 报检单填制规范（包括客户特别要求），缮制报关单 / 报检单，提交上级主管进行检查和确认。
4. 归纳报关单 / 报检单填写要点和注意事项。

主要成果：
1. 报关单；
2. 报检单；
3. 填写要点与注意事项。

学习任务 1　国际海运单证操作

工作环节 5

缮制保险单 5

1. 阅读相关资料，描述货物投险的作用，区分各种货物保险的类型，填写海上货物保险分类表。
2. 学习保险单样张，理解其作用，认识其格式和内容。
3. 按照保险单填制规范（包括客户特别要求），缮制保险单，提交上级主管检查和确认。
4. 归纳保险单填写要点和注意事项。

主要成果：
1. 保险单；
2. 海上货物保险分类表；
3. 填写要点与注意事项

工作环节 6

缮制集装箱设备交接单和集装箱装箱单 6

1. 学习集装箱设备交接单样张，认识其格式和内容；描述集装箱设备交接单的类型和作用。
2. 按照集装箱设备交接单填制规范，缮制集装箱设备交接单，提交上级主管检查和确认。
3. 学习集装箱装箱单样张，认识其格式和内容；描述集装箱装箱单的作用。
4. 按照集装箱装箱单填制规范，缮制集装箱装箱单，提交上级主管检查和确认。
5. 归纳集装箱设备交接单 / 集装箱装箱单填写要点和注意事项。

主要成果：
1. 集装箱设备交接单；
2. 集装箱装箱单；
3. 填写要点与注意事项

工作环节 7

缮制装船通知和海运提单 7

1. 学习装船通知样张，认识其格式和内容；描述装船通知的作用。
2. 按照装船通知填制规范（包括客户特别要求），缮制装船通知，提交上级主管检查和确认。
3. 学习海运提单样张，认识其格式和内容；描述海运提单的作用和类型，填写海运提单分类表。
4. 按照海运提单填制规范，缮制海运提单，提交上级主管检查和确认。
5. 通过网络搜索查询等方法，学习“不知条款”“确认条款”“承诺条款”“签署条款”等在内的提单正面条款的内容，以小组为单位讨论条款在“风险防控”方面的作用和重要性。
6. 通过电放操作过程中电放保函的制作，理解电放保函作为风险防控的常用手段的重要性；讨论正本提单和电放提单操作的不同，制作电放提单。
7. 归纳装船通知 / 海运提单填写要点和注意事项。

主要成果：
1. 装船通知；
2. 海运提单；
3. 电放保函；
4. 电放提单；
5. 海运提单分类表；
6. 填写要点与注意事项。

学习内容

知识点	1.1 商业发票的格式； 1.2 商业发票的作用； 1.3 商品出口流程与手续	2.1 装箱单的格式 2.2 装箱单的作用 2.3 集装箱的作用和分类	3.1 订舱委托书的意义和格式； 3.2 世界各国主要港口中英文名称； 3.3 货运代理人认知（货运代理人的作用、工作内容）	4.1 托运单的填写规范； 4.2 订舱确认书的意义； 4.3 托运单的格式； 4.4 托运单的作用	5.1 报检单的填写规范； 5.2 报检单的作用和格式； 5.3 报检的定义和流程认知； 5.4 海关的职责和义务
技能点	1.1 阅读和查看销售合同，翻译合同内容； 1.2 对合同上的重要信息做出标记； 1.3 学习商业发票样张； 1.4 认识商业发票的格式； 1.5 查阅和学习商业发票填制规范； 1.6 缮制商业发票； 1.7 修正商业发票内容	2.1 学习装箱单样张； 2.2 认识装箱单的格式； 2.3 查阅和学习装箱单填制规范； 2.4 缮制装箱单； 2.5 修正装箱单内容； 2.6 归纳填写要点和注意事项	3.1 学习订舱委托书样张； 3.2 认识订舱委托书的格式； 3.3 查阅和学习订舱委托书填制规范； 3.4 缮制订舱委托书； 3.5 修正订舱委托书内容； 3.6 归纳填写要点和注意事项	4.1 学习托运单样张； 4.2 认识托运单的格式； 4.3 查阅和学习托运单填制规范； 4.4 缮制托运单； 4.5 核对订舱确认书，记录 S/O 号码； 4.6 归纳填写要点和注意事项	5.1 学习报检单样张； 5.2 认识报检单的格式； 5.3 查阅和学习报检单填制规范 5.4 缮制报检单； 5.5 归纳填写要点和注意事项
工作环节	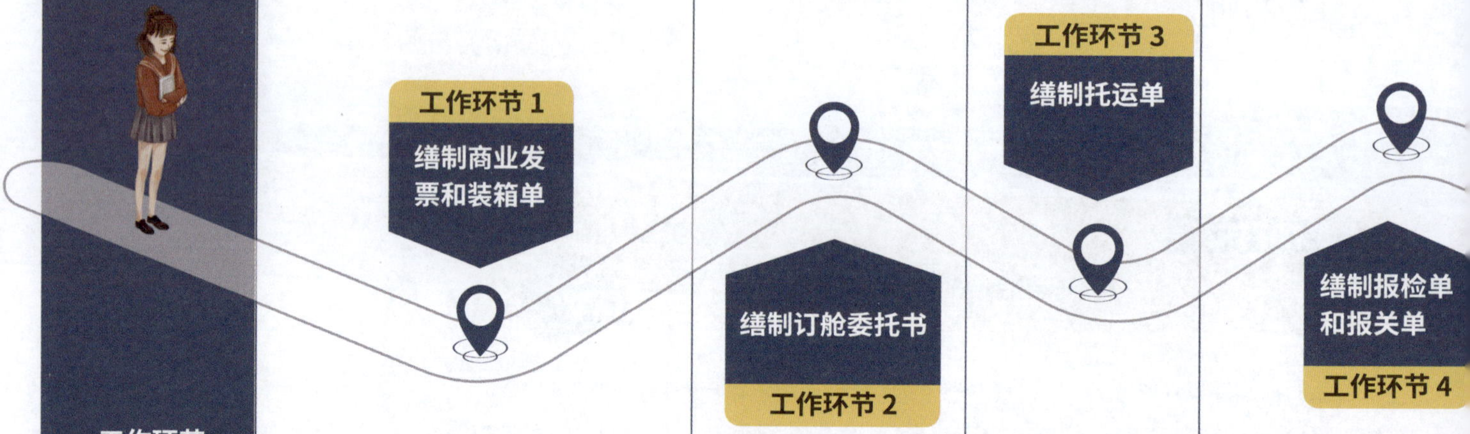 工作环节 1 缮制商业发票和装箱单		工作环节 2 缮制订舱委托书	工作环节 3 缮制托运单	工作环节 4 缮制报检单和报关单
成果	1.1 海运出口单证流转图； 1.2 销售合同翻译本； 1.3 填写要点与注意事项； 1.4 商业发票	2.1 装箱单	3.1 填写要点与注意事项； 3.2 订舱委托书	4.1 填写要点与注意事项； 4.2 托运单； 4.3 订舱确认书	5.1 填写要点与注意事项； 5.2 报关单 / 报检单
素养	文档编辑能力、查找资料能力、沟通表达能力、规范办事能力		自主学习能力、规范办事能力	文档编辑能力、沟通表达能力	自主学习能力、规范办事能力

学习任务 1　国际海运单证操作

.1 报关单的填写规范； .2 报关单的作用和格式； .3 报关的定义和流程认知	7.1 保险费的计算方法； 7.2 保险单的格式； 7.3 海上货运运输险的种类	8.1 集装箱设备交接单的格式； 8.2 集装箱设备交接单的填写规范； 8.3 集装箱设备交接单的作用和类型	9.1 集装箱装箱单的格式； 9.2 集装箱装箱单的填写规范； 9.3 集装箱装箱单的作用和类型	10.1 学习心得构成； 10.2 集装箱装箱单的格式； 10.3 装船通知的作用	11.1 电放提单的产生和意义； 11.2 海运提单的填写规范； 11.3 海运提单的格式； 11.4 海运提单的类型、作用和意义
.1 学习报关单样张； .2 认识报关单的格式； .3 查阅和学习报关单填制规范； .4 缮制报关单； .5 归纳填写要点和注意事项	7.1 学习保险单样张； 7.2 认识保险单的格式； 7.3 计算保险费用； 7.4 缮制保险单； 7.5 归纳填写要点和注意事项	8.1 学习集装箱设备交接单样张； 8.2 认识集装箱设备交接单的格式； 8.3 查阅和学习集装箱设备交接单填制规范； 8.4 缮制集装箱设备交接单（包括进场联和出场联）； 8.5 归纳填写要点和注意事项	9.1 学习集装箱装箱单样张； 9.2 认识集装箱设备交接单的格式； 9.3 查阅和学习集装箱装箱单填制规范； 9.4 缮制集装箱装箱单； 9.5 归纳填写要点和注意事项	10.1 学习装船通知样张； 10.2 认识装船通知的格式； 10.3 缮制装船通知； 10.4 归纳填写要点和注意事项	11.1 学习海运提单样张； 11.2 认识海运提单的格式； 11.3 查阅和学习海运提单填制规范； 11.4 缮制海运（正本）提单； 11.5 制作电放保函和电放提单； 11.6 归纳填写要点和注意事项
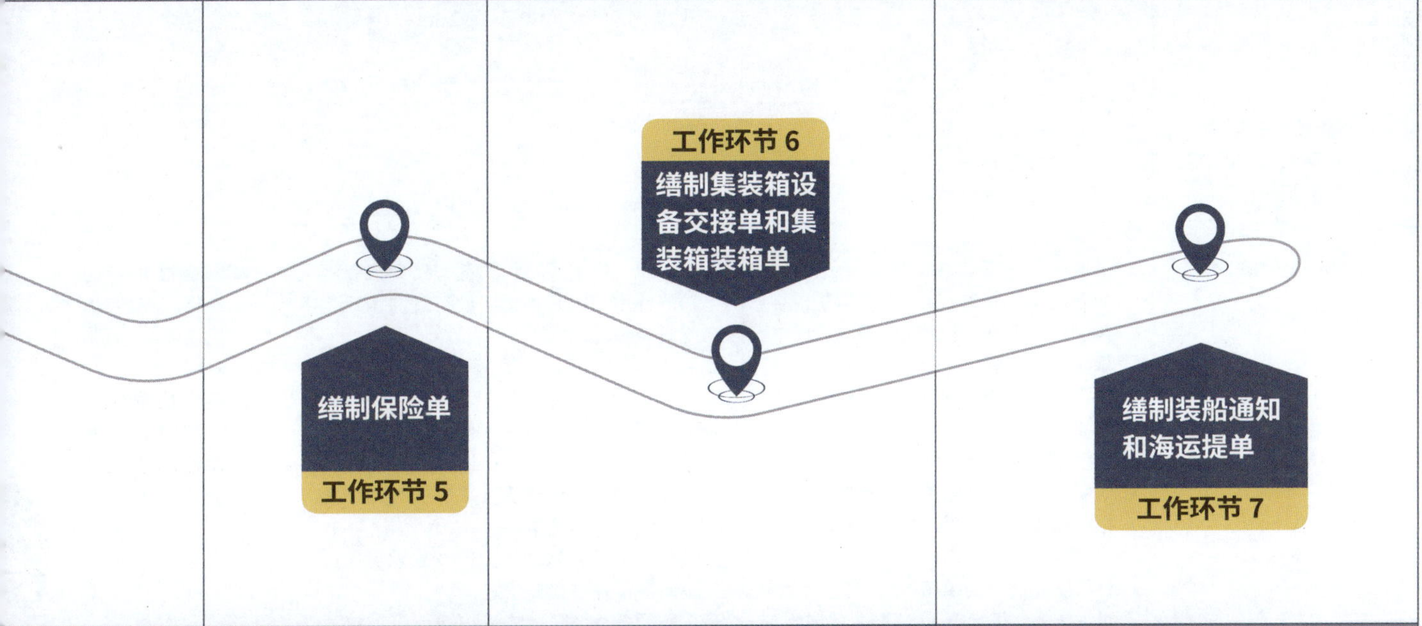					
.1 填写要点和注意事项； .2 报送单	7.1 海上货物保险分类表、填写要点和注意事项； 7.2 保险单	8.1 填写要点和注意事项； 8.2 集装箱设备交接单	9.1 集装箱装箱单	10.1 海运提单分类表、填写要点和注意事项； 10.2 装船通知 / 海运提单	
自主学习能力、规范办事能力、归纳总结能力	自主学习能力、规范办事能力、归纳总结能力	自主学习能力、规范办事能力	自主学习能力、规范办事能力、归纳总结能力	自主学习能力、规范办事能力、归纳总结能力、风险规避意识	

国际货运单证操作

1 缮制商业发票和装箱单　2 缮制订舱委托书　3 缮制托运单　4 缮制报检单和报关单　5 缮制保险单　6 缮制集装箱设备交接单和集装箱装箱单　7 缮制装船通知和海运提单

缮制商业发票和装箱单

工作子步骤	教师活动	学生活动	评价
缮制商业发票	1. 组织学生观看“海运出口操作流程”视频。 2. 展示和发放合同范本，组织学生了解合同的作用，分析合同内容，引导学生进行合同内容的翻译。 3. 展示学习商业发票样张。 4. 组织学生查阅和学习商业发票填制规范。 5. 指导学生缮制商业发票，并巡堂解答学生疑问。 6. 评价学生提交的商业发票成果。 7. 组织学生修正商业发票内容，收集成果。 8. 组织学生归纳商业发票填写要点和注意事项	1. 观看视频，了解商品出口海运操作流程，制定海运出口单证流转图。 2. 阅读和查看销售合同，了解商业发票的作用和内容，翻译合同内容。 3. 对合同上的重要信息做出标记。 4. 学习商业发票样张，认识商业发票的格式和作用。 5. 通过网络资源等查阅和学习商业发票填制规范。 6. 根据任务背景缮制商业发票，并提交给教师。 7. 展示和评价商业发票成果。 8. 根据各小组和教师提出的修改意见修正商业发票内容并妥善保管。 9. 在教师的组织下，试着归纳商业发票填写要点和注意事项，写在工作页中，并提交给教师	1. 分组展示学习成果，学生点评和教师点评（共评）。 2. 学生根据评价标准进行自我评价和小组评价
课时： 6 课时 1. 硬资源：网络实训室（多媒体设备）等。 2. 软资源：画图工具、工作页、互评评价标准等			
缮制装箱单	1. 播放一段关于国内知名物流企业集装箱运输现状的视频，引导学生自学集装箱基础知识（作用、意义、尺寸规格、类型等）。 2. 展示和发放报关单范本，组织学生了解装箱单的作用。 3. 展示学习装箱单样张。 4. 组织学生查阅装箱单填制规范。 5. 指导学生缮制装箱单，并巡堂解答学生疑问。 6. 评价学生提交的装箱单成果。 7. 组织学生修正装箱单内容，收集成果。 8. 组织学生归纳装箱单填写要点和注意事项	1. 在教师的指引下，观看视频，了解集装箱运输的作用和国际地位；结合工作页内容，学习集装箱基础知识。 2. 通过网络资源等了解装箱单的作用和内容。 3. 学习装箱单样张，了解装箱单的格式和作用。 4. 通过网络资源等查阅和学习装箱单填制规范。 5. 根据任务背景缮制装箱单，并提交给教师。 6. 展示和评价装箱单。 7. 根据各小组和教师提出的修改意见修正装箱单内容并妥善保管好。 8. 在教师的组织下，试着归纳装箱单填写要点和注意事项，写在工作页中，并提交给教师	1. 分组展示学习成果，学生点评和教师点评（共评）。 2. 学生根据评价标准进行自我评价和小组评价
课时： 4 课时 1. 硬资源：网络实训室（多媒体设备）等。 2. 软资源：工作页、互评评价标准等			

学习任务 1　国际海运单证操作　　基准学时：52

1 缮制商业发票和装箱单　2 缮制订舱委托书　3 缮制托运单　4 缮制报检单和报关单　5 缮制保险单　6 缮制集装箱设备交接单和集装箱装箱单　7 缮制装船通知和海运提单

	工作子步骤	教师活动	学生活动	评价
缮制订舱委托书	缮制订舱委托书	1. 播放微课视频（动画），介绍国际货运代理行业和代理人的作用、工作性质等，检查学生完成工作页问题情况。 2. 围绕工作页中有关世界各国主要港口中英文名称的练习，组织一场抢答活动（游戏），看哪个小组答得又快又好。 3. 展示和发放订舱委托书范本，组织学生了解订舱委托书的作用。 4. 展示学习订舱委托书样张。 5. 组织学生查阅订舱委托书填制规范。 6. 指导学生缮制订舱委托书，并巡堂解答学生疑问。 7. 评价学生提交的订舱委托书成果。 8. 组织学生修正订舱委托书内容，收集成果。 9. 组织学生归纳订舱委托书填写要点和注意事项	1. 在教师的指引下，观看视频，了解国际货运代理行业和代理人的作用、工作性质等，回答工作页中相关问题。 2. 复习港口地理知识，以小组形式积极参与到课堂抢答游戏中，同时完成工作页中有关世界各国主要港口中英文名称的练习。 3. 通过网络资源等了解订舱委托书的作用和内容。 4. 学习订舱委托书样张，认识订舱委托书格式和作用。 5. 通过网络资源等查阅订舱委托书填制规范。 6. 根据任务背景缮制订舱委托书，并提交给教师。 7. 展示和评价订舱委托书。 8. 根据各小组和教师提出的修改意见修正订舱委托书内容并妥善保管。 9. 在教师的组织下，试着归纳订舱委托书填写要点和注意事项，写在工作页中，并提交给教师	1. 分组展示成果，教师抽点演示点评（师评）。 2. 学生根据评价标准相互评价汇报过程
	课时： 4 课时 1. 硬资源：网络实训室（多媒体设备）等。 2. 软资源：计算工具、工作页、互评评价标准等			
缮制托运单	缮制托运单	1. 展示和发放托运单范本，组织学生学习托运单的作用。 2. 组织学生查阅托运单填制规范。 3. 指导学生缮制托运单，并巡堂解答学生疑问。 4. 评价学生提交的托运单成果。 5. 组织学生修正装箱单内容，收集成果。 6. 发放订舱确认书，组织学生学习订舱确认书的作用和意义。 7. 检查学生完成工作页情况，进行个别指导。 8. 组织学生归纳托运单填写要点和注意事项	1. 学习托运单样张，认识托运单的格式、内容和作用，回答工作页中相关问题。 2. 通过网络资源等查阅托运单填制规范。 3. 根据任务背景缮制托运单，并提交给教师。 4. 展示和评价托运单。 5. 根据各小组和教师提出的改意见修正托运单内容并妥善保管好。 6. 接收教师发放的订舱确认书，学习订舱确认书的作用和意义，回答工作页中相关问题。 7. 核对订舱确认书，记录 S/O 号码，为后续工作做好准备。 8. 在教师的组织下，试着归纳托运单填写要点和注意事项，写在工作页中，并提交给教师	1. 分组展示每组所填写的托运单，教师抽点演示点评（师评）。 2. 学生根据评价标准相互评价汇报过程
	课时： 4 课时 1. 硬资源：网络实训室（多媒体设备）等。 2. 软资源：工作页、互评评价标准等			

1 缮制商业发票和装箱单　2 缮制订舱委托书　3 缮制托运单　4 缮制报检单和报关单　5 缮制保险单　6 缮制集装箱设备交接单和集装箱装箱单　7 缮制装船通知和海运提单

缮制报检单和报关单

工作子步骤	教师活动	学生活动	评价
缮制报检单	1. 播放一段关于我国最新报关检融合措施促进通关效率的视频，引导学生自学海关和关检基础知识（海关的作用、工作内容等，关检融合措施）。 2. 展示和发放报检单范本，组织学生了解报检单的作用。 3. 展示学习报检单样张。 4. 组织学生查阅报检单填制规范。 5. 指导学生缮制报检单，并巡堂解答学生疑问。 6. 评价学生提交的报检单成果。 7. 组织学生修正报检单内容，收集成果。 8. 组织学生归纳报检单填写要点和注意事项	1. 在教师的指引下，观看视频，了解我国关检融合最新政策，学习相关理论知识，回答工作页中的问题。 2. 通过网络资源等了解报检的定义、作用和传统流程，对比和讨论新旧报检手续的不同。 3. 学习报检单样张，认识报检单的格式和作用。 4. 通过网络资源等查阅和学习报检单填制规范。 5. 根据任务背景缮制报检单，并提交给教师。 6. 展示和评价报检单。 7. 根据各小组和教师提出的修改意见修正报检单内容并妥善保管。 8. 在教师的组织下，试着归纳报检单填写要点和注意事项，写在工作页中，并提交给教师	1. 分组展示制作的报检单，教师抽点演示点评（师评）。 2. 学生根据评价标准相互评价汇报过程
课时： 6 课时 1. 硬资源：网络实训室（多媒体设备）等。 2. 软资源：工具、工作页、互评评价标准等			
缮制报关单	1. 展示和发放装箱单范本，组织学生了解报关单的作用。 2. 展示学习报关单样张。 3. 组织学生查阅报关单填制规范。 4. 指导学生缮制报关单，并巡堂解答学生疑问。 5. 评价学生提交的报关单成果。 6. 组织学生修正报关单内容，收集成果。 7. 组织学生归纳报关单填写要点和注意事项	1. 通过网络资源等了解报关单的作用和内容。 2. 学习报关单样张，了解报关单的格式规范和作用。 3. 通过网络资源等查阅报关单填制规范。 4. 根据任务背景缮制报关单，并提交给教师。 5. 展示和评价报关单。 6. 根据各小组和教师提出的修改意见修正报关单内容并妥善保管。 7. 在教师的组织下，试着归纳报关单填写要点和注意事项，写在工作页中，并提交给教师	1. 分组展示每组所填写报关单，教师抽点演示点评（师评）。 2. 学生根据评价标准相互评价汇报过程
课时： 4 课时 1. 硬资源：网络实训室（多媒体设备）等。 2. 软资源：工作页、互评评价标准等			

1 缮制商业发票和装箱单 → 2 缮制订舱委托书 → 3 缮制托运单 → 4 缮制报检单和报关单 → 5 缮制保险单 → 6 缮制集装箱设备交接单和集装箱装箱单 → 7 缮制装船通知和海运提单

	工作子步骤	教师活动	学生活动	评价
缮制保险单	缮制保险单	1. 提出独自学习的规则，抽点学生回答，小结海上货物保险的分类。 2. 展示保险单样张，利用 PPT 等引导学生认识保险单的格式、内容及作用。 3. 引导学生学习保险费用计算的方法，组织学生根据任务背景，尝试计算保险费用。 4. 组织学生自学保险单填制规范，制作保险单。 5. 组织各小组展示学习成果，并进行点评。 6. 通过学生提交的学习成果有侧重地分析保险单填写的要点和规范	1. 利用学习资源海上货物运输险的种类，填写海上货物保险分类表。 2. 学习保险单样张，理解其作用，认识保险单的格式和内容。 3. 根据任务情境，计算保险费用，记录在工作页中，并区别保费和保险额。 4. 按照保险单填制规范（包括客户特别要求），缮制保险单，提交上级主管检查。 5. 分小组展示填写的保险单，互评。 6. 归纳保险单填写要点和注意事项	1. 分组展示每组所填写的海上货物保险分类表、保险单，教师抽点演示点评（师评）。 2. 学生根据评价标准相互评价汇报过程
	课时： 4 课时 1. 硬资源：网络实训室（多媒体设备）等。 2. 软资源：工作页、互评评价标准等			
缮制集装箱设备交接单和集装箱装箱单	缮制集装箱设备交接单	1. 展示集装箱设备交接单样张，组织学生认识其格式、内容、类型和作用。 2. 组织学生按照集装箱设备交接单填制规范，缮制集装箱设备交接单；巡回检查，及时解答学生的问题。 3. 组织学生进行展示与评价。 4. 引导学生共同归纳集装箱设备交接单填制的注意事项	1. 通过书本、网络资源等认识集装箱设备交接单样张，认识其格式和内容；描述集装箱设备交接单的类型和作用,完善工作页内容。 2. 按照集装箱设备交接单填制规范，缮制集装箱设备交接单，提交上级主管进行检查。 3. 分小组展示填写的单据，互评。 4. 归纳单据填制的注意事项	1. 分组展示每组的学习成果，教师抽点演示点评（师评）。 2. 学生根据评价标准相互评价汇报过程
	课时： 4 课时 1. 硬资源：网络实训室（多媒体设备）等。 2. 软资源：工作页、互评评价标准等			
	缮制集装箱装箱单	1. 展示集装箱装箱单样张，组织学生认识其格式和内容。 2. 组织学生按照集装箱装箱单填制规范，缮制集装箱装箱单。 3. 组织各小组展示学习成果，并进行点评。 4. 引导学生共同归纳集装箱装箱单填制的注意事项	1. 通过集装箱装箱单样张，认识集装箱装箱单的格式和内容；描述集装箱装箱单的作用。 2. 按照集装箱装箱单填制规范，缮制集装箱装箱单，提交上级主管进行检查和确认。 3. 分小组展示填写的装箱单，互评。 4. 归纳填制集装箱装箱单的注意事项	1. 分组展示每组所填写的单据成果，教师抽点演示点评（师评）。 2. 学生根据评价标准相互评价汇报过程
	课时： 4 课时 1. 硬资源：网络实训室（多媒体设备）等。 2. 软资源：工作页、互评评价标准等			

1 缮制商业发票和装箱单 2 缮制订舱委托书 3 缮制托运单 4 缮制报检单和报关单 5 缮制保险单 6 缮制集装箱设备交接单和集装箱装箱单 7 缮制装船通知和海运提单

缮制装船通知和海运提单

工作子步骤	教师活动	学生活动	评价
缮制装船通知	1. 展示装船通知样张，组织学生认识其格式和内容。 2. 组织学生按照装船通知填制规范，缮制装船通知。 3. 组织各小组展示学习成果，并进行点评。 4. 引导学生共同归纳装船通知填制的注意事项	1. 通过装船通知样张，认识装船通知格式和内容；描述装船通知的作用。 2. 按照装船通知填制规范，缮制装船通知，提交上级主管进行检查。 3. 分小组展示填写的单据，互评。 4. 归纳填制装船通知的注意事项	1. 分组展示每组所填写的单据成果，教师抽点演示点评（师评）。 2. 学生根据评价标准相互评价汇报过程
课时： 4 课时 1. 硬资源：网络实训室（多媒体设备）等。 2. 软资源：工作页、互评评价标准等			
缮制海运提单	1. 展示和发放海运提单样张，引导学生认知海运提单的格式和内容、作用和类型，抽查学生完成工作页内容情况。 2. 组织学生根据海运提单填制规范，缮制海运提单，提交上级主管进行检查。 3. 组织各小组展示学习成果，并进行点评。 4. 组织学生了解和掌握提单正面条款的内容，体会利用条款中“风险规避”的重要性。 5. 展示电放保函样张，组织学生根据任务背景制作相应的电放保函，理解电放保函作为风险规避的常用手段的重要性。 6. 组织学生讨论正本提单和电放提单操作的不同。 7. 组织学生根据相关规范制作电放提单。 8. 组织各小组展示学习成果，并进行点评。 9. 引导学生归纳海运提单填写要点和注意事项	1. 学习海运提单样张，认识其格式和内容；描述海运提单的作用和类型，填写海运提单分类表。 2. 按照海运提单填制规范，缮制海运提单，提交上级主管进行检查。 3. 分小组展示填写的单据，互评。 4. 通过网络搜索查询等方法，学习“不知条款”等提单正面条款的内容，以小组为单位讨论条款的“风险规避”的作用和重要性。 5. 通过电放操作过程中电放保函的制作，理解电放保函作为风险规避常用手段的重要性。 6. 讨论正本提单和电放提单操作的不同。 7. 根据任务背景制作电放提单并提交给教师。 8. 分小组展示填写的单据，互评。 9. 归纳海运提单填写要点和注意事项	1. 分组展示每组所填写的单据成果，教师抽点演示点评（师评）。 2. 学生根据评价标准相互评价汇报过程
课时： 8 课时 1. 硬资源：网络实训室（多媒体设备）等。 2. 软资源：工作页、互评评价标准等			

学习任务 1　国际海运单证操作　　基准学时：52

国际货运单证操作

学习任务 2　国际航空货运单证操作

任务描述

学习任务学时：28 课时

任务情境

2018 年 1 月 20 日美以达航空货运代理有限公司接到月结客户富士康（广州）公司发来委托书，需要将一批电子芯片（手机 SIM 卡）在 1 月 25 日前送至美国洛杉矶。相关信息包括：

发货人：富士康（广州）公司（GUANGZHOU FOXCONN GROUP CO., LTD.）；

发货地址：中国广东省广州市中山路 × 号（NO.×,ZHONGSHAN RD.,GUANGZHOU, GUANGDONG,P.R.CHINA）；

货物名称：电子芯片（BGA）；

件重尺：4 箱纸箱，尺寸 80 cm×30 cm×30 cm，毛重 500 kg；

收货地址：美国华盛顿州西雅图百老汇街 × 号（NO.× BROADWAY, SEATTLE, WASHINGTON）的英特尔贸易有限公司（INTEL TRADING CORPORATION）。

备注：运费预付方式，货物需小心轻放，保持方向向上放置。

美以达航空货运代理有限公司校企合作基地是我院物流实训基地。美以达航空货运代理有限公司希望基地的学生能够借助校企合作资源，完成该物品的全套出口单证制作。

工作流程和标准

工作环节 1

缮制航空运输委托书

1

1. 查找相关资料，绘制航空运输出口单证流转图。
2. 学习航空运输委托书样张，理解航空运输委托书的作用，认识单据的格式和内容。
3. 根据已知信息，按照航空运输委托书填制规范，代富士康公司填写航空运输委托书，提交给美以达公司进行审核确认。
4. 归纳航空运输委托书填写要点和注意事项。

主要成果：
1. 航空运输出口单证流转图；
2. 航空运输委托书；
3. 航空运输委托书填写要点与注意事项。

工作环节 2

缮制空运出口业务明细表

2

1. 计算航空运输费用。
2. 根据客户填写的航空运输委托书及其他补充信息，美以达公司按照内部工作要求，填写空运出口业务明细表，提交给上级领导审核。
3. 描述空运出口业务明细表的作用，归纳空运出口业务明细表填写要点和注意事项。

主要成果：
1. 空运出口业务明细表；
2. 空运出口业务明细表填写要点与注意事项。

学习任务 2 国际航空货运单证操作

工作环节 3

缮制订舱单

3

1. 学习订舱单样张，理解订舱单的作用，认识单据的格式和内容。
2. 根据客户订舱委托书，按照订舱单填制规范，填写订舱单，提交上级领导审核确认。
3. 归纳订舱单填写要点和注意事项。

主要成果：
1. 订舱单；
2. 订舱单填写要点与注意事项。

工作环节 4

缮制报检单和报关单

4

1. 阅读相关资料，描述报关 / 报检操作的定义和操作流程。
2. 学习报关单 / 报检单样张，理解其作用，认识其格式和内容。
3. 按照报关单 / 报检单填制规范（包括客户特别要求），缮制报关单 / 报检单，提交上级主管检查和确认。
4. 归纳报关单 / 报检单填写要点和注意事项。

主要成果：
1. 报关单；
2. 报检单；
3. 报关单 / 报检单填写要点和注意事项。

工作环节 5

缮制航空货运单

5

1. 学习航空货运单样张，理解航空货运单的作用，认识单据的格式和内容。
2. 根据客户订舱委托书，按照航空货运单填制规范，填写航空货运单，提交上级领导审核确认。
3. 归纳航空货运单填写要点和注意事项。

主要成果：
1. 航空货运单；
2. 航空货运单填写要点和注意事项。

学习内容

知识点	1.1 航空运输委托书的意义和格式； 1.2 世界各国主要空运港口中英文名称； 1.3 航空货运的特点、作用和分类	2.1 航空货物运输费用计算方法； 2.2 空运出口业务明细表的格式； 2.3 空运出口业务明细表的作用	3.1 订舱的填写规范； 3.2 订舱确认书的意义； 3.3 订舱单的格式； 3.4 订舱单的作用
技能点	1.1 学习航空运输委托书样张； 1.2 认识航空运输委托书的格式； 1.3 查阅和学习航空运输委托书填制规范； 1.4 缮制订舱委托书； 1.5 修正订航空运输委托书的内容； 1.6 归纳填写要点和注意事项	2.1 计算航空货运费用； 2.2 学习空运出口业务明细表样张； 2.3 缮制空运出口业务明细表； 2.4 修正空运出口业务明细表内容； 2.5 归纳填写要点和注意事项	3.1 学习订舱单样张； 3.2 认识订舱单的格式； 3.3 查阅和学习订舱单填制规范； 3.4 缮制订舱单； 3.5 归纳填写要点和注意事项
工作环节	工作环节 1 缮制航空运输委托书	缮制空运出口业务明细表 工作环节 2	工作环节 3 缮制订舱单
成果	1.1 航空运输出口单证流转图； 1.2 填写要点与注意事项； 1.3 航空运输委托书	2.1 填写要点与注意事项； 2.2 空运出口业务明细表	3.1. 填写要点与注意事项； 3.2. 订舱单
素养	文档编辑能力、查找资料能力、沟通表达能力、规范办事能力	文档编辑能力、查找资料能力、沟通表达能力、规范办事能力	规范办事能力、沟通表达能力、归纳总结能

学习任务 2　国际航空货运单证操作

4.1 报检单的填写规范； 4.2 报检单的作用和格式； 4.3 航空货运报检流程认知	5.1 报关单的填写规范； 5.2 报关单的作用和格式； 5.3 航空货运报关流程认知	6.1 航空货运单的填写规范； 6.2 航空货运单的格式； 6.3 航空公司代码； 6.4 航空货运单的类型、作用和意义
4.1 学习报检单样张； 4.2 认识报检单的格式； 4.3 查阅和学习报检单填制规范； 4.4 缮制报检单； 4.5 归纳填写要点和注意事项	5.1 学习报关单样张； 5.2 认识报关单的格式； 5.3 查阅和学习报关单填制规范； 5.4 缮制报关单； 5.5 归纳填写要点和注意事项	6.1 学习航空货运单样张； 6.2 认识航空货运单的格式； 6.3 查阅和学习航空货运单填制规范； 6.4 缮制航空货运单； 6.5 归纳填写要点和注意事项

4.1 填写要点与注意事项； 4.2 报检单	5.1 填写要点与注意事项； 5.2 报关单	6.1 填写要点与注意事项； 6.2 航空货运单
规范办事能力、沟通表达能力、归纳总结能力	规范办事能力、沟通表达能力、归纳总结能力	规范办事能力、沟通表达能力、归纳总结能力

课程 5 国际货运单证操作

学习任务 2 国际航空货运单证操作

1 缮制航空运输委托书 → 2 缮制空运出口业务明细表 → 3 缮制订舱单 → 4 缮制报检单和报关单 → 5 缮制航空货运单

缮制航空运输委托书

工作子步骤	教师活动	学生活动	评价
缮制航空运输委托书	1. 播放微课视频（动画），介绍航空货运在国际货物运输中的地位、作用及航空进出口操作流程。 2. 引导学生查找资料，自学航空货运的特点、作用和分类等，检查学生完成工作页问题情况。 3. 围绕工作页中有关世界各国主要空运港口中英文名称的练习，组织一场抢答活动（游戏），看哪个小组答得又快又好。 4. 展示和发放航空运输委托书样张，组织学生了解航空运输委托书的作用,查阅航空运输委托书填制规范。 5. 指导学生缮制航空运输委托书，并巡堂解答学生疑问。 6. 评价学生提交的航空运输委托书成果。 7. 组织学生修正航空运输委托书内容，收集成果。 8. 引导学生归纳航空运输委托书填写要点和注意事项	1. 在教师的指引下，观看视频，根据航空运输进出口操作流程绘制航空运输出口单证流转图。 2. 查找相关资料，了解航空货运的特点、作用和分类等，回答工作页中相关问题。 3. 复习空港地理知识，以小组形式积极参与到课堂抢答游戏中，同时完成工作页中有关世界各国主要空港的中英文名称的练习。 4. 接收并查看航空运输委托书样张；通过网络资源等学习和了解航空运输委托书的意义、格式和填制规范。 5. 根据任务背景缮制订航空运输委托书，并提交给教师。 6. 展示和评价航空运输委托书。 7. 根据各小组和教师提出的修改意见修正航空运输委托书内容并妥善保管。 8. 每位同学根据所学归纳航空运输委托书填写要点和注意事项	1. 分组展示每组所填写的单据成果，教师抽点演示并点评（师评）。 2. 学生根据评价标准相互评价汇报过程

课时： 6 课时

1. 硬资源：网络实训室（多媒体设备）等。
2. 软资源：工作页、互评评价标准等

基准学时：28

1 缮制航空运输委托书　2 缮制空运出口业务明细表　3 缮制订舱单　4 缮制报检单和报关单　5 缮制航空货运单

	工作子步骤	教师活动	学生活动	评价
缮制空运出口业务明细表	缮制空运出口业务明细表	1. 展示和发放空运出口业务明细表样张，介绍空运出口业务明细表的作用、填写内容和要求。 2. 指导学生根据工作页中所给的航空货物运输费用计算方法，计算航空运费。 3. 指导学生缮制空运出口业务明细表，并巡堂解答学生疑问。 4. 评价学生提交的托运单成果。 5. 组织学生修正装箱单内容，收集成果。 6. 组织学生归纳空运出口业务明细表填写要点和注意事项	1. 学习空运出口业务明细表样张，认真听教师讲解，学习空运出口业务明细表的作用、格式和内容等，回答工作页相关问题。 2. 根据所给任务信息，按照航空货物运输费用计算方法，计算该票货物的费用。 3. 根据任务背景缮制空运出口业务明细表，并提交给教师。 4. 展示和评价空运出口业务明细表。 5. 根据各小组和教师提出的改意见修正空运出口业务明细表内容并妥善保管。 6. 在教师的组织下，试着归纳空运出口业务明细表填写要点和注意事项，写在工作页中，并提交给教师	1. 分组展示每组所填写的单据成果，教师抽点演示点评（师评）。 2. 学生根据评价标准相互评价汇报过程
	课时： 6 课时 1. 硬资源：网络实训室（多媒体设备）等。 2. 软资源：工作页、互评评价标准等			
缮制订舱单	缮制订舱单	1. 展示和发放订舱单范本，组织学生了解订舱单的作用。 2. 展示学习订舱单样张。 3. 组织学生查阅订舱单填制规范。 4. 指导学生缮制订舱单，并巡堂解答学生疑问。 5. 评价学生提交的订舱单成果。 6. 组织学生修正订舱单内容，收集成果。 7. 引导学生归纳订舱单填写要点和注意事项	1. 通过网络资源等了解订舱单的作用和内容。 2. 学习订舱单样张，认识订舱单的格式。 3. 通过网络资源等查阅订舱单填制规范。 4. 根据任务背景缮制订舱单，并提交给教师。 5. 展示和评价订舱单。 6. 根据各小组和教师提出的修改意见修正订舱单内容并妥善保管。 7. 每位同学根据所学归纳订舱单填写要点和注意事项	1. 分组展示每组所填写的单据成果，教师抽点演示点评（师评）。 2. 学生根据评价标准相互评价汇报过程
	课时： 4 课时 1. 硬资源：网络实训室（多媒体设备）等。 2. 软资源：工作页、互评评价标准等			

课程 5 国际货运单证操作

学习任务 2 国际航空货运单证操作

1 缮制航空运输委托书 → 2 缮制空运出口业务明细表 → 3 缮制订舱单 → 4 缮制报检单和报关单 → 5 缮制航空货运单

缮制报检单和报关单

工作子步骤	教师活动	学生活动	评价
缮制报检单	1. 引导学生了解航空运输货物报检的流程，报检手续和要求的最新变化。 2. 展示和发放报检单样张，组织学生了解报检单的作用。 3. 组织学生查阅报检单填制规范。 4. 指导学生缮制报检单，并巡堂解答学生疑问。 5. 评价学生提交的报检单成果。 6. 组织学生修正报检单内容,收集成果。 7. 引导学生根据所学归纳报检单填写要点和注意事项	1. 通过网络资源等了解航空运输货物报检的流程，报检手续和要求的最新变化。 2. 学习报检单样张，认识报检单的格式和作用。 3. 通过网络资源等查阅报检单填制规范。 4. 根据任务背景缮制报检单，并提交给教师。 5. 展示和评价报检单。 6. 根据各小组和教师提出的修改意见修正报检单内容并妥善保管。 7. 每位同学根据所学归纳报检单填写要点和注意事项	1. 分组展示每组所填写的单据成果，教师抽点演示点评（师评）。 2. 学生根据评价标准相互评价汇报过程
课时： 4 课时 1. 硬资源：网络实训室（多媒体设备）等。 2. 软资源：工作页、互评评价标准等			
缮制报关单	1. 引导学生了解航空运输货物报关的流程，报关手续和要求的最新变化。 2. 展示和发放报关单样张，组织学生了解报关单的作用。 3. 组织学生查阅报关单填制规范。 4. 指导学生缮制报关单，并巡堂解答学生疑问。 5. 评价学生提交的报关单成果。 6. 组织学生修正报关单内容,收集成果。 7. 引导学生根据所学归纳报关单填写要点和注意事项	1. 通过网络资源等了解航空运输货物报关的流程，报关手续和要求的最新变化。 2. 学习报关单样张，认识报关单的格式和作用。 3. 通过网络资源等查阅报关单填制规范。 4. 根据任务背景缮制报关单，并提交给教师。 5. 展示和评价报关单。 6. 根据各小组和教师提出的修改意见修正报关单内容并妥善保管。 7. 每位同学根据所学归纳报关单填写要点和注意事项	1. 分组展示每组所填写的单据成果，教师抽点演示点评（师评）。 2. 学生根据评价标准相互评价汇报过程
课时： 4 课时 1. 硬资源：网络实训室（多媒体设备）等。 2. 软资源：工作页、互评评价标准等			

基准学时：28

1 缮制航空运输委托书 → 2 缮制空运出口业务明细表 → 3 缮制订舱单 → 4 缮制报检单和报关单 → 5 缮制航空货运单

缮制航空货运单

工作子步骤	教师活动	学生活动	评价
缮制航空货运单	1. 引导学生了解航空货运单的类型、作用和意义，巡堂检查学生完成工作页情况，并进行评价。 2. 展示和发放航空货运单样张，组织学生了解航空货运单的格式，检查学生的工作页，了解和评价学生完成航空公司代码相关练习的情况。 3. 介绍航空货运单的填制规范和一般要求。 4. 指导学生缮制航空货运单，并巡堂解答学生提问。 5. 评价学生提交的航空货运单成果。 6. 组织学生修正航空货运单内容，收集成果。 7. 引导学生根据所学归纳航空货运单填写要点和注意事项	1. 通过网络资源等了解航空货运单的类型、作用和意义，回答工作页相关内容。 2. 学习航空货运单样张，认识航空货运单的格式，并了解常见国内外航空公司代码及代码的作用，回答工作页中的相关问题。 3. 听教师讲解航空货运单填制规范和一般要求，认真做好笔记。 4. 根据任务背景缮制航空货运单，并提交给教师。 5. 展示和评价航空货运单。 6. 根据各小组和教师提出的修改意见，修正航空货运单内容并妥善保管。 7. 每位同学根据所学归纳航空货运单填写要点和注意事项	1. 分组展示每组所填写的单据成果，教师抽点演示点评（师评）。 2. 学生根据评价标准相互评价汇报过程

课时： 4 课时

1. 硬资源：网络实训室（多媒体设备）等。
2. 软资源：工作页、互评评价标准等

考核标准

情境描述

你是德生通用电器制造有限公司的一名跟单员。2014 年 9 月 15 日德生公司与美国 HY 贸易有限公司签订了一份买卖合同，合同规定在 10 月 30 日前出口一批总值 120 000 美元的彩色电视机到纽约。请你根据进出口贸易流程和买卖合同（合同编号：2014-118）的具体内容，填制发票和装箱单，并制作托运单，委托广州美达货代有限公司向中外运集装箱运输有限公司进行订舱，然后跟踪此票货物的拖运情况和报关及缴纳关税的情况。待海关放行以后，协助美达货代公司文件员完成海运提单的制作。

任务要求

请你根据上述任务描述，完成下列任务：

纸笔测试：国际货物海运、空运出口单证相关理论知识。

任务实操：根据客户的托运信息及补充信息，填制与本次海上托运有关的商业发票、装箱单、海运提单、托运单等单证填写并制作汇报 PPT。

参考资料

完成上述任务时，你可以使用所有常见教学资料，如工作页、教材、阅读项目要求、企业作业规范、专业相关的法律法规等。

评价方式

由任课教师实施考核评价，取所有考核人员评分的平均分为学生考核成绩。如果有笔试、实操等多种类型考核内容的，还需说明分数占比或分值计算方式。

考核评分表

课程名称			国际货运单证操作			
学习任务名称			学生姓名			
评价项目	评价内容	分值	评分标准	得分	小计分数	扣分原因
专业能力	进出口集装箱班轮运输业务流程	10	填写正确一项得 1 分，少一项扣 1 分，扣完为止			
	托运单、商业发票、装箱单、海运提单填制的注意事项	10	填写正确一项得 1 分，少一项扣 1 分，扣完为止			
	海运进出口中有关托运单的填制操作	15	填写正确一项得 1 分，少一项扣 1 分，扣完为止			
	海运进出口中有关商业发票的填制操作	10	填写正确一项得 1 分，少一项扣 1 分，扣完为止			
	海运进出口中有关装箱单的填制操作	10	正确指出一处得 2 分，错误一处扣 1 分			
	海运出口中有关海运提单的填制操作	15	填写描述一项得 2 分，少一项扣 2 分，扣完为止			
	了解外贸最新政策、单证格式的变动或电子化	10	了解一项得 1 分，错误一处扣 1 分			
	是否符合单证员的岗位规范	5	熟悉一项得 1 分，错误一处扣 1 分			
通用能力	礼貌、有目光交流、微笑、语言表达流畅	3	仪态不自然、吐字模糊、思路不清晰每项扣 1 分，表述与实际不符扣 1 分			
	对该项目的工作分工阐述清晰	5	符合要求得 2 分，否则酌情扣分			
	对工作过程的阐述清晰正确	3	口述清楚，层次逻辑清晰得 3 分，不符合酌情减分			
	幻灯片美观整洁，风格一致，展示有动画	2	符合要求得 2 分，否则酌情扣分			
	与考官有交流	2	符合要求得 2 分，否则酌情扣分			
总分		100				

课程 6　国际货运集装箱班轮运输代理作业

学习任务 1
普货整箱出口作业
（72）学时

学习任务 2
普货拼箱进口作业
（48）学时

课程目标

完成本课程后，学生应能完成普货整箱出口操作与普货拼箱进口操作，能严格遵守法律法规和班轮运输货运代理行业规范，养成在与客户、船公司沟通过程中始终坚持文明、友善、敬业的职业态度，养成认真细致、吃苦耐劳等货代行业职业素养，能正确分辨选择合适的船公司，增强振兴我国海运事业的责任感。具体要求如下：

1. 能够熟悉普货整箱出口与普货拼箱进口操作的操作步骤和流程，完成各个环节的 PPT 制作。
2. 能掌握在普货整箱出口与普货拼箱进口操作活动中各个环节的操作注意事项与细节内容。
3. 能缮制普货整箱出口与普货拼箱进口操作活动所涉及的各项单证单据，如装箱单、报关单、报检单、订舱确认单、海运提单、设备交接单（IN 联）和设备交接单（OUT 联）等单据。
4. 能归纳普货整箱出口与普货拼箱进口操作活动所涉及的各项单证单据的填写要点和注意事项，能辨别他人单据的正确性。
5. 能对其他小组展示的普货整箱出口与普货拼箱进口操作活动的步骤流程进行评价，并指出问题所在以及改进的地方。
6. 能对其他小组展示的普货整箱出口与普货拼箱进口操作活动所制作的单据进行评价，并指出问题所在以及改进的地方。
7. 选择船公司、港口码头企业时还需结合该船公司对我国时政的态度，抵制支持干预我国内政的国外企业，选择维护我国主权统一、领土完整的船公司，发扬爱国、技能报国的精神。
8. 了解自动化集装箱码头中无人操作 AGV、自动化码头智能生产管理控制系统 TOS 等物流新技术，认识现代智慧型自动化集装箱运输的特点与应用。
9. 了解集装箱海运中运用区块链技术建立数字化平台，为海运供应链企业提供准确安全的运输数据，实现更有效的全球集装箱运输贸易活动。

课时：120

课程内容

根据课程目标逐条梳理学习内容：

1. 托运单的作用，托运单的格式，托运单的填写规范；
2. 集装箱货运费用计算，整箱操作流程；
3. 船公司的航线和舱位，装箱托运联单的内容与注意事项；
4. 订舱确认单的格式及填写规范；
5. 报关资料准备，报关单、报检单的格式和填写规则；
6. 设备交接单的格式和内容，拖车托运单的格式和填写规则；
7. 第三方拖柜的流程、掌握代理报关的作业流程；
8. 提单的种类、提单正本与副本的内容；
9. 补料单的内容与格式；
10. 船东提单与货代提单填写的规则与注意事项；
11. 提单制作流程；
12. 费用结算单的内容与填写规则、费用确认单的作用；
13. 发放提单的流程与注意事项、掌握缴费的流程与注意事项；
14. 提货单的格式、内容和制作要求，船舶到港前各种单证的收集及核对注意事项；
15. 进口舱单的内容与填写规则、审核正本舱单的流程；
16. 提单与舱单核对的注意事项；
17. 提货单制作的一般方法和注意事项；
18. 提货通知的制定要求，提货通知的内容与填制规则；
19. 提货单的内容与填制规则；
20. 进口报关准备的要求；
21. 入境货物报检单的内容及填写注意事项；
22. 代理报关委托书、委托报关协议的内容与填写规则；
23. 进口货物报关单的内容与注意事项；
24. 提货手续操作、押箱费的概念；
25. 设备交接单的内容与填制要求、设备交接单IN联的内容与填写规则；
26. 拆箱申请书的内容与填写规则；
27. 进口拼箱货物费用组成；
28. 费用结算方式与内容、本票费用确认单的内容与填制要求；
29. 放货通知与放货手续；
30. 催缴费用邮件的内容与填制要求；
31. 服务供应商的政治立场；
32. 自动化AGV、TOC技术等智慧型海运新技术的特点与应用；
33. 区块链在集装箱海运信息数据安全性中的重要性与应用。

学习任务 1　普货整箱出口作业

任务描述

学习任务学时：72 课时

任务情境

2017 年 10 月 26 日，广州石井通仓货代有限公司货代部客服小木，接到进出口商广州撒拉亭茶艺贸易有限公司的来电，对方要求出口 2 t 普洱茶、1.2 t 荔枝红茶到英国伦敦，为了满足即将到来的圣诞节的需求，要求赶在圣诞节物流高峰期前（11 月 15 日）到达伦敦。要求石井通仓货代公司全权负责完成所有手续，包括拖车和报关等附加服务。广州石井通仓货代有限公司的校企合作基地是我院货运代理实训基地。石井通仓货代有限公司希望基地的学生能够借助校企合作资源，结合客户的货运要求，为客户办理订舱、安排运输，通过运输部门与堆场之间的连接完成货物进港，顺利进行报关报检，最后再由货代公司完成代办保险，拖车、报关等服务。

工作流程和标准

工作环节 1

接受委托订单

1. 根据客户的起运港、目的港、货物等托运信息，分析该客户应该走的海运航线及主要港口，分组制作一份 PPT，说明选择的原因。通过 PPT 的学习，明确接收委托过程中必须严格遵守法律法规和班轮运输货运代理行业规范，货代客服人员沟通过程中始终保持文明、友善、敬业的职业态度。
2. 根据客户的委托运输订单信息进行整理，记录客户货运要求，核算本次运输所需海运费、燃油附加费、码头使用费等费用，填制托运费用预算表，向客户报价该次运输费用。客服反复核对费用，力求准确无误，养成细致、吃苦耐劳等货代行业职业素养。
3. 报价时，掌握与客户沟通的报价与还价技巧，了解同行与市场报价的底线，制作该条航线市场价格分析表。
4. 与客户确定委托托运关系后，根据客户的托运人、收货人、起运港、目的港、货物信息、费用项目等信息，填制托运单。

主要成果：
1. 海运航线及主要港口选择 PPT；
2. 托运费用预算表；
3. 航线市场价格分析表；
4. 托运单。

工作环节 2

订舱

1. 了解普货整箱出口订舱活动的流程步骤，掌握整箱订舱中的注意事项，分小组制作订舱流程 PPT，讲述订舱的细节活动，了解行业以及时政信息，判断该船公司对我国的时政态度，抵制干预我国内政的国外企业，选择维护我国主权统一、领土完整的船公司，发扬爱国、技能报国的精神。
2. 根据客户托运的信息要求，通过网络查询并搜索各大船公司符合该客户托运港口及货物要求的航线及航次，分辨及确定船公司的船期表，制作符合该次托运要求的船公司船期汇总表。
3. 确定符合客户要求的船公司后，审核客户的货物托运信息，提供给船公司，制作装箱单。
4. 将托运单信息录入海运系统，生成订舱单，将订舱单发给船公司进行订舱活动，船公司收到后，审核信息确认可以订舱后，会将含有货柜柜型、船名航次等信息的订舱确认单发回货代，货代需明确订舱确认单内容，熟悉并填制订舱确认单。

主要成果：
1. 订舱流程 PPT；
2. 船公司船期汇总表；
3. 装箱单；
4. 订舱确认单。

学习任务 1　普货整箱出口作业

工作环节 3

拖车与报关

3

1. 了解普货整箱出口拖车与报关活动的流程步骤，掌握整箱拖车与报关中的注意事项，分小组制作拖车与报关流程 PPT，讲述拖车与报关的细节活动。教师引用无人自动化集装箱码头的视频，让学生了解现代化码头无人操作 AGV、智能生产管理控制系统 TOS 等物流新技术，认识现代智慧型自动化集装箱运输的特点与应用。
2. 根据 S/O（订舱确认单）信息，货代明确货柜提取地点与柜型，掌握与拖车行沟通联系的工作，委托拖车行提吉柜和还重柜的拖车业务，填制拖车托运单。
3. 委托拖车后，与司机联系，确定提柜具体事项，必要时需与司机一同前往货柜堆场进行提柜工作，需掌握提柜时的注意事项，并填制设备交接单 OUT 联。提柜后，拖柜到客户仓库进行货物装箱活动，将装满货物的重柜跟车还回堆场，填制设备交接单 IN 联。
4. 报关前需对货物进行报检工作，货代公司将相关单据交由报检行，委托报检行进行报检工作，填制出境货物报检单。
5. 货代委托报关行进行报关工作，填制代理报关委托书，委托保管协议。货代提交相关货主单据给报关行，报关行填制出口货物报关单交海关办理通关手续。

主要成果：1. 拖车与报关流程 PPT；
2. 拖车托运单；
3. 设备交接单 OUT 联；
4. 设备交接单 IN 联；
5. 出境货物报检单；
6. 代理报关委托书；
7. 委托保管协议。

工作环节 4

缮制提单

4

1. 了解普货整箱出口制作提单活动的流程步骤，掌握整箱制作提单中的注意事项，分小组制作提单流程 PPT，讲述制作提单的细节活动。老师引用集装箱海运数字化平台案例，让学生认识现代化海运中区块链技术的运用，为海运供应链企业提供准确、安全、快捷的运输电子单据传输，实现更有效的全球集装箱运输贸易活动。
2. 制作提单前要求客户提供提单制作的补充资料，填制补料单，按规定时间交货代以及船公司。
3. 根据货主托运信息及船公司信息，货代需确认是否自主集运还是外部集运，分析并描述两种情况的流程，制作提单自主集运及外部集运的流程 PPT。
4. 根据货主的要求以及提供的补料信息，制作船东提单或货代提单，并交由客户确认。

主要成果：
1. 补料单；
2. 船东提单；
3. 货代提单；
4. 提单流程 PPT；
5. 自主集运及外部集运的流程 PPT。

工作环节 5

确认费用、发放提单

5

1. 了解普货整箱出口制作确认费用、发放提单的流程步骤，掌握整箱确认费用、发放提单中的注意事项，分小组制作确认费用、发放提单流程 PPT，讲述细节活动。
2. 制作完提单后，货代统计整个托运流程中所涉及的各项费用，包括订舱费、拖车费、报关费、电放费、提货费等费用，制作费用结算单。
3. 将结算单交客户确认，并与客户核对提单副本内容，无误后要求客户交清费用，需掌握核对提单以及缴清费用的细节问题，分小组制作缴费流程步骤 PPT。

主要成果：
1. 确认费用、发放提单流程 PPT；
2. 费用结算单；
3. 缴费流程步骤 PPT。

学习内容

知识点	1.1 运输价格； 1.2 订舱单证； 1.3 运输路程计算； 1.4 集装箱配舱原则	2.1 托运单的作用； 2.2 托运单的格式； 2.3 托运单的填写规范	3.1 查询船公司的航线和舱位； 3.2 正确缮制装箱托运联单； 3.3 租箱合同条款并且正确填写合同内容； 3.4 收集行业、时政信息，正确判断并选择维护我国主权统一、领土完整的船公司	4.1 分析国家出口配额的原则； 4.2 分析我国限定出口的商品类型； 4.3 认识及辨认目的港以及港口； 4.4 订舱确认单的格式及填写规范	5.1 掌握自拖柜的流程； 5.2 掌握第三方拖柜的流程； 5.3 掌握代理报关作业流程； 5.4 认识自动化集装箱码头无人操作 AGV、智能生产管理控制系统 TOS 等物流新技术，认识现代智慧型自动化集装箱运输的特点与应用
技能点	1.1 集装箱货运费用计算； 1.2 正确填写订舱单证； 1.3 运输路程描述； 1.4 按照集装箱配舱原则正确配舱； 1.5 填写货物的品名、包装类型、重量、体积等信息	2.1 认识托运单的格式； 2.2 整箱操作流程； 2.3 缮制托运单； 2.4 与货主沟通过程中始终保持文明、友善、敬业的职业态度； 2.5 分组分航线制作介绍港口 / 航线概况的 PPT	3.1 核实订舱资料； 3.2 核实船公司的收费； 3.3 与客户、船公司核实订舱单； 3.4 向船公司追要订舱号（S/O）； 3.5 核实订舱资料	4.1 分辨大西洋航线的国家和港口位置； 4.2 缮制装箱单； 4.3 缮制订舱确认单； 4.4 缮制船公司船期汇总表； 4.5 分组制作订舱流程 PPT	5.1 缮制设备交接单； 5.2 缮制拖车托运单； 5.3 缮制报关委托单； 5.4 缮制报检单； 5.5 缮制设备交接单 IN 联和 OUT 联
工作环节	工作环节 1 接受委托订单		订舱 工作环节 2		
成果	1.1 托运费用预算表； 1.2 航线市场价格分析表	2.1 托运单； 2.2 海运航线及主要港口选择 PPT；	3.1 装箱单； 3.2 订舱确认单； 3.3 订舱流程 PPT； 3.4 船公司船期汇总表		5.1 拖车托运单； 5.2 设备交接单 OUT 联； 5.3 设备交接单 IN 联； 5.4 出境货物报检单； 5.5 代理报关委托书； 5.6 委托保管协议
素养	行业认同感、沟通与协调能力、文件编辑能力	信息查询与筛选、沟通表达能力	文件编辑能力、爱国情怀	信息查询与筛选、沟通能力、文件编辑能力	信息查询能力、文件编辑能力、表达能力、技术应用

学习任务 1　普货整箱出口作业

6.1 报关资料准备； 6.2 报关单、报检单的格式和填写规则； 6.3 设备交接单的格式和内容； 6.4 拖车托运单的格式和填写规则	7.1 提单的种类； 7.2 提单正本与副本的内容； 7.3 补料单的内容与格式； 7.4 船东提单与货代提单填写的规则与注意事项	8.1 电放单的制作规则； 8.2 自主集运与外部集运的区别； 8.3 掌握提单制作流程； 8.4 认识区块链技术集装箱海运数字化平台中的运用，认识准确、安全、快捷的运输电子单据传输技术	9.1 费用结算单的内容与填写规则； 9.2 费用确认单的作用； 9.3 掌握发放提单的流程与注意事项； 9.4 掌握缴费的流程与注意事项	10.1 发票的种类识别； 10.2 托运费用计算方法； 10.3 认识投保单的内容与格式
6.1 自拖柜的操作； 6.2 委托拖柜的操作； 6.3 委托报关操作； 6.4 委托报检操作； 6.5 分组制作拖车与报关流程 PPT	7.1 缮制补料单； 7.2 缮制船东提单； 7.3 缮制货代提单； 7.4 补料操作	8.1 核对提单资料； 8.2 出具船东提单操作； 8.3 出具货代提单操作； 8.4 分组制作提单流程 PPT； 8.5 分组制作自主集运及外部集运的流程 PPT	9.1 缮制费用结算单； 9.2 核对发票操作； 9.3 出具费用结算单操作； 9.4 发放提单操作； 9.5 催缴货主费用操作	10.1 分组制作确认费用、发放提单流程 PPT； 10.2 分组制作缴费流程步骤 PPT

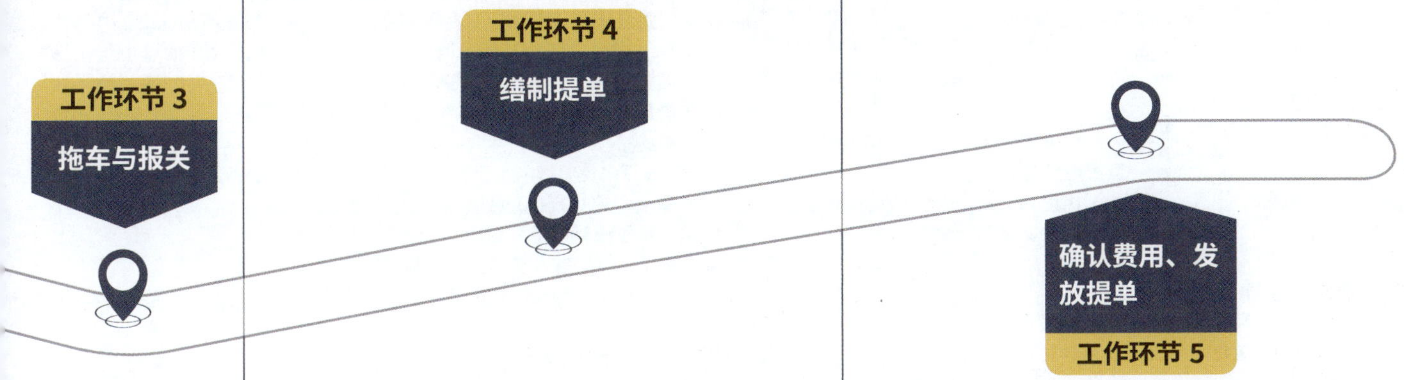

6.1 拖车与报关流程 PPT	7.1 补料单； 7.2 船东提单； 7.3 货代提单； 7.4 提单流程 PPT； 7.5 自主集运及外部集运的流程 PPT	9.1 费用结算单； 9.2 确认费用； 9.3 发放提单流程 PPT； 9.4 缴费流程步骤 PPT

信息查询能力、文件编辑能力、口头表达能力	信息查询能力、文件编辑能力、口头表达能力	文件编辑能力、技术应用、理解技术与人类文明的有机联系、提高学生掌握物流新技术的兴趣和意愿	文件编辑能力	信息查询与筛选、沟通能力、文件编辑能力

国际货运集装箱班轮运输代理作业

学习任务 1　普货整箱出口作业

1 接受委托订单 → 2 订舱 → 3 拖车与报关 → 4 缮制提单 → 5 确认费用、发放提单

接受委托订单

工作子步骤	教师活动	学生活动	评价
接收委托确定货运海运航线和港口	1. 向学生提出互联网搜索信息的提示，抽点学生回答托运表相关问题。 2. 观察各小组情境模拟的过程，提出双方沟通过程中的问题并指导，特别留意学生沟通过程中是否能保持文明、友善、耐心的沟通态度。 3. 通过视频教学法提出货物托运信息表填写规则，抽点学生展示完成的内容并点评。 4. 提出各小组互评规则与标准	1. 通过互联网百度搜索信息，独立学习货物托运表的知识。 2. 情境模拟，一组扮演客户、一组扮演货代操作员，双方通过面谈、电话等方式沟通获取客户托运信息。 3. 搜集客户提供的托运人、货物、中转港等信息，观看教学视频，回答工作页中关于航线与港口选择的内容。 4. 扮演货代客服的小组成员在沟通时要保持文明、友善的沟通态度。 5. 分小组制作四大航线组航行线路简介 PPT。 6. 各小组互评	1. 填写工作页中海峡、运河等地理名称，教师抽查并点评（师评）。 2. 对各小组制作的国家、地区、港口位置图进行点评（师评）。 3. 学生各小组根据评价标准互评
课时： 4 课时 1. 硬资源：网络实训室（多媒体设备、互联网）等。 2. 软资源：工作页（四大洋、七大洲的知识）、世界地图、四大航线分布图及相关资料、互评评价标准等			
托运费用预算报价	1. 通过教师机下发时区教学 PPT 并抽点学生回答问题。 2. 通过视频教学法让学生明白集装箱托运各项费用的用途、所需货币种类。 3. 通过行动导向法让学生完成制作托运费用预算表。 4. 对各小组计算过程进行监控及指导。 5. 提出互评规则与标准	1. 通过互联网百度搜索信息，独立学习该次出口集装箱海运所涉及的费用明细。 2. 观看案例视频，结合工作页情境描述内容，搜索网络信息，写出所选船公司的码头操作费、燃油附加费、保险费等费用金额。 3. 完成工作页中各项费用的计算以及合计，依据船公司的规定确定费用缴纳的货币种类，制作托运费用预算表。 4. 各小组交换完成的计算结果，互评	1. 填写工作页中集装箱费用计算的内容，教师抽点小组演示并点评（师评）。 2. 学生各小组根据评价标准互评
课时： 6 课时 1. 硬资源：网络实训室（多媒体设备、互联网）等。 2. 软资源：工作页（托运费用种类及计算）、船公司出口海运费用列表、互评评价标准等			
制作托运单	1. 向学生提出互联网搜索信息的提示，抽点学生回答托运表相关问题。 2. 观察各小组情境模拟的过程，提出双方沟通过程中的问题并指导。 3. 通过视频教学法提出货物托运信息表填写规则，抽点学生展示完成的内容并点评。 4. 提出各小组互评规则与标准	1. 通过互联网百度搜索信息，独立学习货物托运单的知识。 2. 情境模拟，一组扮演客户、一组扮演货代操作员，双方通过面谈、电话等方式沟通获取客户补充的托运信息。 3. 整理客户提供的托运人、货物、中转港等信息，观看教学视频，按照填写规则填写托运单。 4. 各小组交换完成的信息表，互评，指出不规范的内容并提出修改建议	1. 教师抽点各小组情境模拟活动并点评（师评）。 2. 填写工作页中货物托运信息表的内容，教师抽点演示点评(师评)。 3. 学生各小组根据评价标准进行互评
课时： 6 课时 1. 硬资源：网络实训室（多媒体设备、互联网）等。 2. 软资源：工作页（货物托运信息搜集知识）、美洲货物托运信息表样本、互评评价标准等			

基准学时：72

1 接受委托订单 → 2 订舱 → 3 拖车与报关 → 4 缮制提单 → 5 确认费用、发放提单

订舱

工作子步骤	教师活动	学生活动	评价
选择合适的船公司	1. 给出互联网搜索的关键词，抽点学生回答船期表中船名、预计离港时间、预计到港时间、船公司对我国的时政态度等问题。 2. 指导学生明白旋转木马法的学习规则，引导学生分小组组内成员相互介绍所学内容，正确选择维护我国内政统一的船公司，监督各小组展示最终归纳的总结成果。 3. 评价学生成果，并引导学生在工作页中正确查询船公司船期表及编制订舱流程PPT。 4. 提出互评规则与标准	1. 利用互联网搜索信息学习订舱的流程、船期表、行业、时政信息等内容。 2. 学生分小组运用旋转木马法相互介绍船期表的内容及选择合适的航线名，判断该船公司对我国的时政态度，抵制干预我国内政的国外企业，选择维护我国主权统一、领土完整的船公司开展合作，并将操作流程展示给其他小组学习。 3. 根据展示内容在工作页中完成船公司船期表注意事项的内容。 4. 根据所了解的订舱工作及细节完成订舱流程PPT。 5. 各小组成果互评	1. 填写工作页中船公司选择注意事项并点评（师评）。 2. 对各小组制作订舱流程PPT及船期表解析进行点评（师评）。 3. 学生各小组根据评价标准互评
课时： 6课时 1. 硬资源：网络实训室（多媒体设备、互联网）等。 2. 软资源：工作页（船公司船期表的知识）、各大船公司船期表分布及相关资料、互评评价标准等			
向船公司订舱	1. 下发教学PPT，抽点学生回答装箱单的内容。 2. 指导学生了解自由市场法的学习规则，引导学生分组完成装箱单内容的填写。 3. 讲述装箱单填写的规则并对各小组进行指导。 4. 提出互评规则与标准	1. 运用教师所给的教学PPT学习与船公司沟通的细节以及装箱单填写的内容。 2. 学生分小组运用自由市场法将装箱单的托运人、收货人、起运港、目的港等内容写在白纸上。 3. 各小组相互借鉴所描述的内容，在认为正确的小组旁贴上小红花，并回到自己小组改进答案。 4. 根据改进的内容完成工作页中有关装箱单的填写。 5. 各小组成果互评	1. 填写工作页中装箱单的货名全称、包装类型、唛头等内容，教师抽查并点评（师评）。 2. 对各小组制作的装箱单进行点评（师评）。 3. 学生各小组根据评价标准互评
课时： 6课时 1. 硬资源：网络实训室（多媒体设备、互联网）等。 2. 软资源：工作页（装箱单填写规则、与船公司订舱联系注意事项）、装箱单填写事例等相关资料、互评评价标准等			

学习任务 1　普货整箱出口作业

1 接受委托订单 → 2 订舱 → 3 拖车与报关 → 4 缮制提单 → 5 确认费用、发放提单

	工作子步骤	教师活动	学生活动	评价
订舱	船公司回单确认订舱完成	1. 给出互联网搜索的关键词，教师抽点学生回答如何向船公司追要订舱确认单。 2. 指导学生了解卡片法的学习规则，引导学生将本组意见写在白纸上，并汇总意见。 3. 引导学生正确回答工作页中的内容并制作订舱确认单。 4. 提出互评规则与标准	1. 利用互联网资源独立学习订舱确认单中各项内容。 2. 分小组运用卡片法对订舱确认单中船名航次、订舱单号、收发货人全称等内容进行总结核对并展示。 3. 根据总结内容填写工作页中的问题：①订舱确认单的号码作用？②追要船公司订舱号的注意事项？③订舱确认单费用核对的内容有哪些？ 4. 分小组制作订舱确认单。 5. 各小组成果互评	1. 对填写在工作页中的订舱确认单单号等内容，教师抽查并点评（师评）。 2. 对各小组制作的装箱单进行点评（师评）。 3. 学生各小组根据评价标准互评
	课时： 6 课时 1. 硬资源：网络实训室（多媒体设备、互联网）等。 2. 软资源：工作页（订舱确认单填写注意事项）、订舱确认单事例、船公司回单案例等相关资料、互评评价标准等			
拖车与报关	熟悉拖车与报关流程	1. 提供 PPT 以及视频案例，引导学生学习拖车与报关报检的知识内容，无人操作 AGV、智能生产管理控制系统 TOS 在智慧型自动化集装箱运输中的应用等知识，抽点学生回答拖车与报关相关问题。 2. 观察各小组情境模拟的过程，提出双方沟通过程中的问题并指导。 3. 通过视频教学法提出拖车与报关步骤中细节问题，抽点学生展示完成的内容并点评。 4. 提出各小组互评规则与标准	1. 利用教师的 PPT 以及视频案例，独立学习拖车与报关报检的知识内容，无人操作 AGV、智能生产管理控制系统 TOS 在智慧型自动化集装箱运输中的应用。 2. 情境模拟，一组扮演货代、一组扮演拖车行及报关行业务员，双方通过面谈、电话等方式沟通委托拖车与报关的各项信息。 3. 整理与拖车行和报关行业务员沟通联系中的操作流程步骤，填写工作页内容，并制作拖车与报关流程 PPT。 4. 各小组交换完成的信息表，互评，指出不规范的内容并提出修改建议	1. 教师抽点各小组情境模拟活动并点评（师评）。 2. 填写工作页中拖车与报关操作步骤的内容，教师抽点演示点评（师评）。 3. 学生各小组根据评价标准进行互评
	课时： 6 课时 1. 硬资源：网络实训室（多媒体设备、互联网）等。 2. 软资源：工作页（委托拖车与报关流程的知识）、拖车行与报关行日常操作案例、互评评价标准等			

基准学时：72

1 接受委托订单 → 2 订舱 → 3 拖车与报关 → 4 缮制提单 → 5 确认费用、发放提单

拖车与报关

工作子步骤	教师活动	学生活动	评价
委托拖车	1. 给出互联网搜索的关键词，抽点学生回答该设备交接单的作用。 2. 指导学生了解小组拼图法的学习规则，引导演示组学习并总结内容写在白纸上并展示，引导专家组对白纸内容进行评价、提出意见。 3. 引导学生正确回答工作页中的问题。 4. 提出设备交接单交接、拖车委托单的填写规则，抽查各小组做单情况。 5. 提出互评规则与标准	1. 利用互联网资源独立学习拖车托运单、设备交接单的填写内容。 2. 分小组运用小组拼图法进行学习：①本小组总结拖车委托单、设备交接单 IN 联、OUT 联的填制内容及区别并展示。②其他小组组成专家组对该小组总结情况提问，发表意见，本小组对总结内容进行修改。 3. 根据总结内容填写工作页中的问题：①设备交接单中对集装箱状态的记录有哪些？②拖车委托单的委托方应写哪个企业？ 4. 分小组填制拖车托运单、设备交接单 OUT 联、设备交接单 IN 联。 5. 各小组成果互评	1. 对工作页中远拖车托运单、设备交接单OUT联、设备交接单 IN 联等内容，教师抽查并点评（师评）。 2. 对各小组展示的拖车托运单、设备交接单 OUT 联、设备交接单 IN 联进行点评（师评）。 3. 学生各小组根据评价标准互评
课时： 6 课时 1. 硬资源：网络实训室（多媒体设备、互联网）等。 2. 软资源：工作页（拖车委托单、设备交接单的填制）、拖车委托单、设备交接单的填制企业实例、互评评价标准等			
委托报关报检	1. 给出 PPT 以及视频案，引导学生学习出境货物报检单、代理报关委托书、委托报关协议的内容及填写规则，区块链技术在集装箱海运数字化平台中的运用，抽点学生回答报检报关操作步骤。 2. 指导学生了解学习站法的学习规则：①引导学生分小组轮流阅读信息页。②引导学生联系四段信息的逻辑关系，将有关该报检报关操作注意事项等重要信息汇总写在白纸中并展示。③引导各小组对展示结果进行评价。 3. 引导学生正确回答工作页中的问题。 4. 提出出境货物报检单、代理报关委托书、委托报关协议的填写规则，抽查各小组制作单证的情况并讲评。 5. 提出互评规则与标准	1. 利用教师的 PPT 以及视频案例独立学习出境货物报检单、代理报关委托书、委托报关协议的内容及填写规则，区块链技术在集装箱海运数字化平台中的运用。 2. 分小组运用学习站法进行学习：①分 4 个小组分别阅读 4 段该单证的信息页（包括出境货物报检单、代理报关委托书，委托报关协议的内容、填制注意事项、与其他单证的区别）。② 4 个小组轮流阅读 4 个信息段后总结其逻辑关系并写在白纸上展示。 3. 根据总结内容填制：①报检工作需向报检机关提交哪些资料？②委托报关需提交哪些资料？ 4. 分小组制作出境货物报检单、代理报关委托书、委托报关协议。 5. 各小组成果互评	1. 对填写在工作页中的报检报关内容，教师抽查并点评（师评）。 2. 对各小组展示出境货物报检单、代理报关委托书、委托报关协议进行点评（师评）。 3. 学生各小组根据评价标准互评
课时： 6 课时 1. 硬资源：网络实训室（多媒体设备、互联网）等。 2. 软资源：工作页（报检操作流程、报关行操作注意事项）、企业报检报关案例及相关资料、互评评价标准等			

学习任务 1　普货整箱出口作业

1 接受委托订单 → 2 订舱 → 3 拖车与报关 → 4 缮制提单 → 5 确认费用、发放提单

	工作子步骤	教师活动	学生活动	评价
缮制提单	确定提单操作类型	1. 向学生提出互联网搜索信息的提示，抽点学生回答自主集运及外部集运相关问题。 2. 观察各小组情境模拟的过程，提出双方沟通过程中的问题并指导。 3. 通过视频教学法提出自主集运及外部集运步骤中细节问题，抽点学生展示完成的内容并点评。 4. 提出各小组互评规则与标准	1. 通过互联网百度搜索信息，独立学习制作提单、自主集运和外部集运的知识内容。 2. 情境模拟，一组扮演货代、一组扮演船公司及行家，双方通过面谈、电话等方式沟通选择制作提单的类型各项信息。 3. 整理货代和船公司及行家业务员沟通联系中的操作流程步骤，填写工作页内容，并制作提单流程 PPT，自主集运及外部集运的流程 PPT。 4. 各小组交换完成的信息表，互评，指出不规范的内容并提出修改建议	1. 教师抽点各小组情境模拟活动并点评（师评）。 2. 填写工作页中拖车与报关操作步骤的内容，教师抽点演示点评（师评）。 3. 学生各小组根据评价标准进行互评
	课时： 6 课时 1. 硬资源：网络实训室（多媒体设备、互联网）等。 2. 软资源：工作页（自主集运及外部集运流程的知识）、提单制作、企业自主集运及外部集运操作案例、互评评价标准等			
	制作提单	1. 给出互联网搜索的关键词，抽点学生回答船东单与货代单操作区别情况。 2. 指导学生了解头脑风暴法的学习规则：①引导学生就国家地理风貌、港口位置、进出口货物类型等关键词轮流发言，组长汇总记录并展示。②引导其他小组对该组展示结果进行正确的评价。 3. 引导学生正确回答工作页中的问题。 4. 提出补料单、船东提单、货代提单相关制作规则，抽查各小组制作单据的情况并讲评。 5. 提出互评规则与标准	1. 利用互联网资源独立学习补料单、船东提单、货代提单的内容、填写规则情况。 2. 分小组运用头脑风暴法进行学习：①小组成员就补料单、船东提单、货代提单中的抬头货物名称包装尺码、唛头、附加费用、支付方式等关键词进行讨论，组长汇总成员发言并写在白纸上，向其他小组展示成果。②其他小组运用头脑风暴法对该小组成果评价并提出修改意见。 3. 根据总结内容填写工作页中的问题：①补料单的项目根据哪些因素来确定？②船东提单与货代提单能否直接提取货物？ 4. 根据头脑风暴法汇总及修改的成果分小组制作补料单、船东提单、货代提单。 5. 各小组成果互评	1. 对填写在工作页的中补料单、船东提单、货代提单等内容，教师抽查并点评（师评）。 2. 对各小组展示的补料单、船东提单、货代提单进行点评(师评)。 3. 学生各小组根据评价标准互评
	课时： 4 课时 1. 硬资源：网络实训室（多媒体设备、互联网）等。 2. 软资源：工作页（补料单、船东提单、货代提单的填写规则）、企业补料单、船东提单、货代提单实例相关资料、互评评价标准等			

1 接受委托订单 → 2 订舱 → 3 拖车与报关 → 4 缮制提单 → 5 确认费用、发放提单

确认费用、发放提单

工作子步骤	教师活动	学生活动	评价
托运费用缴费	1. 向学生提出互联网搜索信息的提示，抽点学生回答确认费用、发放提单相关问题。 2. 观察各小组情境模拟的过程，提出双方沟通过程中的问题并指导。 3. 通过视频教学法提出确认费用、发放提单步骤中细节问题，抽点学生展示完成的内容并点评。 4. 提出各小组互评规则与标准	1. 通过互联网百度搜索信息，独立学习确认费用、发放提单的知识内容。 2. 情境模拟，一组扮演货代、一组扮演客户，双方通过面谈、电话等方式沟通该次托运活动确认的各项费用以及缴纳方式。 3. 整理货代和客户沟通联系中的操作流程步骤，填写工作页内容，并制作确认费用、发放提单流程 PPT，缴费流程步骤 PPT。 4. 各小组交换完成的信息表，互评，指出不规范的内容并提出修改建议	1. 教师抽点各小组情境模拟活动并点评（师评）。 2. 填写工作页中拖车与报关操作步骤的内容，教师抽点演示点评（师评）。 3. 学生各小组根据评价标准进行互评
课时：6 课时 1. 硬资源：网络实训室（多媒体设备、互联网）等。 2. 软资源：工作页（确认费用、发放提单的知识）、提单确认费用、发放提单操作案例、互评评价标准等			
	1. 通过教师机下发时区教学 PPT 并抽点学生回答费用结算单的项目及核算注意事项。 2. 引导学生运用关键词法明确该次任务中费用项目的来源并讲评。 3. 运用案例分析法，提出费用结算单填写规则，并讲解内容。 4. 对各小组填写费用结算单的过程进行控制与指导。 5. 提出互评规则与标准	1. 接收由教师发来的教学 PPT，独立学习费用结算单的内容与填写规则。 2. 分小组运用关键词法，根据货代统计有关该次货运的报关费、订舱费、拖车费、码头操作费等关键词，填写工作页中该次航运应缴纳的费用内容及操作流程。 3. 分小组根据上述信息确定费用项目，计算费用总金额，填制费用结算单。 4. 各小组成果互评	1. 对制作费用结算单进行点评（师评）。 2. 学生各小组根据评价标准互评
课时：4 课时 1. 硬资源：网络实训室（多媒体设备、互联网）等。 2. 软资源：工作页（费用结算单中各种项目来源）、费用结算单中各项目的概念、征收原因等相关资料、互评评价标准等			

学习任务 2　普货拼箱进口作业

任务描述

学习任务学时：**48** 课时

任务情境

2017 年 11 月 2 日，深圳华美国际贸易有限公司 (Shenzhen Wardmap Trading Co.，Ltd.) 向荷兰迈特贸易有限公司 (Matt Trading Co.，Ltd.) 进口一批服装，总重不到半吨，体积 9 m^3，2 个纸箱包装。华美贸易公司委托深圳泛舟国际货运代理公司办理货运手续。深圳泛舟国际货运代理公司的校企合作基地是我院货运代理实训基地。实训基地客服小青接受委托后向中外运集装箱运输公司办理相关订舱手续，船公司于订舱当日将配舱回单返还给小青。船公司安排船名 / 航次：ANGPU V.0016E，提单号为：HHTU506156 进行运输，小青核对正本舱单、制作或换取进口提货单、核算运费，收集资料申请报关，货物到港后安排拆箱及中转运输，跟催客户办理结算手续；客户付款后通知码头放货，回退单证予客户并将此票相关凭证、单据资料整理归档。

国际货运集装箱班轮运输代理作业

工作流程和标准

工作环节 1

接受任务，核对提单与舱单

1

1. 了解普货拼箱进口船舶到港前准备、核对提单与舱单的流程步骤，掌握核对提单与舱单中的注意事项，分小组制作船舶到港前准备、核对提单与舱单流程 PPT，讲述细节活动。
2. 船舶到港前及时准确地做好准备工作，建立航次档案，初步审核相关资料，向客户预报船舶动态，制作 / 收集进口舱单；并能够灵活处理船舶到港前出现的异常情况。
3. 正确接收进口单证，认真审核正本舱单，核对提单与舱单，并对不一致的地方进行核实、更正。

主要成果：

1. 船舶到港前准备、核对提单与舱单流程 PPT；
2. 进口舱单；
3. 审核正本舱单；
4. 审核进口单证。

工作环节 2

制作或换取提货单，出具到货通知

2

1. 了解普货拼箱制作或换取提货单，出具到货通知的流程步骤，掌握制作或换取提货单，出具到货通知中的注意事项，分小组制作或换取提货单，出具到货通知流程 PPT，讲述细节活动。
2. 核对提货单、舱单和随船提单信息，区别拼箱与整箱提货单的制作注意事项，正确制作或换取提货单。
3. 审核提货单无误后，撰写提货通知，及时发送给客户，通知客户提货。将进口电子舱单发送至海关制作提货通知，通知收货人办理提货手续。

主要成果：

1. 出具到货通知流程 PPT；
2. 提货单；
3. 提货通知。

工作环节 3

进口报关

3

1. 了解普货拼箱进口报关的流程步骤，掌握进口报关的注意事项，分小组制作进口报关流程 PPT，讲述细节活动。
2. 货代委托报关行进入报检操作，根据客户要求，货代填写入境货物报检单，为客户申报并协助报关行完成检验检疫业务。
3. 报检后，货代委托报关行进行进口货物报关活动，填制代理报关委托书、委托报关协议。检查报关单证是否齐全，若不全则想办法及时收集；及时提交完整的报关资料给报关单位进行报关，并跟踪报关通行情况，填制进口货物报关单。

主要成果：

1. 制作进口报关流程 PPT；
2. 入境货物报检单；
3. 代理报关委托书 / 委托报关协议；
4. 进口货物报关单。

工作环节 4

提货与拆箱

4

1. 了解普货拼箱进口提货与拆箱的流程步骤，掌握提货与拆箱的注意事项，分小组制作提货与拆箱流程 PPT，讲述细节活动。
2. 货代查询船舶动态情况，掌握船到港时间。船到港后安排人员到码头办理提货手续。
3. 货代制作设备交接单 IN 联，到码头出示相关证明，到堆场提货至仓库；制作拆箱申请书，使用适当的工具开箱、拆箱。
4. 货代拆箱后，确认费用发给客户，取回设备交接单和押箱费。

主要成果：
1. 制作提货与拆箱流程 PPT；
2. 设备交接单 IN 联；
3. 拆箱申请书。

工作环节 5

结算与放货

5

1. 了解普货拼箱进口结算与放货的流程步骤，掌握结算与放货的注意事项，分小组制作结算与放货流程 PPT，讲述细节活动。
2. 货代与客户联系阐述拼箱货进口费用组成结构，根据客户实际情况，制作本票费用确认单。
3. 跟踪客户缴费情况，跟催客户结算费用，收到财务部“费用结算完毕”通知后，发邮件安排代理放货。

主要成果：
1. 制作结算与放货流程 PPT；
2. 本票费用确认单。

学习内容

知识点	1.1 审核正本舱单的流程； 1.2 进口舱单的内容与填写规则； 1.3 船舶到港前各种单证的收集及核对注意事项； 1.4 提货单的格式、内容和制作要求	2.1 进口舱单与进口单证中容易出问题的项目及解决办法； 2.2 审核各种进口单证的流程； 2.3 核对提单与舱单的注意事项	3.1 客户沟通的技巧； 3.2 提货通知的制定要求； 3.3 常见舱单内容错误处理的方法； 3.4 提货单制作的一般方法和注意事项	4.1 提货通知的内容与填制规则； 4.2 提货单的内容与填制规则； 4.3 过程单证的保管	5.1 进口货物报关单的内容与注意事项； 5.2 代理报关委托书、委托报关协议的内容与填写规则； 5.3 入境货物报检单的内容及填写注意事项； 5.4 进口报关准备的要求
技能点	1.1 缮制进口舱单； 1.2 审核正本舱单的操作； 1.3 审核进口单证的操作	2.1 商务信函的处理； 2.2 确认舱单的操作； 2.3 分组制作船舶到港前准备、核对提单与舱单流程 PPT	3.1 缮制提货单； 3.2 缮制提货通知； 3.3 制作或换取提货单的操作； 3.4 出具到货通知的操作	4.1 与客户沟通的操作； 4.2 分组制作或换取提货单流程 PPT； 4.3 分组制作出具到货通知流程 PPT	5.1 缮制入境货物报检单； 5.2 缮制代理报关委托书； 5.3 缮制委托报关协议； 5.4 缮制进口报关单
工作环节	工作环节 1 接受任务，核对提单与舱单		工作环节 2 制作或换取提货单，出具到货通知		
成果	1.1 船舶到港前准备； 1.2 核对提单与舱单流程 PPT； 1.3 进口舱单	2.1 审核正本舱单； 2.2 审核进口单证	3.1 制作或换取提货单； 3.2 出具到货通知流程 PPT； 3.3 提货单； 3.4 提货通知		5.1 入境货物报检单； 5.2 代理报关委托书； 5.3 委托报关协议； 5.4 进口货物报关单
素养	行业认同感、沟通与协调能力、口头表达能力	信息查询与筛选、沟通能力、文件编辑能力	信息查询能力、文件编辑能力、口头表达能力	文件编辑能力	文件编辑能力

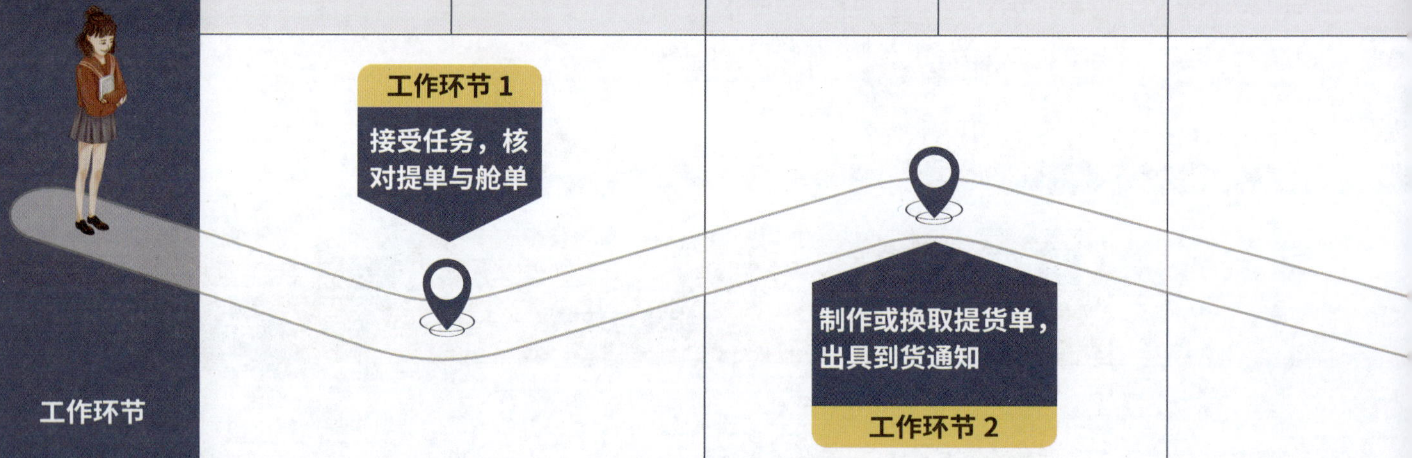

6.1 进口报检货物的要求； 6.2 掌握商品进口报关流程； 6.3 掌握商品进口报检流程	7.1 超期柜租费用计算的方法； 7.2 设备交接单的内容与填制要求； 7.3 押箱费的概念； 7.4 提货手续操作	8.1 拆箱申请书的内容与填写规则； 8.2 设备交接单 IN 联的内容与填写规则； 8.3 免堆期与免柜期的概念	9.1 放货通知与放货手续； 9.2 费用结算方式与内容； 9.3 进口拼箱货物费用组成	10.1 催缴费用邮件的内容与填制要求； 10.2 本票费用确认单的内容与填制要求； 10.3 进口付汇核销单的格式和内容
6.1 进口货物报检操作； 6.2 进口货物报关操作； 6.3 分组制作进口报关流程 PPT	7.1 缮制设备交接单 IN 联； 7.2 缮制拆箱申请书； 7.3 进口货物提货操作； 7.4 进口货物拆箱操作	8.1 设备交接单 IN 联与 OUT 联的操作区别； 8.2 分组制作提货与拆箱流程 PPT	9.1 缮制本票费用确认单； 9.2 缮制催缴费用邮件； 9.3 费用确认的操作； 9.4 费用催缴的操作	10.1 放货异常情况处理； 10.2 分组制作结算与放货流程 PPT

6.1 制作进口报关流程 PPT；	7.1 设备交接单 IN 联； 7.2 拆箱申请书	8.1 制作提货与拆箱流程 PPT	9.1 制作结算与放货流程 PPT； 9.2 本票费用确认单	
信息查询能力、文件编辑能力、口头表达能力	信息查询能力、文件编辑能力、口头表达能力	信息查询能力、文件编辑能力、口头表达能力	信息查询能力、文件编辑能力、口头表达能力	文件编辑能力

学习任务 2　普货拼箱进口作业

1 接受任务，核对提单与舱单　2 制作或换取提货单，出具到货通知　3 进口报关　4 提货与拆箱　5 结算与放货

接受任务，核对提单与舱单

工作子步骤	教师活动	学生活动	评价
船舶到港前准备	1. 向学生发出互联网搜索信息的提示，抽点学生回答核对提单与舱单的相关问题。 2. 观察各小组情境模拟的过程，提出双方沟通过程中的问题并指导。 3. 通过视频教学法提出货物核对提单和舱单的规则，抽点学生展示完成的内容并点评。 4. 提出各小组互评规则与标准	1. 通过互联网百度搜索信息，独立学习船舶到港前准备、核对提单与舱单的知识。 2. 情境模拟，一组扮演起运港货代、一组扮演目的港货代操作员，双方通过面谈、电话等方式沟通获取即将到港货运的提单、舱单等单据信息。 3. 搜集起运港货代提供的提单中托运人、货物、中转港等信息，观看教学视频，按照核对规则填写工作页中的核对正本舱单的内容并制作核对流程 PPT。 4. 各小组交换完成的信息表，互评，指出不规范的内容并提出修改建议	1. 教师抽点各小组情境模拟活动并点评（师评）。 2. 填写工作页中船舶到港前准备与核对提单与舱单的内容，教师抽点演示点评（师评）。 3. 学生各小组根据评价标准进行互评
课时： 4 课时 1. 硬资源：网络实训室（多媒体设备、互联网）等。 2. 软资源：工作页（船舶到港前准备、核对提单与舱单信息搜集知识）、我国货代船舶到港前准备工作案例样本、互评评价标准等			
审核进口舱单、海运提单等各种进口单证	1. 给出互联网搜索的关键词，抽点学生回答船东单与货代单操作的区别。 2. 指导学生了解头脑风暴法的学习规则：①引导学生对进口正本舱单、海运提单中的信息、格式内容、费用确认等关键词轮流发言，组长汇总记录并展示。②引导其他小组对该组的展示结果进行正确的评价。 3. 引导学生正确回答工作页中的问题。 4. 提出进口正本舱单、海运提单相关制作规则抽查各小组制作单据的情况并讲评。 5. 提出互评规则与标准	1. 利用互联网资源独立学习进口正本舱单、海运提单的内容、填写规则情况。 2. 分小组运用头脑风暴法进行学习：①小组成员就进口正本舱单、海运提单中的信息是否一致、格式内容、费用确认等关键词进行讨论，组长汇总成员发言并写在白纸上，向其他小组展示成果。②其他小组运用头脑风暴法对该小组的成果进行评价并提出修改意见。 3. 根据总结内容填写工作页中的问题：①若发现进口舱单与海运提单品名不一致时如何处理？②核对中文补料的注意事项。 4. 根据头脑风暴法汇总及修改的成果分小组制作进口正本舱单、海运提单。 5. 各小组成果互评	1. 对填写在工作页中的进口正本舱单、海运提单等内容，教师抽查并点评（师评）。 2. 对各小组展示的进口正本舱单、海运提单进行点评（师评）。 3. 学生各小组根据评价标准互评
课时： 4 课时 1. 硬资源：网络实训室（多媒体设备、互联网）等。 2. 软资源：工作页（进口正本舱单、海运提单的填写规则）、企业进口正本舱单、海运提单实例相关资料、互评评价标准等			

基准学时：48

1 接受任务，核对提单与舱单　2 制作或换取提货单，出具到货通知　3 进口报关　4 提货与拆箱　5 结算与放货

制作或换取提货单，出具到货通知

工作子步骤	教师活动	学生活动	评价
制作或换取提货单	1. 向学生提出互联网搜索信息的提示，抽点学生回答制作或换取提货单，出具到货通知相关问题。 2. 观察各小组情境模拟的过程，提出双方沟通过程中的问题并指导。 3. 通过视频教学法制作或换取提货单，出具到货通知步骤中细节问题，抽点学生展示完成的内容并点评。 4. 提出各小组互评规则与标准	1. 通过互联网百度搜索信息，独立学习制作或换取提货单，出具到货通知的知识内容。 2. 情境模拟，一组扮演货代、一组扮演船公司业务员，双方通过面谈、电话等方式沟通制作或换取提货单的各项信息。 3. 整理与船公司业务员沟通联系中的操作流程步骤，填写工作页中的内容，并制作或换取提货单，出具到货通知流程 PPT。 4. 各小组交换完成的信息表，互评，指出不规范的内容并提出修改建议	1. 教师抽点各小组情境模拟活动并点评（师评）。 2. 学生填写工作页中制作或换取提货单，出具到货通知操作步骤的内容，教师抽点演示点评(师评)。 3. 学生各小组根据评价标准进行互评
课时： 4 课时 1. 硬资源：网络实训室（多媒体设备、互联网）等。 2. 软资源：工作页（委托制作或换取提货单、出具到货通知流程的知识）、制作或换取提货单、出具到货通知操作案例、互评评价标准等			
缮制提货单、出具到货通知	1. 给出互联网搜索的关键词，抽点学生回答该提货单、提货通知的作用。 2. 指导学生了解小组拼图法的学习规则：①引导演示组学习并将总结内容写在白纸上展示。②引导专家组对白纸内容进行评价、提出意见。 3. 引导学生正确回答工作页中的问题。 4. 提出提货单、提货通知的填写规则，抽查各小组完成情况。 5. 提出互评规则与标准	1. 利用互联网资源独立学习提货单、提货通知的填写内容。 2. 分小组运用小组拼图法进行学习：①本小组将提货单、提货通知的填制内容及区别等内容进行总结并展示。②其他小组组成专家组对该小组总结情况提问、发表意见，本小组对总结内容进行修改。 3. 根据总结内容填写工作页的问题：①若发现该票货物到港一星期后，仍无人来办理如何处理？②如何在系统中制作并打印提货单？ 4. 分小组填制提货单、提货通知。 5. 各小组成果互评	1. 对填写在工作页中的提货单、提货通知等内容，教师抽查并点评（师评）。 2. 对各小组展示的提货单、提货通知进行点评（师评）。 3. 学生各小组根据评价标准互评
课时： 6 课时 1. 硬资源：网络实训室（多媒体设备、互联网）等。 2. 软资源：工作页（提货单、提货通知的填制）、提货单、提货通知的填制企业实例、互评评价标准等			

课程 6　国际货运集装箱班轮运输代理作业

学习任务 2　普货拼箱进口作业

1. 接受任务，核对提单与舱单
2. 制作或换取提货单，出具到货通知
3. 进口报关
4. 提货与拆箱
5. 结算与放货

进口报关

工作子步骤	教师活动	学生活动	评价
熟悉进口报关操作	1. 向学生提出互联网搜索信息的提示，抽点学生回答进口报检报关相关问题。 2. 观察各小组情境模拟的过程，提出双方沟通过程中的问题并指导。 3. 通过视频教学法提出报检报关步骤中的细节问题，抽点学生展示完成的内容并点评。 4. 提出各小组互评规则与标准	1. 通过互联网百度搜索信息，独立学习进口报关报检的知识内容。 2. 情境模拟，一组扮演货代、一组扮演拖车行及报关行业务员，双方通过面谈、电话等方式沟通委托报关的各项信息。 3. 整理与报关行业务员沟通联系中的操作流程步骤，填写工作页内容，并制作进口报关流程 PPT。 4. 各小组交换完成的信息表，互评，指出不规范的内容并提出修改建议	1. 教师抽点各小组情境模拟活动并点评（师评）。 2. 填写工作页中进口报检报关操作步骤的内容，教师抽点演示点评（师评）。 3. 学生各小组根据评价标准进行互评
课时： 4 课时 1. 硬资源：网络实训室（多媒体设备、互联网）等。 2. 软资源：工作页（进口报检报关流程的知识）、进口报检报关日常操作案例、互评评价标准等			
制作进口报检报关单证	1. 给出互联网搜索的关键词，抽点学生回答报检报关操作步骤。 2. 指导学生了解学习站法的学习规则：①引导学生分小组轮流阅读信息页。②引导学生分析 4 段信息的逻辑关系，将有关该报检报关操作注意事项等重要信息汇总写在白纸中并展示。③引导各小组对展示结果进行评价。 3. 引导学生正确回答工作页中的问题。 4. 提出入境货物报检单、代理报关委托书、委托报关协议的填写规则，抽查各小组制作单证的情况并讲评。 5. 提出互评规则与标准	1. 利用互联网资源独立学习入境货物报检单，代理报关委托书，委托报关协议的内容及填写规则。 2. 分小组运用学习站法进行学习：①分为 4 个小组分别阅读 4 段该单证的信息页（包括入境货物报检单、代理报关委托书、委托报关协议的内容、填制注意事项及与其他单证的区别）。② 4 个小组轮流阅读 4 个信息段后总结其逻辑关系并写在白纸上展示。 3. 根据总结内容填制：①进口报关所需的单证有哪些？②进口报检货物的要求有哪些？ 4. 分小组制作出境货物报检单、代理报关委托书、委托报关协议。 5. 各小组成果互评	1. 对填写在工作页中的报检报关内容，教师抽查并点评（师评）。 2. 对各小组展示入境货物报检单、代理报关委托书、委托报关协议进行点评（师评）。 3. 学生各小组根据评价标准互评
课时： 6 课时 1. 硬资源：网络实训室（多媒体设备、互联网）等。 2. 软资源：工作页（报检操作流程、报关行操作注意事项）、企业入境报检报关案例及相关资料、互评评价标准等			

1 接受任务，核对提单与舱单 2 制作或换取提货单，出具到货通知 3 进口报关 4 提货与拆箱 5 结算与放货

提货与拆箱

工作子步骤	教师活动	学生活动	评价
熟悉提货与拆箱	1. 向学生提出互联网搜索信息的提示，抽点学生回答进口提货与拆箱相关问题。 2. 观察各小组情境模拟的过程，提出双方沟通过程中的问题并指导。 3. 通过视频教学法提出提货与拆箱步骤中细节问题，抽点学生展示完成的内容并点评。 4. 提出各小组互评规则与标准	1. 通过互联网百度搜索信息，独立学习进口提货与拆箱的知识内容。 2. 情境模拟，一组扮演货代、一组扮演船公司业务员，双方通过面谈、电话等方式沟通提货与拆箱的各项信息。 3. 整理与船公司业务员沟通联系中的操作流程步骤，填写工作页内容，并制作提货与拆箱流程 PPT。 4. 各小组交换完成的信息表，互评，指出不规范的内容并提出修改建议	1. 教师抽点各小组情境模拟活动并点评（师评）。 2. 对填写在工作页中的进口提货与拆箱操作步骤等内容，教师抽点演示点评(师评)。 3. 学生各小组根据评价标准进行互评
课时： 4 课时 1. 硬资源：网络实训室（多媒体设备、互联网）等。 2. 软资源：工作页（进口提货与拆箱流程的知识）、进口提货与拆箱日常操作案例、互评评价标准等			
制作设备交接单 IN 联、拆箱申请书	1. 给出互联网搜索的关键词，抽点学生回答设备交接单 IN 联填写细则。 2. 指导学生了解头脑风暴法的学习规则：①引导学生就国家地理风貌、港口位置、进出口货物类型等关键词轮流发言，组长汇总记录并展示。②引导其他小组对该组展示结果进行正确的评价。 3. 引导学生正确回答工作页中的问题。 4. 提出设备交接单 IN 联、拆箱申请书相关制作规则，抽查各小组制作单据的情况并讲评。 5. 提出互评规则与标准	1. 利用互联网资源独立学习设备交接单 IN 联、拆箱申请书的内容、填写规则情况。 2. 分小组运用头脑风暴法进行学习：①小组成员就设备交接单 IN 联、拆箱申请书中的拆箱单位、货物信息、委托单位等关键词进行讨论，组长汇总成员发言并写在白纸上，向其他小组展示成果。②其他小组运用头脑风暴法对该小组成果进行评价并提出修改意见。 3. 根据总结内容填写工作页中的问题：①押箱费是什么？不同类型的货箱标准是多少？②拆箱过程中发现有货损时如何处理？ 4. 根据头脑风暴法汇总及修改的成果分小组制作补料单、船东提单、货代提单。 5. 各小组成果互评	1. 对填写在工作页中的设备交接单 IN 联、拆箱申请书等内容，教师抽查并点评（师评）。 2. 对各小组展示的设备交接单 IN 联、拆箱申请书进行点评(师评)。 3. 学生各小组根据评价标准互评
课时： 6 课时 1. 硬资源：网络实训室（多媒体设备、互联网）等。 2. 软资源：工作页（设备交接单 IN 联、拆箱申请书的填写规则），企业设备交接单 IN 联、拆箱申请书实例相关资料，互评评价标准等			

学习任务 2 普货拼箱进口作业

1 接受任务，核对提单与舱单 → 2 制作或换取提货单，出具到货通知 → 3 进口报关 → 4 提货与拆箱 → 5 结算与放货

结算与放货

工作子步骤	教师活动	学生活动	评价
熟悉结算与放货流程	1. 向学生提出互联网搜索信息的提示，抽点学生回答进口结算与放货相关问题。 2. 观察各小组情境模拟的过程，提出双方沟通过程中的问题并指导。 3. 通过视频、教学法提出结算与放货步骤中的细节问题，抽点学生展示完成的内容并点评。 4. 提出各小组互评规则与标准	1. 通过互联网百度搜索信息，独立学习进口结算与放货的知识内容。 2. 情境模拟，一组扮演货代、一组扮演收货人，双方通过面谈、电话等方式沟通结算与放货的各项信息。 3. 整理与收货人沟通联系中的操作流程步骤，填写工作页内容，并制作结算与放货流程 PPT。 4. 各小组交换完成的信息表，互评，指出不规范的内容并提出修改建议	1. 教师抽点各小组情境模拟活动并点评（师评）。 2. 对填写在工作页中的进口结算与放货操作步骤等内容，教师抽点演示点评（师评）。 3. 学生各小组根据评价标准进行互评
课时： 4 课时 1. 硬资源：网络实训室（多媒体设备、互联网）等。 2. 软资源：工作页（进口结算与放货流程的知识）、进口结算与放货日常操作案例、互评评价标准等。			
制作本票费用确认单	1. 老师下发教学 PPT，抽点学生回答装箱单的内容。 2. 指导学生了解自由市场法的学习规则，引导学生分组完成本票费用确认单。 3. 讲述本票费用确认单的规则并对各小组进行指导。 4. 提出互评规则与标准	1. 运用教师所给的教学 PPT 学习本票费用确认单的内容。 2. 分小组运用自由市场法将本票费用确认单、催缴费用邮件的用箱人、损坏记录及代号、免费期限等内容写在白纸上。 3. 各小组相互借鉴所描述的内容，将认为正确的小组旁贴上小红花，并回到自己小组改正答案。 4. 根据改正的内容完成工作页中有关装箱单的填写。 5. 各小组成果互评	1. 对填写在工作页中的本票费用确认单的货名全称、包装类型、唛头等内容，教师抽查并点评（师评）。 2. 对各小组制作的本票费用确认单、催缴费用邮件进行点评（师评）。 3. 学生各小组根据评价标准互评
课时： 6 课时 1. 硬资源：网络实训室（多媒体设备、互联网）等。 2. 软资源：工作页（报检操作流程、报关行操作注意事项）、企业入境报检报关案例及相关资料、互评评价标准等			

基准学时：48

国际货运集装箱班轮运输代理作业

考核标准

情境描述

你是中外运国际货运代理公司的一名职员，2018年1月14日接到东莞童星进出口贸易公司（Dongguan Children Star Imp/Exp. Corp）的电话咨询。协商后童星公司决定委托其办理向美国ABC TRADING CO.,LTD出口毛巾的货运手续，同时童星公司还要求由货代公司安排订舱、拖车、报关、出提单并装船等出口操作业务，要求在1月16日上午10时到东莞工厂装柜。船名：SUSANNA13；航次：QCD1211A；货物信息为：优衣库牌3R0053男童上衣，纸箱包装，10箱，重500 kg，尺码3.21×2.1×2.4(CBM)，目的港为美国西雅图港。

任务要求

根据上述任务描述，制作该次货物出口托运的单证汇报PPT。

1. 请分别描述海运出口操作中的步骤，并画出流程图。
2. 分别描述出口操作中订舱、拖车、报关、制作提单的步骤以及注意事项。
3. 请描述在海运出口操作中每个步骤需要填制的单证。
4. 请描述班轮运输在整箱与拼箱出口操作中的区别。

参考资料

实施任务时，你可以使用所有的常见教学资料，如工作页、教材、维修手册、个人笔记等。

评价方式

由任课教师实施考核评价，取所有考核人员评分的平均分为学生考核成绩。如果有笔试、实操等多种类型考核内容的，还需说明分数占比或分值计算方式。

考核评分表

课程名称			国际货运集装箱班轮运输代理作业			
学习任务名称			学生姓名			
评价项目	评价内容	分值	评分标准	得分	小计分数	扣分原因
专业能力	海运出口操作以及进口操作中的步骤，划出流程图	10	填写正确一项得 1 分，少一项扣 1 分，扣完为止			
	普货整箱出口操作中订舱、拖车、报关、制作提单的步骤以及注意事项	20	填写正确一项得 1 分，少一项扣 1 分，扣完为止			
	普货拼箱进口操作中订舱、拼箱作业、拖车、报关、拆箱提货的步骤以及注意事项	20	填写正确一项得 1 分，少一项扣 1 分，扣完为止			
	海运进出口操作中每个步骤正确填制的单证	10	填写正确一项得 1 分，少一项扣 1 分，扣完为止			
	班轮运输在整箱与拼箱出口操作中的区别	10	正确指出一处得 2 分，错误一处扣 1 分			
	是否符合海运操作员的岗位规范	5	填写描述一项得 2 分，少一项扣 2 分，扣完为止			
	是否熟悉自动化 AGV、TOC 技术、区块链、数字化平台等集装箱班轮运输前沿信息技术	10	正确一项得 1 分，错误一处扣 1 分			
通用能力	礼貌、有目光交流、微笑、语言表达流畅	3	仪态不自然、吐字模糊、思路不清晰每项扣 1 分，表述与实际不符扣 1 分			
	对该项目的工作分工阐述清晰	5	符合要求得 2 分，否则酌情扣分			
	对工作过程的阐述清晰正确	3	口述清楚，层次逻辑清晰得 3 分，不符合酌情减分			
	幻灯片美观整洁，风格一致，展示有动画	2	符合要求给 2 分，否则酌情扣分			
	与考官有交流	2	符合要求得 2 分，否则酌情扣分			
总分		100				

课程 7　国际货运商品进出口关务管理

学习任务 1
节能灯具出口关务管理
（40）学时

学习任务 2
山地车进口关务管理
（40）学时

课程目标

学习完本课程后，学生能够应用所学知识和技能，协调各方完成国际商品进出口关务操作业务，养成真诚服务、诚信工作、善于沟通协作、按规范制单和办事等职业素养，养成在报关过程中爱岗敬业的工作态度和良好的职业认同感；研读我国关检融合政策，养成关注关务发展的思维习惯，做好外贸的服务工作。具体要求如下：

1. 能根据出口货物通关的特点和基本环节、货物的特点，与客户及相关部门沟通，办理出境货物（节能灯具）关务；能明确灯具出口要求，准备节能灯具的出口数据资料，能引导学生自主学习、关心时事政策、浏览海关总署官网相关报道和红头文件，收集中美贸易政策资料，正确分析中美贸易摩擦对照明行业的影响，客观看待我国在国际上的经济地位，拓展国际视野，能根据商品编码知识和货物申报要素，为商品归类，找出商品编码；能根据发票、装箱单、托运单、投保单、报关单的填制规范填报相关单证；能根据出口退税政策，为货物办理退税；引导学生崇尚实践，及时获悉最新的关检融合政策，运用整体全局观看待单一窗口平台的实施，妥善处理出口业务，提高业务能力。
2. 能根据进口货物通关的特点和基本环节、货物的特点与客户及相关部门沟通，办理入境货物（山地车）关务；能根据商品编码知识和货物申报要素，为商品归类，找出商品编码；列举反面案例告诫学生审核单证在报关过程中的重要作用，做到不厌其烦、细心细致，并引导学生根据相关规定，正确审核发票、装箱单、投保单、提单、原产地等，培养学生良好的职业素养和爱岗敬业精神；根据报关单的填制规范填报进口报关单；能根据税收制度计算关税税额，缴纳关税。
3. 能够在工作过程中具备展示自我、与客户有效沟通、按规范制单和办事、正确分析和解决问题等能力，遵守职业道德，具备良好的职业素养。

课时：80

课程内容

根据课程目标逐步梳理课程内容：

1. 国际贸易运作的基本流程；

2. 关务相关的贸易单证：发票、合同、装箱单；

3. 商品知识：节能灯具、山地车两类货物的规格型号、性能等；

4. 编码协调制度和进出口商品归类；

5. 出入境检验检疫工作的任务与内容；

6. 一般货物进出口货物通关流程及管理制度；

7. 商检法律法规、海关法律法规；

8. 商检手册、海关手册；

9. 发票、装箱单的填制规范；

10. 进出口报关单的填制规范；

11. 原产地证书的内容和格式；

12. 进出口许可证的申报方法；

13. 海关验货的规则；

14. 进口方式；

15. 进口货物完税价格的审定办法与税率的适用范围；

16. 计算机文件处理技巧；

17. 单一窗口的创新应用；

18. 中美贸易摩擦对照明行业的影响。

学习任务 1　节能灯具出口关务管理

任务描述

学习任务学时：40 课时

任务情境

2019 年 9 月 16 日，广州市银曼照明电器厂接到来自美国洛杉矶华特建筑公司的一份订单。订单要求将 10 000 盏型号为 LD-3.5 的台灯从我国广州出口至美国洛杉矶，并且要在 9 月 30 日前装船。公司报关部主管安排报关员小赖来进行该份订单的出口报关相关业务，填制出口报关单，协同海关验货。我院系建有货运代理实训室，要求学生能在实训室模拟货运代理公司完成该份订单的业务操作。

工作流程和标准

工作环节 1

货物出口相关数据准备

1

1. 接到对灯具的出口关务管理任务后，根据公司的规章制度和出口通关流程，与相关部门沟通，明确灯具出口要求（灯具的品种和型号、工作原理）。引导学生自主学习、关心时事政策、浏览海关总署官网的相关报道和红头文件，收集中美贸易政策资料，正确分析中美贸易摩擦问题对照明行业的影响，拓展国际视野。以 PPT 演示文稿呈现中美贸易摩擦对照明行业的影响，由各小组代表展示。
2. 制订灯具的关务管理计划，向报关部主管汇报，然后准备节能灯具的出口数据资料。
3. 认真了解需要通关的商品的品种、分类，以便准确填写单证资料；确定节能灯具的品种和型号。
4. 分辨节能灯具的性能，掌握节能灯具的工作原理以便回答海关人员的询问。
5. 能根据商品编码知识和货物申报要素，为商品归类，找出节能灯具的商品编码，确定海关监管条件和检验检疫类别。

主要成果：
1. 节能灯产品介绍 PPT；
2. 中美贸易摩擦对照明行业的影响 PPT；
3. 节能灯出口数据资料。

工作环节 2

货物出口报关单证制作

2

1. 请根据出口合同，填制节能灯具的发票。用 PPT 介绍发票的定义及作用、发票包含的要素。
2. 识读装箱单，请根据出口合同和给出的包装规格条件计算这批台灯包装材料的需求量，规范填制装箱单，培养单证员细心的工作品质。
3. 查询货物托运要求，请以中外运广东公司的名义来填制节能灯具的托运单。
4. 根据发票金额和售货合同，准确填写投保单。
5. 请列出出口报关单的填写要求，以广州市银曼照明有限公司报关员的身份认真填写节能灯具的报关单，并互相交换检查，确保报关单填写的正确性与规范性，培养报关员的专业技能。
6. 整理申请办理原产地证需要的相关文件资料，请根据售货合同、发票、装箱单来编制节能灯具的一般原产地证书。

主要成果：
1. 节能灯具的发票；
2. 节能灯具的装箱单；
3. 节能灯具的托运单；
4. 节能灯具的投保单；
5. 节能灯具的报关单；
6. 节能灯具的一般原产地证书。

学习任务1　节能灯具出口关务管理

工作环节3

货物出口报关

3

1. 网上查阅资料，弄懂“关检融合”的定义，获悉最新的关检融合政策，引导学生自主学习、关心时事政策，让学生了解“单一窗口”平台，绘制“单一窗口”报关申报流程图，运用平台进行预报关。
2. 根据节能灯具的商品编码、海关监管条件和检验检疫类别，查阅商检手册、选择商检机构或部门，详细列出出境货物报检的范围。
3. 以节能灯具商品编码为例，熟悉海关进出口商品分类目录的基本结构，完成老师所给出的练习测试题。
4. 根据节能灯具出口流程罗列出口报关单证清单，并根据清单汇总整理相关单证，将单证扫描成电子文档，通过“单一窗口”进行报关申报。

主要成果：
1. 关检融合政策收集资料（以PPT展示）；
2. 有关商品分类目录基本结构的练习测试题；
3. “单一窗口”报关申报流程；
4. 节能灯具出口报关单证清单。

工作环节4

协助海关验货

4

1. 绘制海关验货的流程图，确定海关检查的内容。报关员收到海关出验单后，通知司机把货物拉至海关指定验货地点，协助海关拆包检验。
2. 报关员协助海关验货，回答相关询问。
3. 对已验的节能灯具进行重新封装，海关验货异常情况记录及处理。

主要成果：
1. 海关验货的流程图；
2. 验货通知书；
3. 验货异常情况记录表。

工作环节5

货物放行、退税及报关单证归档

5

1. 认知验讫出口报关单与出口报关单的区别与联系，海关放行后，领取海关验讫出口报关单。
2. 通知码头装船，获取提单。
3. 根据出口退税政策，办理出口退税、获取退税金额。
4. 根据出口关务管理过程中产生的各种单证，分类进行归档，要求归类清晰，方便查阅。

主要成果：
1. 海关验讫出口报关单；
2. 码头装船通知书、提单；
3. 出口退税金额计算过程与计算结果。

学习内容

知识点	1.1 货物出口基本要求； 1.2 货物品种、型号及原理和运输要求； 1.3PPT 基础操作； 1.4 展示的基本礼仪知识； 1.5 商品编码知识和货物申报要素	2.1 发票的定义、作用及要素； 2.2 发票、装箱单填写要求； 2.3 货物托运单、投保单的填写要求； 2.4 报关单填写要求； 2.5 原产地证填写要求
技能点	1.1 查阅合同记录重要信息； 1.2 明确出口要求（灯具的品种和型号、工作原理）； 1.3 关注当前中美贸易政策，收集与分析中美贸易摩擦对照明行业的影响，制作并展示 PPT； 1.4 整理出口数据资料； 1.5 找出节能灯具的商品编码，确定海关监管条件和检验检疫类别	2.1 发票、装箱单规范填写； 2.2 托运单、投保单规范填写； 2.3 报关单规范填写； 2.4 计算货物包装材料的需求量； 2.5 编制节能灯具的一般原产地证书
工作环节	工作环节 1 货物出口相关数据准备	货物出口报关单证制作 工作环节 2
成果	1.1 出口要求（灯具的品种和型号、工作原理）； 1.2 中美贸易摩擦对照明行业的影响 PPT； 1.3 节能灯具的出口数据资料； 1.4 商品编码、海关监管条件和检验检疫类别资料	2.1 节能灯具的发票； 2.2 装箱单； 2.3 节能灯具的托运单； 2.4 投保单； 2.5 节能灯具的报关单； 2.6 节能灯具的一般原产地证书； 2.7 货物托运要求； 2.8 出口报关单的 4 项内容
素养	行业认同感、审美能力、口头表达能力、国际视野	沟通与协调能力、逻辑能力

学习任务 1　节能灯具出口关务管理

3.1 海关税则； 3.2 商检手册、海关法律法规，申报要求； 3.3 报关员的岗位职责； 3.4 关检融合与单一窗口平台； 3.5 出口报关流程步骤	4.1 海关验货的规则及内容； 4.2 报关员的义务； 4.3 对海关验货的应对方法	5.1 海关验讫出口报关单的概念与作用； 5.2 出口报关单证归档的方法； 5.3 出口退税政策
3.1 运用“单一窗口”平台进行预报关； 3.2 查阅商检手册、选择商检机构或部门； 3.3 以节能灯具商品编码为例，熟悉海关进出口商品分类目录的基本结构； 3.4 汇总出口报关的相关单证，如实报关，不弄虚作假	4.1 协助拆包检验操作； 4.2 交流沟通技巧； 4.3 重新封装操作； 4.4 海关验货异常情况记录及处理操作	5.1 识别海关验讫出口报关单，领取放行条； 5.2 通知码头装船操作，获取提单； 5.3 根据退税政策，办理出口退税； 5.4 单证分类进行归档操作

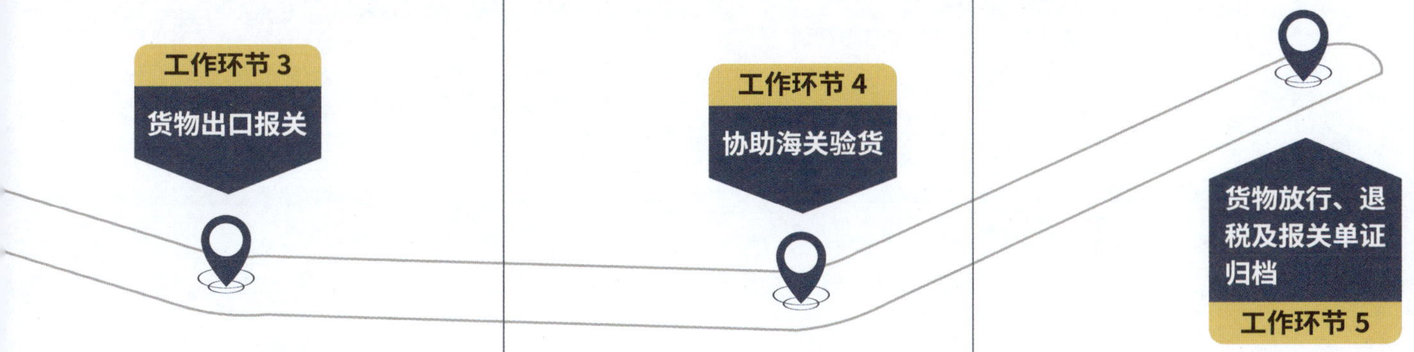

3.1 商检机构或部门的确定； 3.2 单一窗口报关申报流程； 3.3 节能灯具的相关报关单证清单； 3.4 关检融合政策收集资料（以 PPT 展示）； 3.5 商品分类目录的基本结构	4.1 司机把货物拉至海关指定验货地点通知书； 4.2 相关询问表； 4.3 重新封装； 4.4 验货异常情况记录表； 4.5 处理建议书； 4.6 海关验货的流程图； 4.7 海关检查的内容； 4.8 情境脚本	5.1 海关验讫出口报关单； 5.2 码头装船通知书； 5.3 提单； 5.4 退税金额； 5.5 验讫出口报关单与出口报关单的区别与联系； 5.6 退税政策
沟通表达能力	沟通与协调能力、口头表达能力	行业认同感、归纳整理能力

学习任务 1　节能灯具出口关务管理

1 货物出口相关数据准备 → 2 货物出口报关单证制作 → 3 货物出口报关 → 4 协助海关验货 → 5 货物放行、退税及报关单证归档

货物出口相关数据准备

工作子步骤	教师活动	学生活动	评价
整理数据资料	1. 将学习任务引入课程。 2. 发放合同资料，提出学习规则，观察指导学生完成重要信息的记录整理。 3. 引导学生填写灯具的出口要求（灯具的品种和型号、工作原理）。 4. 介绍演示 PPT 制作技巧，观察指导。 5. 发放任务，明确任务要求及提出学习规则，引导学生关注当前中美贸易政策，拓展国际视野，收集与分析中美贸易摩擦对照明行业的影响，结果通过 PPT 来呈现。 6. 组织学生进行小组 PPT 展示汇报并组织学生互评。 7. 引导学生整理节能灯的出口数据。 8. 介绍商品编码的相关知识，引导学生查找节能灯具的商品编码、海关监管条件和检验检疫类别。 9. 组织学生对整个工作任务环节的成果进行点赞评价	1. 听讲任务描述，独立阅读相关知识并做好要点记录，填写工作页。 2. 运用关键词法学习查阅合同信息，根据业务要求记录好相关信息。 3. 根据公司的规章制度和出口通关流程，以便与相关部门沟通，明确灯具的出口要求（灯具的品种和型号、工作原理）。 4. 利用学习资源独自熟练 PPT 的操作，记录问题。 5. 学生以小组为单位，利用网络搜集资料，收集中美贸易政策资料，正确分析中美贸易摩擦对照明行业的影响，整理资料，制作 PPT 并展示汇报。 6. 其他组学生认真听演示小组的汇报与展示并且提问，被抽中的学生 1 和学生 2 对汇报内容进行点评，其他学生做记录，可补充点评。 7. 根据合同与托运需求，整理节能灯具的出口数据。 8. 根据商品编码知识和货物申报要素，为商品归类，找出节能灯具的商品编码，确定海关监管条件和检验检疫类别。 9. 点赞评价其他小组的成果	1. 根据评价标准小组互相评价。 2. 教师对小组展示进行综合性点评。 3. 抽点学生进行评价，其他学生要做好记录，补充点评。 4. 学生对记录整理资料展示及信息记录表进行点赞评价

课时： 8 课时
1. 硬资源：网络实训室（多媒体设备）、电话机等。
2. 软资源：Microsoft Office 软件、工作页、PPT 内容（货物出口要求、商品编码相关知识以及 PPT 操作等）、学习参考、互评评价标准等。
3. 教学设施：投影、白板、A4 纸、卡片纸等

基准学时：40

1 货物出口相关数据准备 → 2 货物出口报关单证制作 → 3 货物出口报关 → 4 协助海关验货 → 5 货物放行、退税及报关单证归档

	工作子步骤	教师活动	学生活动	评价
货物出口报关单证制作	制作单证	1. 以提问方式引入工作任务，提出独自学习的规则，抽点学生回答。 2. 举例讲解各种单证的作用，组织学生运用餐垫法学习规则，并展示成果。 3. 发放单证填写资料，提出学习规则，抽点学生回答。 4. 组织学生分小组运用学习工作站法填写单证，运用旋转木马法点评，提出学习规则。 5. 观察指导学生完成计算货物包装材料的需求量并展示，点赞评价。 6. 展示点评，回答学生的问题。 7. 抽点学生 1 展示。 8. 抽点学生 2 点评，其他学生做好记录，补充点评	1. 运用关键词法独自学习发票的定义、作用及要素。 2. 听讲并做好记录，填写工作页。 3. 分小组运用餐垫法完成填写各种单证的要求。 4. 运用学习工作站法进行单证的填写，运用旋转木马法点评。 5. 阅读材料，运用关键词法独自学习计算货物包装材料的需求量的方法。 6. 展示计算方法，被抽中的学生 1 展示方法，被抽中的学生 2 点评，其他学生做记录，可补充点评	1. 教师对抽点学生回答问题进行综合评。 2. 根据评价标准相互评价成果展示，教师点评。 3. 教师对抽点学生回答问题进行评价。 4. 成果展示，利用点赞评价。 5. 旋转木马法点评。 6. 抽点学生进行评价，其他学生要做记录，补充点评

课时： 12 课时

1. 硬资源：网络实训室（多媒体设备）等。
2. 软资源：Microsoft Office 软件、学习材料、工作页、单证、PPT 内容（发票的定义、作用及要素，各种单证的作用、内容）、参考教材、互评评价标准等。
3. 教学设施：投影、白板、大头笔、大白纸等

	工作子步骤	教师活动	学生活动	评价
货物出口报关	报关操作	1. 以提问方式引入工作任务，提出独自学习的规则，要求学生完成“单一窗口”报关申报流程，关检融合政策收集资料（以 PPT 展示）。 2. 提出独自学习的规则，抽点学生回答。 3. 提出独自学习的规则，引导学生查阅商检手册、选择商检机构或部门，详细列出境货物报检的范围。 4. 以节能灯具商品编码为例，引导学生学习进出口商品分类目录的基本结构，并提出学习规则，抽点学生展示回答并进行综合评价。 5. 观察指导学生完成报关单填写，汇总需提交的相关单证。	1. 网上查阅资料，弄懂“关检融合”的定义，获悉最新的关检融合政策，自主学习、关心时事政策；了解“单一窗口”平台，制作 PPT，运用平台进行预报。 2. 通过网上搜索资料，了解海关税则、商检手册、海关法律法规、申报要求以及报关与的岗位职责。 3. 根据节能灯具的商品编码、海关监管条件和检验检疫类别，查阅商检手册、选择商检机构或部门，详细列出境货物报检的范围。 4. 运用关键词法利用学习资源独自学习海关进出口商品分类目录的基本结构、报关员的岗位职责，并通过分组形式讨论汇总，派代表回答。 5. 听讲并做好记录，填写工作页。	1. 教师抽查点评。 2. 学生根据评价标准相互评价成果。 3. 学生对展示操作进行点评，教师综合评价

学习任务 1　节能灯具出口关务管理

1 货物出口相关数据准备 → 2 货物出口报关单证制作 → 3 货物出口报关 → 4 协助海关验货 → 5 货物放行、退税及报关单证归档

	工作子步骤	教师活动	学生活动	评价
货物出口报关	报关操作	6. 组织学生交换成果，根据评价标准进行互评	6. 汇总相关的单证操作，扫描成电子文档，通过“单一窗口”进行报关申报，被抽中的学生 1、2 展示，被抽中的学生 3、4 点评，其他学生做记录，可补充点评	
货物出口报关	**课时：** 12 课时 1. 硬资源：网络实训室（多媒体设备）等。 2. 软资源：Microsoft Office 软件、学习材料、工作页、PPT 内容、参考教材、互评评价标准等。 3. 教学设施：投影、白板、大头笔、大白纸等			
协助海关验货	验货操作	1. 以提问方式引入工作任务，提出独自学习的规则，抽点学生回答。 2. 举例讲解海关验货的应对方法，协助拆包检验操作，交流沟通技巧，并提出学习的规则，抽点学生展示回答并综合评价。 3. 观察指导学生完成出境货物异常情况处理方法。 4. 组织学生交换成果，根据评价标准进行互评	1. 运用关键词法利用学习资源独自学习海关验货的规则及内容、报关员义务，并分组讨论，汇总后派代表回答。 2. 听讲并做好记录，填写工作页。 3. 汇总海关验货异常情况，被抽学生 1、2 展示，被抽学生 3、4 点评，其他学生要做好记录，可补充点评。 4. 以图形呈现出境货物异常情况处理方法	1. 教师抽查点评。 2. 学生根据评价标准相互评价成果。 3. 学生对展示操作进行点评，教师综合评价
协助海关验货	**课时：** 4 课时 1. 硬资源：网络实训室（多媒体设备）等。 2. 软资源：.Microsoft Office 软件、学习材料、工作页、PPT 内容、参考教材、互评评价标准等。 3. 教学设施：投影、白板、大头笔等			

基准学时：40

1 货物出口相关数据准备 → 2 货物出口报关单证制作 → 3 货物出口报关 → 4 协助海关验货 → 5 货物放行、退税及报关单证归档

货物放行、退税及报关单证归档

工作子步骤	教师活动	学生活动	评价
单证归档操作	1. 以提问方式引入工作任务，提出独自学习的规则，抽点学生回答。 2. 引导学生学习出口退税政策，找出退税率，抽点学生计算退税金额。 3. 举例讲解出口报关单证归档的方法，领取单证操作等相关知识并提出学习的规则，抽点学生展示回答并综合评价。 4. 观察指导学生完成报关单分类归档资料，组织学生交换成果，根据评价标准进行互评	1. 运用关键词法利用学习资源独自学习海关验讫出口报关单的概念与作用，通过分组形式讨论，汇总代表回答。 2. 自觉查找出口退税政策，根据节能灯具的退税率，计算退税金额，接受教师的指导与抽查。 3. 听讲并做好记录填写工作页。 4. 汇总相关单证进行归档操作，被抽中的学生 1、2 展示，被抽中的学生 3、4 做点评，其他学生做好记录，可补充点评。 5. 分类归档资料互评	1. 教师抽点评价。 2. 学生根据评价标准相互评价成果。 3. 学生对展示操作进行点评，教师综合评价

课时： 4 课时

1. 硬资源：网络实训室（多媒体设备）等。
2. 软资源：Microsoft Office 软件、学习材料、工作页、PPT 内容（出口报关单证归档的方法、领取单证操作等相关知识）、参考教材、互评评价标准等。
3. 教学设施：投影、白板、大头笔、大白纸等

学习任务 2　山地车进口关务管理

任务描述

学习任务学时：40 课时

任务情境

2019 年 9 月 26 日，广州市飞跃娱乐有限公司向法国巴黎雷德曼山地车有限公司订购 500 辆型号为 SD-26A 的山地车。要求在 2019 年 10 月 15 日前从法国马赛港装船，目的港为广州黄埔港。我院系建有货运代理实训室，学生能在实训室模拟货运代理公司完成该份订单的业务操作。

工作流程和标准

工作环节 1　货物进口相关数据准备

1. 请查阅合同全文，找出主要条款范畴。
2. 分辨山地车的性能，掌握山地车的工作原理以便回答海关人员的询问；列出合同所描述的山地车信息，归纳山地车的工作原理。
3. 获取山地车交易的商业数据。

主要成果：
1. 货物进口合同；
2. 山地车的性能汇总表。

工作环节 2　审核货物进口报关单证

1. 请将英文版信用证翻译成中文版后，找出重要信息，并填写在信息表格中。
2. 请根据信用证和合同条款，审核进口报关单证与信用证是否相符，做到单证相符、单单相符。发票、装箱单的审核，做好问题记录；海运提单和运输保险单的审核，做好问题记录；原产地证书的审核，做好问题记录。举反面案例告诫学生审核单证在报关过程的重要性，应做到不厌其烦、细心细致；并引导学生根据相关规定，正确审核发票、装箱单、投保单、提单、原产地等，培养学生良好的职业素养和爱岗敬业精神。
3. 归纳总结审核单证的重要性。

主要成果：
1. 中文版信用证；
2. 单证审核记录表。

工作环节 3　货物进口报关

1. 分析常见的 6 种监管方式，填写监管方式对比分析表。
2. 根据任务情境，确定进口货物（山地车）的监管方式，确定征免性质。
3. 请依据提供的山地车申报要素，登录全关通或海搜网或者查阅海关税则，确定山地车的归类和商品编码。
4. 查阅海关税则，确定山地车监管条件，按要求办理进口手续。
5. 你作为广州市飞跃娱乐有限公司的报关员，请撰写山地车的进口报关单。
6. 汇总并提交相关报关单证。
7. 归纳总结，绘制入境货物进口报关流程图。

主要成果：
1. 6 种监管方式的对比表；
2. 山地车的进口报关单；
3. 入境货物进口报关流程图。

工作环节 4

协助海关验货

4

1. 报关员收到海关检验单后，通知司机把货物拉至海关指定验货地点，协助海关拆包检验。
2. 报关员协助海关验货，回答相关询问。
3. 对已检验的山地车进行重新封装、异常情况记录，列举异常情况处理方法。

主要成果：
1. 验货异常情况记录表；
2. 异常情况处理方法汇总表。

工作环节 5

缴纳关税与报关单证归档

5

1. 请查阅资料，整理缴纳关税相关要求（提交电子文档）。
2. 计算关税和进口环节税，并向海关缴纳税费。
3. 海关征收关税并允许放行后，打印通关放行条交给船公司。
4. 凭海运提单正本或者使用海运提单正本换取提货单，到码头提货。
5. 根据进口关务管理过程中产生的各种单证，制作进口报关单证清单，并将单证分类归档，要求归类清晰，方便查阅。

主要成果：
1. 缴纳关税相关要求；
2. 进口关税和进口环节税的计算过程及计算结果；
3. 通关放行条；
4. 进口报关单证清单。

学习内容

知识点	1.1 合同内容； 1.2 货物品种、型号及原理； 1.3 货物相关数据文件； 1.4 展示的基本礼仪知识	2.1 信用证相关知识（信用证结算下的国际贸易进出口流程、类型、内容）； 2.2 单证审核须知：单单相符、单证相符； 2.3 商务英语基础
技能点	1.1 查阅合同记录主要条款范畴 1.2 回答问题技巧； 1.3 整理进口商业数据资料； 1.4 展示演示文稿	2.1 翻译信用证，填写重要信息表； 2.2 认真审核发票、装箱单，填写问题记录表； 2.3 认真审核投保单、提单、原产地证书，填写问题记录表； 2.4 归纳审核单证的重要性
工作环节	工作环节 1 货物进口相关数据准备	审核货物进口报关单证 工作环节 2
成果	1.1 山地车的性能汇总表； 1.2 合同所描述的山地车信息表； 1.3 主要条款范畴； 1.4 山地车的工作原理； 1.5 山地车交易的商业数据表	2.1 重要信息表； 2.2 单证与信用证是否相符的问题记录表； 2.3 中文翻译版信用证； 2.4 审核单证的重要性内容归纳
素养	行业认同感、审美能力、口头表达能力	沟通与协调能力、爱岗敬业

学习任务 2　山地车进口关务管理

3.1 货物进口报关流程； 3.2 监管方式、征免性质； 3.3 商品的归类、商品编码构成； 3.4 货物进口报关单的填写要求	4.1 海关验货的规则及内容； 4.2 验货中的报务员义务； 4.3 对海关验货的应对方法	5.1 关税和进口环节税； 5.2 通关放行条； 5.3 海运提单与海关提单副本的概念； 5.4 进口报关单证归档的方法
3.1 学习监管方式，填写 6 种监管方式的对比表； 3.2 登录全关通或海搜网或者查阅海关税则，确定山地车的归类和商品编码； 3.3 规范填写进口报关单； 3.4 汇总并提交相关报关单证，绘制入境货物进口报关流程图	4.1 协助拆包检验操作； 4.2 交流沟通技巧； 4.3 重新封装操作； 4.4 海关验货异常情况记录及处理操作	5.1 计算关税和进口环节税，并向海关缴纳税费； 5.2 打印通关放行条； 5.3 换单，到码头提货操作； 5.4 对单证分类，并进行归档
工作环节 3 **货物进口报关**	**工作环节 4** **协助海关验货**	**缴纳关税与报关单证归档** **工作环节 5**
3.1 6 种监管方式的对比表； 3.2 山地车的归类和编码的确定； 3.3 山地车的进口报关单； 3.4 相关报关单证； 3.5 入境货物进口报关流程图	4.1 相关询问表； 4.2 验货异常情况记录表； 4.3 异常情况处理方法汇总表	5.1 进口关税和进口环节税的金额； 5.2 通关放行条； 5.3 关税相关要求； 5.4 海运提单正本与海运提单副本的区别与作用（提交电子文档）； 5.5 单证归档资料汇总表
沟通表达能力	沟通与协调能力、口头表达能力	行业认同感、归纳整理能力

课程 7　国际货运商品进出口关务管理

学习任务 2　山地车进口关务管理

1 货物进口相关数据准备 → 2 审核货物进口报关单证 → 3 货物进口报关 → 4 协助海关验货 → 5 缴纳关税与报关单证归档

	工作子步骤	教师活动	学生活动	评价
货物进口相关数据准备	整理数据资料	1. 将学习任务引入课程。 2. 发放任务，明确任务要求并提出学习规则，演示 PPT 制作技巧，观察指导，抽点学生演示操作，回答学生遇到的问题。 3. 组织学生进行小组 PPT 展示汇报并组织学生点评。 4. 发放合同资料，提出学习规则，观察指导学生完成重要信息的记录整理。 5. 组织学生进行点赞，评价成果	1. 听讲任务描述，独立阅读相同内容并做好要点记录，填写工作页。 2. 利用学习资源独自熟练演示文稿的操作，记录问题。 3. 以小组为单位，根据业务要求进行资料整理、PPT 展示并汇报。 4. 认真听展示提问，被抽学生 1 和学生 2 点评，其他学生做好记录，可补充点评。 5. 运用关键词法学习查阅合同信息。 6. 根据业务要求记录好相关信息	1. 根据评价标准小组互相评价。 2. 教师对小组展示进行综合性点评。 3. 抽点学生进行评价，其他学生做好记录，补充点评。 4. 学生对记录整理资料展示及信息记录表进行点赞评价

课时： 8 课时

1. 硬资源：网络实训室（多媒体设备）、电话机等。
2. 软资源：Microsoft Office 软件、工作页、PPT 内容（货物进口要求、数据整理方法以及 PPT 操作等）、学习参考教材、互评评价标准等。
3. 教学设施：投影、白板、A4 纸、卡片等

	工作子步骤	教师活动	学生活动	评价
审核货物进口报关单证	审核单证	1. 以提问方式引入工作任务，提出独自学习的规则，抽点学生回答。 2. 举例讲解审核发票、装箱单、投保单和提单、原产地证书的作用，组织学生运用学习工作站法学习规则，并展示成果。 3. 发放资料，提出学习规则，抽点学生回答。 4. 组织学生分小组运用餐垫法记录问题，旋转木马法点评，提出学习规则。 5. 展示点评，回答学生的问题，抽点学生 1 展示，抽点学生 2 点评，其他学生做好记录，补充点评。 6. 举反面案例告诫学生审核单证在报关过程中至关重要，应做到不厌其烦、细心细致；并引导学生根据相关规定，正确审核发票、装箱单、投保单、提单、原产地等	1. 运用关键词法独自学习信用证、单证审核须知的相关知识。 2. 听讲并做好记录，填写工作页。 3. 分小组运用学习工作站法完成审核发票、装箱单、投保单、提单、原产地的操作，运用餐垫法记录问题，旋转木马法点评。 4. 归纳总结展示，被抽学生 1 展示方法，被抽学生 2 点评，其他学生要做记录，可补充点评。 5. 听教师举例分析审核单证造成的后果，总结审核单证的重要性	1. 教师抽点学生回答问题，进行综合评价。 2. 根据评价标准相互评价成果展示，教师点评。 3. 成果展示，利用点赞评价。 4. 旋转木马法点评。 5. 抽点学生进行评价，其他学生做好记录，补充点评

课时： 12 课时

1. 硬资源：网络实训室（多媒体设备）等。
2. 软资源：Microsoft Office 软件、学习材料、工作页、单证、PPT 内容（审核发票、装箱单、投保单和提单、原产地的作用）、参考教材、互评评价标准等。
3. 教学设施：投影、白板、大头笔、大白纸等

1 货物进口相关数据准备 → 2 审核货物进口报关单证 → 3 货物进口报关 → 4 协助海关验货 → 5 缴纳关税与报关单证归档

	工作子步骤	教师活动	学生活动	评价
货物进口报关	报关操作	1. 以提问方式引入工作任务，提出独自学习的规则，抽点学生回答。 2. 举例列表介绍常见的监管方式。 3. 举例讲解货物进口报关单的填写要求，介绍全关通或海搜网等工具网站，查阅海关手册操作，确定货物归类、编码，并提出学习规则，抽点学生展示回答并综合评价。 4. 观察指导学生完成进口报关单填写，汇总需提交的相关单证。 5. 组织学生交换成果，根据评价标准进行互评	1. 听讲，学习监管方式。 2. 运用关键词法利用学习资源独自学习海关法律法规、申报要求，并通过分组形式讨论汇总派代表回答。 3. 登录全关通或海搜网或者查阅海关税则，确定山地车的归类和商品编码。 4. 填写进口报关单。 5. 汇总相关的单证操作，被抽中学生 1、2 展示，被抽学生 3、4 点评，其他学生做好记录，可补充点评。 6. 学习进口报关流程图，并以图形呈现入境货物进口报关流程	1. 教师抽点评价。 2. 学生根据评价标准相互评价成果。 3. 学生对展示操作进行点评，教师综合评价
	课时：12 课时 1. 硬资源：网络实训室（多媒体设备）等。 2. 软资源：Microsoft Office 软件、学习材料、工作页、PPT 内容（货物进口报关单的填写要求，查阅海关手册操作，确定货物归类、编码）、参考教材、互评评价标准等。 3. 教学设施：投影、白板、大头笔、大白纸等			
协助海关验货	验货操作	1. 以提问方式引入工作任务，提出独自学习的规则，抽点学生回答。 2. 举例讲解海关验货的应对方法，协助拆包检验操作，交流沟通技巧。 3. 提出学习规则，抽点学生展示回答并综合评价。 4. 观察指导学生学习出境货物异常情况处理方法。 5. 组织学生交换成果，根据评价标准进行互评	1. 运用关键词法利用学习资源独自学习海关验货的规则及内容、报关员义务，并通过分组形式讨论汇总，派代表回答。 2. 听讲并做好记录，填写工作页。 3. 汇总海关验货异常情况，被抽中的学生 1、2 展示，被抽中的学生 3、4 点评，其他学生做好记录，可补充点评	1. 教师抽点评价。 2. 学生根据评价标准相互评价成果。 3. 学生对展示操作进行点评，教师综合评价
	课时：4 课时 1. 硬资源：网络实训室（多媒体设备）等。 2. 软资源：Microsoft Office 软件、学习材料、工作页、PPT 内容（海关验货的应对方法、协助拆包检验操作、交流沟通技巧等相关知识）、参考教材、互评评价标准等。 3. 教学设施：投影、白板、大头笔、大白纸等			

学习任务 2　山地车进口关务管理

1 货物进口相关数据准备 → 2 审核货物进口报关单证 → 3 货物进口报关 → 4 协助海关验货 → 5 缴纳关税与报关单证归档

缴纳关税与报关单证归档

工作子步骤	教师活动	学生活动	评价
缴纳关税单证归档操作	1. 以提问方式引入工作任务，提出独自学习规则，抽点学生回答。 2. 举例讲解关税和进口环节税等相关知识并提出学习规则，抽点学生展示回答并综合评价。 3. 介绍缴纳关税海关放行后，可打印海关放行条，引导学生查找海关放行条的样例以及区分海运提单正本与海运提单副本的区别与作用，并观察指导。 4. 观察指导学生完成换单、到码头提货操作，组织学生进行点评。 5. 交换成果，根据评价标准进行互评	1. 运用关键词法利用学习资源独自学习海关税收规则、关税和进口环节税，分组讨论汇总后派代表回答。 2. 计算关税和进口环节税，并向海关缴纳税费，接受教师的抽查。 3. 网络搜索海关放行条样例、海运提单正本与海运提单副本的区别与作用。 4. 听讲并做好记录，填写工作页。 5. 以小组形式进行角色模拟，放行后换单，到码头提货操作。 6. 汇总相关的单证进行归档操作，被抽学生 1、2 展示，被抽学生 3、4 点评，其他学生做好记录，可补充点评。 7. 分类归档资料，互评	1. 教师抽点评价。 2. 学生根据评价标准相互评价成果。 3. 学生对展示操作进行点评，教师综合评价

课时：4 课时

1. 硬资源：网络实训室（多媒体设备）等。
2. 软资源：Microsoft Office 软件、学习材料、工作页、PPT 内容、参考教材、互评评价标准等。
3. 教学设施：投影、白板、大头笔、大白纸等

基准学时：40

考核标准

情境描述

2019 年 6 月 1 日，农垦集团进出口有限公司接到来自德国雷曼斯特有限公司的一份订单，订单要求将 1000 台型号为 UX-16 的具有录制功能的数字化视频光盘 (DVD)，从我国广州出口至德国汉堡，并且要在 6 月 30 日前装船。作为该公司的报关员，你跟进该份订单的出口关务，填制出口报关单，协同海关验货，并将证归档。

任务要求

1. 根据情境描述的情况，描述出口报关流程；
2. 描述关检融合的相关内容；
3. 描述出口的单证；
4. 规范、正确填制出口报关单、装箱单；
5. 按规定模拟完成货物出口报关操作，使货物顺利到达国外客户手中。

参考资料

回答上述问题时，可以使用所有的常见教学资料，如工作页、教材、个人笔记等。

评价方式

由任课教师实施考核评价，取所有考核人员评分的平均分为学生考核成绩。如果有笔试、实操等多种类型考核内容的，还需说明分数占比或分值计算方式。

考核评分表

班级		小组		学生姓名	
考核部分	评分项目		分值	得分	合计
第一部分：实操技能（50 分）	商品的 HS 编码填写，报关单的填写		25		
	准备相关单证，填写装箱单		25		
第二部分：提问、成果展示（50 分）	随机抽题 1		5		
	随机抽题 2		5		
	礼貌、有目光交流、微笑、语言表达流畅		5		
	对该项目的工作分工阐述清晰		5		
	对工作过程的阐述清晰正确		5		
	幻灯片美观整洁，风格一致，展示有动画		5		
	PPT 有片头片尾		5		
	与考官有交流		5		
	了解关务最新政策、关检融合新动向		5		
	符合报关员的岗位规范		5		
合计			100		

课程 8　船舶代理操作

学习任务 1
船舶抵港代理操作
（50）学时

→

学习任务 2
船舶离港代理操作
（30）学时

课程目标

学习完本课程后，学生能够应用所学，协调各方完成海运船舶代理业务，养成真实服务、诚实守信、善于沟通协作、按规范制单和办事等职业素养，并且能在船舶代理相关工作中做到遵纪守法，诚实守信；保守秘密，确保安全；爱岗敬业，务实发展。具体要求如下：

1. 能读懂任务书，分析任务书的要求，与客户进行专业而又有效的沟通，耐心听取客户需求，记录沟通中的关键内容，利用所掌握的业务知识和营销技巧向客户推介本公司的服务。
2. 能够与客户愉快地沟通，确定代理费用，根据法律法规、港口规定及港口的实际情况等审核客户委托书或撰写船舶代理协议，与客户建立船舶代理关系。
3. 能够根据船舶代理协议和客户某航次船舶运营要求，在船舶抵港前，规范填制船舶进口岸申报单证，向“一关三局”办理船舶进口岸联检申报手续。
4. 能够在船舶抵港后，根据实际情况撰写报告，发送给相关部门；并为客户办理其他委办事项。
5. 能够根据船舶运行情况，在船舶离港之前，按照规范填制各种船舶出口岸申报单证，向“一关三局”办理船舶出口岸联检申报手续。
6. 能够在船舶离港后，制作离港报告并发送给客户，并根据委托方的要求及时传送或寄送相关单证和文件，需保证单证文件资料的完整性和准确性，努力学习各项手续的申报方式，务必做到求真务实，严格按照相关规定和要求进行工作，为船舶代理相关工作尽职尽责。
7. 能够准确描述船舶代理业务的内容和船舶代理相关岗位的职责，归纳工作过程中的注意事项，正确处理异常事项，根据工作完成情况撰写工作（学习）总结报告，并提交给教师。
8. 能够在工作过程中具备展示自我、与客户进行友善而又友善的沟通、按规范制单和办事、正确分析和解决问题等能力，做到公平公正，同时遵守职业道德，具备良好的敬业精神。

课时：80

课程内容

根据课程目标逐条梳理学习内容：

1. 国际船舶代理的概念、业务范围和关系类别；
2. 代理费支付标准；
3. 代理协议的一般格式和撰写要求；
4. 船舶代理营销的业务流程和技巧；
5. 备用金的概念与分类、统计；
6. 备用金索汇函电的一般格式和内容及撰写注意事项；
7. 船舶进口岸申报单证的名称、格式内容和制作规范；
8. 船舶进口岸联检申报手续（流程）；
9. 船舶抵港报告、船舶在港动态报告、装卸准备就绪通知书等的一般格式和撰写方法；
10. 船舶装卸时间事实记录要点；
11. 船方在港期间可委办各事项的类型及其办理方法（程序）和相关知识；
12. 船舶出口岸申报单证的名称、格式内容和制作规范；
13. 船舶出口岸联检申报手续（流程）；
14. 船舶离港报告的一般格式和撰写方法；
15. 学习心得撰写的要求和方法。

学习任务 1　船舶抵港代理操作

任务描述

学习任务学时：**50** 课时

任务情境

中国国际船务代理公司广州分公司欲与阳光航运公司就“SUNSHINE”号班轮建立长期代理关系，为期 2 年，从 2014 年 1 月至 2016 年 1 月，如合作愉快，将继续合作。该船代的营销员胡 ×，与阳光航运公司陈 × 经理洽谈签订长期代理协议的相关事宜。在建立长期代理关系期间，你作为该船代的工作人员，请根据委托人阳光航运公司的每航次船舶代理任务要求，估算备用金，以备缴纳港口使费之需。阳光航运公司发函，“SUNSHINE”号班轮将于 2014 年 1 月 15 日在日本横滨港载货，20 日到达广州南沙港。该轮 17 000 t，船总长 179.89 m，船籍为英国利物浦，预计于 20 日 17：00 抵达南沙港。该船舶的吨税有效期为 90 日，为了加快船舶的货物装卸速度，采取了加夜班方式。进出港将使用 5 000 kW 的拖轮，使用了 16 个小时，船舶在锚地停留了 2 天，在港口码头停留了 5 天。船舶的检验检疫费 4 500 元，交通和通信费 2 000 元，垃圾处置费 2 000 元，其他费用 3 000 元。

我院货运代理项目基地与中国船务广州分公司是校企合作关系。公司经考虑认为我院货代基地有条件和能力完成此项目的工作，故决定将业务委派给我们基地。基地负责教师与学生接受任务后，着手开展相应的业务工作。

船舶代理操作

工作流程和标准

工作环节 1

接受客户委托

1

1. 接收并阅读学习任务书，抓住关键的信息点，分析任务要求，并记录在工作页的相关内容中；模拟客户委托现场，要求学生耐心听取客户需求，记录沟通中的关键内容，利用所掌握的业务知识和营销技巧向客户推介本公司的服务。
2. 明确国际船舶代理人的概念、作用和业务内容，以及船舶代理关系的类型，回答工作页中的相关问题。
3. 查阅资料，了解船舶抵港代理操作流程（手续），画出业务流程图，明确工作要点，编写一份业务流程说明书（解释业务流程中各环节的主要任务和工作内容）。
4. 扮演中国国际船代业务员，认真学习相关业务知识，加快制作 PPT 文稿进度，向客户推介本公司代理服务的特点。
5. 接受和审核客户委托书，与客户愉快地沟通、确定代理费用，并撰写船舶代理协议，双方签字确认，建立船舶代理关系。

主要成果：

1. PPT 演示文稿（接收任务要点、沟通技巧）；
2. PPT 演示文稿（船舶代理人的概念、作用和业务内容，船舶代理关系）；
3. 业务流程图；
4. 客户委托书；
5. 船舶代理协议。

工作环节 2

估算备用金

2

1. 明确备用金的概念和分类，在工作页中填写备用金的支出项目清单，并阐述各支出项目的含义。
2. 根据船舶代理协议和客户某航次船舶运营需求，及有关港口单位的收费要求，正确估算备用金，写出计算过程和计算结果。
3. 套用备用金索取信函模板，撰写和发送邮件，礼貌地向客户索取备用金，并取得客户回复确认。

主要成果：

1. 备用金支出项目清单；
2. 备用金计算过程和结果；
3. 备用金索取信函。

工作环节 3

办理船舶进口岸申报手续

3

1. 根据客户某航次船舶运行情况，按照规范填制总申报单、货物申报单、船用物品申报单、船员名单、旅客名单，向海事局申报船舶进港。
2. 根据客户某航次船舶运行情况，按照规范填制国际航行船舶进口岸申请书、进口舱单等，向海关申报船舶进港。
3. 根据客户某航次船舶运行情况，按照规范填制登陆申请书、航海健康申报书等，向检验检疫总局申报船舶进港。
4. 根据客户某航次船舶运行情况，按照规范填制船舶概况报告单、船舶吨位申报单等，向边防申报船舶进港。
5. 联检申报结束后，协助确定好泊位和船舶的装卸作业计划，通知船舶进港。
6. 以时间为节点，概括各阶段海关进口手续（流程）。

主要成果：

1. 总申报单；
2. 货物申报单；
3. 船用物品申报单；
4. 船员名单；
5. 旅客名单；
6. 国际航行船舶进口岸申请书、进口舱单；
7. 登陆申请书、航海健康申报书；
8. 船舶概况报告单、船舶吨位申报单；
9. 各阶段海关进口手续（流程）。

工作环节 4

办理船舶在港外勤业务

4

1. 查阅资料，罗列船舶在港可能需要船代协助办理的业务内容及各项业务操作的大致流程（手续），并记录在工作页中的相关位置上。
2. 船舶抵港后，根据实际情况撰写船舶抵港报告，向港务局发送装卸准备就绪通知书；同时对外发布船舶在港动态报告。
3. 根据船舶卸货情况，认真填写装卸时间事实记录，交相关方进行审查。
4. 根据船舶代理协议（合同），按照相关规定，填写相关业务申请书，为客户办理包括船舶加油、加水、办理吨税、排放压舱水、船长借支等在内的其他委办事项。

主要成果：

1. 业务操作流程；
2. 船舶抵港报告；
3. 装卸准备就绪通知书；
4. 船舶在港动态报告。

工作环节 5

评价与总结

5

1. 展示整个工作过程所产生的工作 / 学习成果，进行三方评价（自我评价、小组评价、教师评价），填写相关学习评价表，并提交给教师进行汇总。
2. 根据学习情况，学生做自我总结，提交一份 300 字以上的总结报告。

主要成果：

1. 学习评价表；
2. 总结报告。

学习内容

知识点	1.1 国际船舶代理人的概念、作用和业务内容； 1.2 船舶代理关系的类型； 1.3 船舶抵港代理操作流程	2.1 船舶代理协议的类型和内容； 2.2 客户委托书的格式和内容； 2.3 市场营销的途径和技巧	3.1 备用金结算原则； 3.2 备用金的概念和分类； 3.3 备用金的支出项目及含义； 3.4 备用金索取信函模板知识
技能点	1.1 解读任务书，记录关键信息点； 1.2 填写工作页内容； 1.3 制作船舶抵港代理操作流程图； 1.4 编写流程说明； 1.5 分组制作介绍本公司代理服务 PPT； 1.6 PPT 展示与讲解	2.1 接受和审核客户委托书； 2.2 核对代理费用； 2.3 撰写船舶代理协议； 2.4 建立船舶代理关系	3.1 填写备用金的支出项目清单； 3.2 估算备用金，写出计算过程和计算结果； 3.3 撰写备用金索取信函； 3.4 发送备用金索取信函给客户进行确认
 工作环节	工作环节 1 接受客户委托		工作环节 2 估算备用金
成果	1.1 业务流程图； 1.2 业务流程说明书； 1.3 演示 PPT； 1.4 要点与注意事项列表	2.1 客户委托书； 2.2 船舶代理协议	3.1 备用金支出项目清单； 3.2 备用金计算过程和计算结果； 3.3 备用金索取信函
素养	文档编辑能力、绘图能力、健全人格、口头表达能力、风险意识		自主学习能力、计算能力、外语应用能力

学习任务 1　船舶抵港代理操作

4.1 船舶进口岸申报单证认知； 4.2 海事局船舶进口申报流程； 4.3 海关船舶进口申报流程； 4.4 边防站船舶进口申报流程； 4.5 检验检疫总局船舶进口申报流程	5.1 船舶抵港报告的内容和要素； 5.2 装卸准备就绪通知书的内容和要点； 5.3 船舶在港动态报告的内容和要点； 5.4 装卸时间事实记录的内容和要点； 5.5 船舶在港业务事项及办理方法	6.1 评价的内容和意义； 6.2 书写心得的必要性； 6.3 学习心得构成和要求
4.1 规范填制货物申报单等单证向海事局申报船舶进港； 4.2 规范填制进口舱单等单证向海关申报船舶进港； 4.3 规范填制航海健康申报书等，向检验检疫总局申报船舶进港； 4.4 规范填制船舶概况报告单等，向边防申报船舶进港； 4.5 协助确定好泊位和船舶的装卸作业计划； 4.6 概括各阶段海关进口手续（流程）	5.1 罗列船舶在港可能需要船代协助办理的业务内容及各项业操作的大致流程（手续）； 5.2 填写工作页相关内容； 5.3 撰写船舶抵港报告； 5.4 撰写并发送装卸准备就绪通知书； 5.5 撰写并发布船舶在港动态报告； 5.6 填写装卸时间事实记录； 5.7 填写其他委办业务的申请书	6.1 学习成果展示； 6.2 进行三方评价（自我评价、小组评价、教师评价）； 6.3 书写学习总结报告
工作环节 3 **办理船舶进口岸申报手续**	**工作环节 4** **办理船舶在港外勤业务**	**工作环节 5** **评价与总结**
4.1 船舶进口岸申请书； 4.2 货物申报单； 4.3 船用物品申报单； 4.4 船舶概况报告单； 4.5 船舶吨位申报单； 4.6 登陆申请书； 4.7 进口舱单和航海健康申报书； 4.8 各阶段海关进口手续（流程）	5.1 工作页； 5.2 船舶抵港报告； 5.3 装卸准备就绪通知书； 5.4 船舶在港动态报告	6.1 学习评价表； 6.2 总结报告
理解分析问题能力、规范办事能力	理解分析问题能力、规范办事能力	自我剖析能力、总结归纳能力、鉴赏评价能力

学习任务 1　船舶抵港代理操作

1 接受客户委托 → 2 估算备用金 → 3 办理船舶进口岸申报手续 → 4 办理船舶在港外勤业务 → 5 评价与总结

	工作子步骤	教师活动	学生活动	评价
接受客户委托	接收并阅读学习任务书，抓住关键的信息点，分析任务要求，并记录在工作页的相关内容中	1. 展示及要求学生阅读本次的任务单，引导学生辨识任务中的关键信息点和任务要求，说明工作页填写的要求；并检查学生是否能够找准任务单中的关键信息点。 2. 引导学生自主通过课本、网络资源查找资料，回答工作页中相关问题。 3. 抽检学生回答工作页中有关国际船舶代理人的概念、作用，常见船舶代理关系的类型等问题的答案，并点评其准确性。 4. 引导学生识读工作页中“某企业船舶抵港代理操作流程”的描述，说明流程图绘制的要素和绘制要求；巡视课堂，为个别学生解答疑问，发现共性问题可进行统一指导。 5. 收集学生制作的船舶抵港代理操作流程图和流程操作说明书。 6. 挑选具有代表性的学生作业，向全班同学进行展示和解说，并点评。 7. 给出“某船舶代理企业介绍”的大纲，强调 PPT 制作的要求，监督各小组内组员分工工作情况，记录课堂中存在的问题。 8. 收集学生提交的 PPT，组织各小组代表上台展示并组织小组评价及教师点评。 9. 引导学生进行现场模拟实际的客户委托场面。 10. 组织学生归纳船舶代理市场营销技巧，布置课后作业（即工作页中的问题）	1. 独自阅读任务单，标注任务单中的工作内容及要求，把任务单中的关键信息点记录在工作页中。 2. 按要求独自思考工作页中的“活动准备”问题，查找资料，回答有关国际船舶代理人的概念、作用，常见船舶代理关系的类型等问题。 3. 举手回答工作页中有关国际船舶代理人的概念、作用，常见船舶代理关系的类型等问题的答案，并听点评。 4. 根据工作页中给出的“某企业船舶抵港代理操作流程”描述，规范绘制船舶抵港代理操作流程图，并写出相应的流程操作说明。 5. 提交船舶抵港代理操作流程图和流程操作说明书。 6.个别学生展示和解说船舶抵港代理操作流程，听取教师的点评。 7. 根据工作页给出的“某船舶代理企业介绍”内容，以小组为单位，按格式要求制作相应的制作清晰、图文并茂和视觉效果好的 PPT 文稿。 8. 以小组为单位提交 PPT，选派学生代表上台展示和推广企业代理服务内容，其他同学认真听讲并聆听同学和教师的评价，适当做好笔记。 9. 归纳船舶代理营销员需掌握的基本技能，查找资料，回答工作页中的相关问题。 10. 现场模拟实际的客户委托，扮演代理人员角色与客户进行沟通，并且反思各种情况的应对方案	1. 检查学生回答工作页中关于任务单中关键信息点的准确性（师评）。 2. 抽查学生回答工作页中有关国际船舶代理人的概念、作用，常见船舶代理关系的类型等问题的情况，并点评其正确性（师评）。 3. 根据学生展示的流程图及流程说明进行其正确性、规范性、完整性等方面的评价（师评及互评，多元化评价）。 4. 对“某船舶代理企业服务介绍”PPT 文稿内容的完整性、正确性、视觉效果等多方面内容进行评价（师评及互评）

课时：4 课时

1. 硬资源：网络实训室（多媒体设备）等。
2. 软资源：工作页、课堂评价表等

基准学时：50

1 接受客户委托 → 2 估算备用金 → 3 办理船舶进口岸申报手续 → 4 办理船舶在港外勤业务 → 5 评价与总结

接受客户委托

工作子步骤	教师活动	学生活动	评价
接受和审核客户委托书，与客户愉快地沟通、确定代理费用，并撰写船舶代理协议	1. 展示及要求学生阅读客户委托书，引导学生识别委托书中的关键信息点；并巡视检查学生是否能够找准任务单中的关键信息点。 2. 引导学生自主通过课本、网络资源查找资料，回答工作页中相关问题。 3. 抽查学生回答工作页中问题的情况，并进行点评。 4. 抽查学生对本次代理服务费用是否核算无误，点评学生的计算结果。 5. 记录学生学习中存在的问题，组织学生完善工作页内容。 6. 引导学生自主查找资料，学习相关理论知识。 7. 抽查学生自主学习的情况，并做出评价。 8. 巡视课堂，了解学生完成任务情况，解答学生的问题,收集学生提交的协议成果。 9. 组织学生针对工作页的问题开展讨论活动，并进行评析；提高学生对船舶代理工作的风险认识和了解。 10. 引导学生开展自我评价，然后再对学生提交的协议选择有代表性的进行点评，最后围绕撰写协议的注意事项做课堂小结	1. 接收客户船舶代理委托书，审核委托书的内容。 2. 明确委托书审核的内容，列出需审核的关键信息点。 3. 思考并回答工作员中相关问题，了解和认识在不同业务需求的代理关系下，委托书审核要点的不同，以及委托书评审常见的评审结果及处理方法。 4. 查找资料，了解当前国务院交通主管部门规定的船舶代理费支付标准，回答工作页中相关内容。 5. 核对并确认本次代理服务费用，并记录在案。 6. 经教师点评后，把问题的正确答案填写在工作页中。 7. 围绕工作页中有关“船舶代理协议”的问题，查找资料，自主学习并掌握船舶代理协议的类型、一般格式内容和撰写注意事项，并记录在笔记本中。 8. 根据所查找到的资料信息，举手回答工作页中的问题并听取教师的评价。 9. 根据客户委托书和背景材料，撰写本次服务的代理协议并提交给教师。 10. 讨论船舶代理服务内容中可能存在的风险点？撰写协议时自己是否有考虑到这些风险点？撰写协议是否做到尽量避开这些风险点？ 11. 对照评分表，对自己所撰写的代理协议进行自评，再听取教师的评价与总结，把协议撰写要点与注意事项列在工作页中	1. 检查学生所列出的客户委托书审核的关键信息点的准确性(师评)。 2. 抽查学生回答工作页中有关客户委托书评审常见的评审结果及处理方法、代理费支付标准等问题情况，并点评其正确性(师评)。 3. 检查学生在所给的任务背景下的代理服务费用的计算是否正确（师评及互评，多元化评价）。 4. 组织学生对照协议评价表，对自己所撰写的船舶代理协议进行自评，教师进行点评

课时： 8 课时

1. 硬资源：网络实训室（多媒体设备）等。
2. 软资源：客户委托书、船舶代理协议样本、工作页、协议评价表等

学习任务 1　船舶抵港代理操作

1 接受客户委托　2 估算备用金　3 办理船舶进口岸申报手续　4 办理船舶在港外勤业务　5 评价与总结

估算备用金

工作子步骤	教师活动	学生活动	评价
根据船舶代理协议和客户某航次船舶运营需求，及有关港口单位的收费要求，正确估算备用金，写出计算过程和计算结果	1. 引导学生自主通过课本、网络资源查找资料，思考并回答工作页中相关问题。 2. 抽查学生回答工作页中问题的情况，并进行点评。 3. 声明任务要求，巡视课堂，了解学生完成任务的情况，及时回答学生的疑问，记录学生在过程中所犯的错误和问题，以备用。 4. 抽查学生对备用金计算的结果，组织小组代表上台进行汇报展示。 5. 组织学生对自己和他人所做的成果进行评价。 6. 对学生成果进行点评，并从课堂内容、同学们在课堂中的表现等情况进行总结，表扬优秀，同时指出学生需要在以后的课堂中改进的问题和建议，布置课堂作业	1. 独自查找资源，思考工作页中备用金的概念、分类、结算原则和支出项目类型等问题，并举手回答。 2. 听取教师对问题的评析，认真做好笔记。 3. 根据船舶代理协议和客户某航次船舶运营需求，及有关港口单位的收费要求，列出本次服务的备用金支出项目，估算备用金。 4. 以小组为单位，选派代表汇报计算结果，并说明计算过程。 5. 认真听取其他小组同学的汇报，评价他人的成果，对认为有错误的地方进行指正或质疑。 6. 对工作页中给出的案例进行备用金估算，从而锻炼学生的思维能力，保证学生的全面发展。 7. 听取教师的点评和总结，做好笔记	1. 检查学生对完成任务所需的理论知识掌握与否（师评）。 2. 抽查学生对工作页中有关备用金基础知识的掌握情况，并点评其正确性（师评）。 3. 检查学生在所给的任务背景下对备用金的计算是否正确（师评及互评，多元化评价）。 4. 组织学生对备用金的计算过程和结果进行他评，教师进行点评
课时： 4 课时 1. 硬资源：网络实训室（多媒体设备）等。 2. 软资源：计算工具、工作页、互评评价标准等			
套用备用金索取信函模板，撰写和发送邮件，礼貌地向客户索取备用金，并取得客户回复确认	1. 呈现及要求学生查看一份备用金索取信函模板，引导学生思考、分析其内容要素、格式、作用，并提出填答工作页中问题的要求。 2. 抽检学生填答工作页中关于备用金索取信函的内容要素、格式和作用，并点评其准确性。 3. 巡查并监控课堂，在学生学习过程中适时给予帮助，对于共性问题进行集中讲解。 4. 提出备用金索取信函撰写的要求，包括信函的一般格式要求、使用礼貌用语、祝福语等，同时巡查并监控课堂，给学生适时的帮助。	1. 独自查看备用金索取信函模板，在教师指引下思考、回答有关备用金索取信函的内容要素和作用，并填答工作页中的相关问题。 2. 回答关于备用金索取信函的内容要素、格式和作用，听取教师相关点评。 3. 分析确认本次任务背景下，备用金索取信函内容要点，并查找资料，确定这些内容所对应的英文表述。 4. 根据本次船舶代理服务协议内容和备用金计算，按照教师给出的模板格式，独自撰写备用金索取信函。	1. 检查学生回答工作页中关于备用金索取信函的内容要素、格式和作用等问题的正确性（师评）。

基准学时：50

1 接受客户委托 → 2 估算备用金 → 3 办理船舶进口岸申报手续 → 4 办理船舶在港外勤业务 → 5 评价与总结

	工作子步骤	教师活动	学生活动	评价
估算备用金		5. 收集学生所发的邮件，检查学生完成情况，并做好课堂记录。 6. 组织学生进行自我评价。 7. 选出有代表的备用金索取信函进行展示和点评	5. 将完成后的备用金索取信函作为附件，通过邮箱发送（提交）给教师（客户），加强自身英文书写能力的培养。 6. 对自己完成的备用金索取信函，对照评价表内容进行自我评价。 7. 听取教师点评，做好笔记	2. 检查学生对本次学习任务中备用金索取信函内容要点的把握是否正确（师评及互评，多元化评价）。 3. 学生根据评价量表，对所撰写的备用金索取信函内容进行自我评价。 4. 教师围绕学生所撰写提交的备用金索取信函中存在的共性和个性问题进行点评（师评），并在评价表内打分
	课时： 4 课时 1. 硬资源：网络实训室（多媒体设备）等。 2. 软资源：备用金索取信函模板、工作页、备用金索取信函评价量表			
办理船舶进口岸申报手续	根据客户某航次船舶运行情况，按照规范填制总申报单、货物申报单、船用物品申报单、船员名单、旅客名单，向海事局申报船舶进港	1. 呈现及要求学生查看一个有关海事局船舶进口岸申报处理流程，引导学生思考、分析其工作内容和过程，并点评学生掌握情况。 2. 引导学生通过教材、网络等资源渠道自主学习船舶进出口岸时需要向海事局递交的申报单证的类型、各单证的内容和作用等，并提出工作页填答的要求。 3. 巡查并监控课堂，在学生学习过程中适时给予帮助，对于共性问题进行集中讲解；收集学生提交的各类单证，查看并整理单证中出现的共性和个性问题。 4. 组织学生进行自我评价。 5. 为每一种单证选取有代表性的成果进行展示和点评，总结单证中出现的共性和个性问题。 6. 组织学生分组，采用角色扮演等方式，模拟船舶代理向海事局申报船舶进港工作的过程。	1. 要求学生独自查看海事局船舶进口岸申报工作处理流程，并对流程中体现的工作内容和工作过程进行阐述；同学间可相互补充，最后听取教师的点评，做好笔记。 2. 独自查阅资料，学习船舶进出口岸时需要向海事局递交的申报单证的类型，各单证的内容和作用等，填答工作页中的相关问题。 3. 根据工作页中所给出的背景材料和已经填制好的国际航行船舶进口岸申请书，严格按照要求，规范填写总申报单、货物 / 船用物品申报单、船员名单等，养成敬岗爱业的习惯。 4. 对自己提交的各类单证，对照评价表内容进行自我评分。 5. 点评他人所做单证，听取教师点评，做好笔记。 6. 以小组为单位，模拟船舶代理向海事局申报船舶进港工作的过程。	1. 抽查学生对海事局船舶进口岸申报处理流程的阐述是否正确（他评 + 师评）。 2. 检查工作页中学生对船舶进出口岸时需要向海事局递交的申报单证的类型，各单证的内容和作用等问题的回答是否正确（师评）。 3. 检查和评价学生所制作的各类型单证的正确性、规范性、整洁性（师评及互评，多元化评价）。 4. 检查学生是否能够按照规范向海事局申报船舶进口岸工作，检查其操作的规范性和对流程的熟练程度（他评 + 师评）

船舶代理操作

教学活动

学习任务 1　船舶抵港代理操作

1 接受客户委托 → 2 估算备用金 → 3 办理船舶进口岸申报手续 → 4 办理船舶在港外勤业务 → 5 评价与总结

办理船舶进口岸申报手续

工作子步骤	教师活动	学生活动	评价
	7. 其他小组围绕评价内容，对他组学生的表演进行打分，派代表进行点评时可给予肯定或提出改进意见。 8. 听取教师点评，做好笔记	7. 组织学生对他组学生的表演进行客观评价，说明可评价的内容（范围）和要求。 8. 点评各小组这一模拟活动的表现情况，给予表扬或批评；最后总结海事局申报船舶进港工作的重点和注意事项	
课时： 6 课时 1. 硬资源：网络实训室（多媒体设备）等。 2. 软资源：海事局船舶进口岸申报工作处理流程、工作页、评价量表等			
根据客户某航次船舶运行情况，根据国际航行船舶进口岸申请书填制进口舱单等，向海关申报船舶进港	1. 呈现及要求学生查看一个有关海关船舶进口岸申报处理流程，引导学生思考、分析其工作内容和过程，并点评学生掌握情况。 2. 引导学生通过教材、网络等资源渠道自主学习船舶进出口岸时需要向海关递交的申报单证（进口舱单）等，并提出工作页填答的要求。 3. 巡查并监控课堂，在学生学习过程中适时给予帮助，对于共性问题进行集中讲解；收集学生提交的进口舱单，查看并整理单证中出现的共性和个性问题。 4. 组织学生进行自我评价。 5. 选取有代表性的学生成果进行展示和点评，总结单证中出现的共性和个性问题。 6. 组织学生分组，采用角色扮演等方式，模拟船舶代理向海关申报船舶进港工作的过程。 7. 组织学生对他组同学的表演进行客观评价，说明可评价的内容（范围）和要求。 8. 点评各小组这一模拟活动的表现情况，给予表扬或批评；最后总结海关申报船舶进港工作的重点和注意事项	1. 独自查看海关船舶进口岸申报工作处理流程，试阐述流程中体现的工作内容和工作过程，同学间可相互补充，最后听取教师的点评，做好笔记。 2. 独自查阅资料，学习船舶进出口岸时需要向海关递交的申报单证(进口舱单)的内容、作用和制作依据等，填答工作页中的相关问题。 3. 根据工作页中所给出的背景材料和已经填制好的国际航行船舶进口岸申请书，严格按照要求，规范填写进口舱单，并提交给教师。 4. 对自己提交的进口舱单，对照评价表内容进行自我评价。 5. 点评他人所制进口舱单，听取教师点评，做好笔记。 6. 以小组为单位，模拟船舶代理向海关申报船舶进港工作的过程。 7. 其他小组围绕评价内容，对他组同学的表演进行打分，派代表进行点评时可给予肯定或提出改进意见。 8. 听取教师点评，做好笔记	1. 抽查学生对海关船舶进口岸申报处理流程的阐述是否正确（他评 + 师评）。 2. 检查工作页中学生对船舶进出口岸时需要向海关递交的进口舱单的内容、作用和制作依据等问题的回答是否正确（师评）。 3. 检查和评价学生所制作的进口舱单的正确性、规范性、整洁性（师评及互评，多元化评价）。 4. 检查学生是否能够按照规范向海关申报船舶进口岸工作，检查其操作的规范性和对流程的熟练程度（他评 + 师评）
课时： 2 课时 1. 硬资源：网络实训室（多媒体设备）等。 2. 软资源：海关船舶进口岸申报处理流程、工作页、评价量表等			

基准学时：50

1 接受客户委托　2 估算备用金　3 办理船舶进口岸申报手续　4 办理船舶在港外勤业务　5 评价与总结

工作子步骤	教师活动	学生活动	评价
根据客户某航次船舶运行情况，按照规范填制登陆申请书、航海健康申报书等，向检验检疫总局申报船舶进港	1. 呈现及要求学生查看一个有关检验检疫总局船舶进口岸申报处理流程，引导学生思考、分析其工作内容和过程，并点评学生掌握情况。 2. 引导学生通过教材、网络等资源渠道自主学习船舶进出口岸时需要向检验检疫总局递交的申报单证等，并提出工作页填答的要求。 3. 巡查并监控课堂，在学生学习过程中适时给予帮助，对于共性问题进行集中讲解；收集学生提交的登陆申请书、航海健康申报书，查看并整理单证中出现的共性和个性问题。 4. 组织学生进行自我评价。 5. 选取有代表性的同学成果进行展示和点评，总结单证中出现的共性和个性问题。 6. 组织学生分组，采用角色扮演等方式，模拟船舶代理向检验检疫总局申报船舶进港工作的过程。 7. 组织学生对他组同学的表演进行客观评价，说明可评价的内容（范围）和要求。 8. 点评各小组这一模拟活动的表现情况，给予表扬或批评；最后总结检验检疫总局申报船舶进港工作的重点和注意事项	1. 独自查看检验检疫总局船舶进口岸申报工作处理流程，试阐述流程中体现的工作内容和工作过程，同学们间可相互补充，最后听取教师的点评，做好笔记。 2. 独自查阅资料，学习船舶进出口岸时需要向检验检疫总局递交的单证的内容、作用和制作依据等，填答工作页中的相关问题。 3. 根据工作页中所给出的背景材料和已经填制好的国际航行船舶进口岸申请书，严格按照船代工作中相对应的要求，规范填写登陆申请书、航海健康申报书，并提交给教师。 4. 对自己提交的登陆申请书和航海健康申报书，对照评价表内容进行自我评价。 5. 点评他人所做登陆申请书和航海健康申报书，听取教师点评，做好笔记。 6. 以小组为单位，模拟船舶代理向检验检疫总局申报船舶进港工作的过程。 7. 其他小组围绕评价内容，对他组同学的表演进行打分，派代表进行点评时可给予肯定或提出改进意见。 8. 听取教师点评，做好笔记	1. 抽查学生对检验检疫总局船舶进口岸申报处理流程的阐述是否正确（他评 + 师评）。 2. 检查工作页中学生对船舶进出口岸时需要向检验检疫总局递交的登陆申请书、航海健康申报书的内容、作用和制作依据等问题的回答是否正确（师评）。 3. 检查和评价学生所制作的登陆申请书、航海健康申报书的正确性、规范性、整洁性（师评及互评，多元化评价）。 4. 检查学生是否能够按照规范向检验检疫总局申报船舶进口岸工作，检查其操作的规范性和对流程的熟练程度（他评 + 师评）

办理船舶进口岸申报手续

课时： 4 课时

1. 硬资源：网络实训室（多媒体设备）等。
2. 软资源：检验检疫总局船舶进口岸申报处理流程、工作页、评价量表等

船舶代理操作

学习任务 1 船舶抵港代理操作

1 接受客户委托 → 2 估算备用金 → 3 办理船舶进口岸申报手续 → 4 办理船舶在港外勤业务 → 5 评价与总结

	工作子步骤	教师活动	学生活动	评价
办理船舶进口岸申报手续	根据客户某航次船舶运行情况，按照规范填制船舶概况报告单、船舶吨位申报单等，向边防申报船舶进港	1. 呈现及要求学生查看有关边防总局船舶进口岸申报处理流程，引导学生思考、分析其工作内容和过程，并点评学生掌握情况。 2. 引导学生通过教材、网络等资源渠道自主学习船舶进出口岸时需要向边防总局递交的申报单证等，并提出工作页填答的要求。 3. 巡查并监控课堂，在学生学习过程中适时给予帮助，对于共性问题进行集中讲解；收集学生提交的船舶概况报告单、船舶吨位申报单，查看并整理单证中出现的共性和个性问题。 4. 组织学生进行自我评价。 5. 选取有代表性的学生成果进行展示和点评，总结单证中出现的共性和个性问题。 6. 组织学生分组，采用角色扮演等方式，模拟船舶代理向边防总局申报船舶进港工作的过程。 7. 组织学生对他组同学的表演进行客观评价，说明可评价的内容（范围）和要求。 8. 点评各小组这一模拟活动的表现情况，给予表扬或批评；最后总结边防总局申报船舶进港工作的重点和注意事项	1. 独自查看边防总局船舶进口岸申报工作处理流程，并要求学生阐述流程中体现的工作内容和工作过程，同学间可相互补充，从而提高自我学习能力和表达能力。 2. 独自查阅资料，学习船舶进出口岸时需要向边防总局递交的单证的内容、作用和制作依据等，填答工作页中的相关问题。 3. 根据工作页中所给出的背景材料和已经填制好的国际航行船舶进口岸申请书，规范填写船舶概况报告单、船舶吨位申报单，并提交给教师。 4. 对自己提交的船舶概况报告单、船舶吨位申报单，对照评价表内容进行自我评价。 5. 点评他人所做船舶概况报告单、船舶吨位申报单，听取教师点评，做好笔记。 6. 以小组为单位，模拟船舶代理向边防总局申报船舶进港工作的过程。 7. 其他小组围绕评价内容，对他组同学的表演进行打分，派代表进行点评时可给予肯定或提出改进意见。 8. 听取教师点评，做好笔记	1. 抽查学生对边防总局船舶进口岸申报处理流程的阐述是否正确（他评 + 师评）。 2. 检查工作页中学生对船舶进出口岸时需要向边防总局递交的船舶概况报告单、船舶吨位申报单的内容、作用和制作依据等问题的回答是否正确（师评）。 3. 检查和评价学生所制作的船舶概况报告单、船舶吨位申报单的正确性、规范性、整洁性（师评及互评，多元化评价）。 4. 检查学生是否能够按照规范向边防总局申报船舶进口岸工作，检查其操作的规范性和对流程的熟练程度（他评 + 师评）

课时： 2 课时

1. 硬资源：网络实训室（多媒体设备）等。
2. 软资源：边防总局船舶进口岸申报处理流程、工作页、评价量表等

基准学时：50

1 接受客户委托　2 估算备用金　3 办理船舶进口岸申报手续　4 办理船舶在港外勤业务　5 评价与总结

	工作子步骤	教师活动	学生活动	评价
办理船舶进口岸申报手续	联检申报结束后，协助确定好泊位和船舶的装卸作业计划，通知船舶进港；以时间为节点，概括各阶段海关进口手续（流程）	1. 引导学生通过教材、网络等资源自主学习泊位安排的原则、船舶装卸作业计划的作用和内容等，并提出工作页填答的要求。 2. 收集学生邮件，围绕邮件的基础格式要求，检查并记录存在的问题，然后进行点评。 3. 以码头的名义发送装卸作业计划，要求船舶代理做出确认和回复。 4. 点评学生所发送的确认邮件情况。 5. 组织学生围绕时间节点，回顾船舶抵港联检申报过程和操作手续，总结概括海关进口手续，同时说明填写的要求。 6. 组织学生开展活动总结与评价	1. 独自查阅资料，自主学习泊位安排的原则、船舶装卸作业计划的作用和内容等，填答工作页中的相关问题。 2. 接收港口代理所发送的泊位安排信息，然后转发给客户（教师），并听取教师的点评。 3. 协助码头确定装卸作业计划，做出回复和确认。 4. 听取教师点评。 5. 以时间为节点，查找资料，概括各阶段海关进口手续（流程），填答在工作页中的相关位置上。 6. 开展活动总结，对本环节所学内容进行自我评价	1. 检查工作页中学生对相关基础理论知识的回答是否正确（师评）。 2. 检查和评价学生所回邮件内容的正确性、格式的规范性、语言表述的友好情况等（师评及互评，多元化评价）。 3. 检查学生是否能够客观地进行自我评价，总结是否到位等（师评）
	课时： 2 课时 1. 硬资源：网络实训室（多媒体设备）等。 2. 软资源：工作页、评价量表等			
办理船舶在港外勤业务	查阅资料，罗列船舶在港可能需要船代协助办理的业务内容及各项业操作的大致流程（手续）；在船舶抵港后，根据实际情况撰写船舶抵港报告	1. 引导学生通过教材、网络等资源渠道自主学习船舶在港可能需要船代协助办理的业务内容及各项业操作的大致流程（手续）等，并提出工作页填答的要求。 2. 抽查学生自主学习情况，纠正错误，点评学生能力。 3. 呈现及要求学生查看一份船舶抵港报告模板，引导学生思考、分析船舶抵港报告的格式、内容和作用，并提出填答工作页相关内容的要求。 4. 巡查并监控课堂，在学生学习过程中适时给予帮助，对于共性问题进行集中讲解。 5. 提出船舶抵港报告撰写的要求，包括信函的一般格式要求、使用礼貌用语、祝福语等，同时巡查并监控课堂，给学生适时的帮助。	1. 独自查阅资料，自主学习船舶在港可能需要船代协助办理的业务内容及各项业操作的大致流程（手续）等，填答工作页中的相关问题。 2. 举手回答问题，听取教师点评，做好笔记。 3. 独自查看船舶抵港报告模板，思考分析船舶抵港报告的格式、内容和作用，填答工作页中的相关问题。 4. 分析确认本次任务背景下，船舶抵港报告内容要点，并查找资料，确定这些内容所对应的英文表述。 5.根据本次船舶抵港的实际情况，按照教师给出的模板格式，独自撰写船舶抵港报告。	1. 检查学生回答工作页中关于船舶抵港报告的内容要素、格式和作用等问题的正确性（师评）。 2. 检查学生对本次学习任务中船舶抵港报告内容要点的把握是否正确（师评及互评，多元化评价）。 3. 学生根据评价量表，对所撰写的船舶抵港报告内容进行自我评价。

学习任务 1　船舶抵港代理操作

1 接受客户委托 → 2 估算备用金 → 3 办理船舶进口岸申报手续 → **4 办理船舶在港外勤业务** → 5 评价与总结

办理船舶在港外勤业务

工作子步骤	教师活动	学生活动	评价
	6. 收集学生所发的邮件，检查学生完成情况，并做好课堂记录。 7. 组织学生进行自我评价。 8. 选出有代表的船舶抵港报告进行展示和点评	6. 将完成后的船舶抵港报告作为附件，通过邮箱发送（提交）给教师（客户）。 7. 对自己完成的船舶抵港报告，对照评价表内容进行自我评价。 8. 听取教师点评，做好笔记	4. 教师围绕学生所撰写提交的船舶抵港报告中存在的共性和个性问题进行点评（师评），并在评价表内打分
课时： 4 课时 1. 硬资源：网络实训室（多媒体设备）等。 2. 软资源：船舶抵港报告模板、工作页、船舶抵港报告评价量表等			
向港务局发送装卸准备就绪通知书	1. 呈现及要求学生查看一份装卸准备就绪通知书模板，引导学生思考、分析船舶抵港报告的格式、内容和作用，并提出填答工作页相关内容的要求。 2. 巡查并监控课堂，在学生学习过程中适时给予帮助，对于共性问题进行集中讲解。 3. 提出装卸准备就绪通知书撰写的要求，包括信函的一般格式要求、使用礼貌用语、祝福语等，同时巡查并监控课堂，给学生适时的帮助。 5. 收集学生所发的邮件，检查学生完成情况，并做好课堂记录。 6. 组织学生进行自我评价。 7. 选出有代表的装卸准备就绪通知书进行展示和点评	1. 独自查看装卸准备就绪通知书模板，思考分析装卸准备就绪通知书的格式、内容和作用，填答工作页中的相关问题。 2. 分析装卸准备就绪通知书的撰写依据，结合本次任务背景下，分析装卸准备就绪通知书内容要点，并查找资料，确定这些内容所对应的英文表述。 3. 根据教师给出的模板格式，独自撰写船舶抵港报告。 5. 将完成后的装卸准备就绪通知书作为附件，通过邮箱发送（提交）给教师（港务局）。 6. 对自己完成的装卸准备就绪通知书，对照评价表内容进行自我评价。 7. 听取教师点评，做好笔记	1. 检查学生回答工作页中关于装卸准备就绪通知书的内容要素、格式和作用等问题的正确性（师评）。 2. 检查学生对本次学习任务中装卸准备就绪通知书内容要点的把握是否正确（师评及互评，多元化评价）。 3. 学生根据评价量表，对所撰写的装卸准备就绪通知书内容进行自我评价。 4. 教师围绕学生所撰写提交的装卸准备就绪通知书中存在的共性和个性问题进行点评（师评），并在评价表内打分
课时： 2 课时 1. 硬资源：网络实训室（多媒体设备）等。 2. 软资源：装卸准备就绪通知书模板、工作页、装卸准备就绪通知书评价量表等			

工作子步骤	教师活动	学生活动	评价
对外发布船舶在港动态报告	1. 呈现及要求学生查看一份船舶在港动态报告模板，引导学生思考、分析船舶在港动态报告的格式、内容和作用，并提出填答工作页相关内容的要求。 2. 巡查并监控课堂，在学生学习过程中适时给予帮助，对于共性问题进行集中讲解。 3. 提出船舶在港动态报告撰写的要求，同时巡查并监控课堂，适时给学生提供帮助。 4. 收集学生所发的邮件，检查学生完成情况，并做好课堂记录。 5. 组织学生进行自我评价。 6. 选出有代表的船舶在港动态报告进行展示和点评	1. 独自查看船舶在港动态报告模板，思考分析船舶在港动态报告的格式、内容和作用，填答工作页中的相关问题。 2. 分析船舶在港动态报告的撰写依据，结合本次任务背景，分析船舶在港动态报告内容要点，并查找资料，确定这些内容所对应的英文表述。 3. 根据教师给出的模板格式，独自撰写船舶在港动态报告。 4. 将完成后的船舶在港动态报告作为附件，通过邮箱发送（提交）给教师。 5. 对自己完成的船舶在港动态报告，对照评价表内容进行自我评价。 6. 听取教师点评，做好笔记	1. 检查学生回答工作页中关于船舶在港动态报告的内容要素、格式和作用等问题的正确性（师评）。 2. 检查学生对本次学习任务中船舶在港动态报告内容要点的把握是否正确（师评及互评，多元化评价）。 3. 学生根据评价量表，对所撰写的船舶在港动态报告内容进行自我评价。 4. 教师围绕学生所撰写提交的船舶在港动态报告中存在的共性和个性问题进行点评（师评），并在评价表内打分
课时： 2 课时 1. 硬资源：网络实训室（多媒体设备）等。 2. 软资源：船舶在港动态报告模板、工作页、船舶在港动态报告评价量表等			
根据船舶代理协议（合同），按照相关规定，填写相关业务的申请书，为客户办理包括船舶加油、加水、办理吨税、排放压舱水、船长借支等在内的其他委办事项	1. 引导学生通过教材、网络等资源渠道自主学习船舶在港加油加水事务办理的办法等基础理论知识，并提出工作页填答的要求。 2. 收集学生所提交的业务申请单，查看并记录存在的问题，然后进行点评。 3. 组织学生填写船舶吨税申请单，巡视课堂，引导学生解决疑问。	1. 独自查阅资料，自主了解船舶在港加油加水事务办理的办法、船舶吨税的概念和征收范围、压舱水的作用和排放申请手续办理的方法等，填答工作页中的相关问题。 2. 根据船舶方具体加油、加水要求，按照船舶在港加油加水事务办理的办法，撰写船舶燃料、淡水申请书，并提交给教师，听取教师的点评。 3. 按船舶方要求，填写船舶吨税申报单，办理船舶吨税手续。	1. 检查工作页中学生对相关基础理论知识的回答是否正确（师评）。 2. 检查和评价学生所制作的业务申请单内容的正确性、填写的规范性等（师评及互评，多元化评价）。

学习任务 1　船舶抵港代理操作

1 接受客户委托　2 估算备用金　3 办理船舶进口岸申报手续　4 办理船舶在港外勤业务　5 评价与总结

	工作子步骤	教师活动	学生活动	评价
办理船舶在港外勤业务		4. 收集和点评学生完成船舶吨税申请单的情况。 5. 引导学生通过教材、网络等资源渠道自主学习船舶代理对于船长借支借据的管理办法等基础理论知识，并提出工作页填答的要求。 6. 点评学生对知识的了解是否全面正确。 7. 组织学生开展活动总结，针对本次活动对学生的表现进行评价	4. 听取教师的点评。 5. 独自查阅资料，自主了解船长借支借据的管理办法，填答工作页中的相关问题。 6. 举手回答，并听取教师点评。 7. 对照活动自评表，对本环节所学内容进行自我评价	3. 检查学生是否能够客观地进行自我评价，总结是否到位等（师评）
	课时： 4 课时 1. 硬资源：网络实训室（多媒体设备）等。 2. 软资源：工作页、评价量表等			
评价与总结	整理本次任务过程中所产生的工作成果和学习成果，填写学习评价表，做自我评价，并提交给教师进行汇总	1. 呈现及要求学生查看一份学习评价表，讲解评价的内容、要求，及评价的重要意义。 2. 巡查并监控课堂，在学生学习过程中适时给予帮助，对于共性问题进行集中讲解。 3. 组织学生以小组为单位汇报小组内成员的评价情况，并组织其他小组认真地做出表决。 4. 点评与小结	1. 独自查看学习评价表，了解评价的内容，听取教师讲解评价的要求和作用。 2. 对照自己在整个任务活动过程中所做的工作和情况，实事求是、客观地对自己做出评价。 3. 以小组为单位，派代表上台汇报本小组各成员的自我评价情况，其他小组进行表决（是否通过）。 4. 听取教师点评，做好笔记	1. 检查学生学习态度是否端正，是否认真客观地进行自我评价（他评 + 师评）。 2. 检查学生评价表的填写是否符合要求，是否规范（师评）
	课时： 1 课时 1. 硬资源：网络实训室（多媒体设备）等。 2. 软资源：学习评价表、工作页等			

基准学时：50

1 接受客户委托 → 2 估算备用金 → 3 办理船舶进口岸申报手续 → 4 办理船舶在港外勤业务 → 5 评价与总结

评价与总结

工作子步骤	教师活动	学生活动	评价
根据学习情况，学生做自我总结，提交一份300字以上的总结报告	1. 呈现及要求学生查看一份PPT，提出填答工作页的要求。 2. 巡查并监控课堂，在学生学习过程中适时给予帮助，对于共性问题进行集中讲解。 3. 收集学生提交的总结报告，选取具有代表性的总结报告，邀请其在全班做总结。 4. 点评学生提交的总结报告，总结优缺点和需改进的地方，在以后督促改进	1. 独自查看PPT，自主了解学习心得撰写的必要性及其文章结构和要求，填答工作页中的相关问题。 2. 按要求，结合课程内容，做自我总结，撰写总结报告，提交给教师。 3. 学生代表上台分享所写的总结报告，其他同学认真听讲。 4. 听取教师点评，做好笔记	1. 检查学生工作页中的问题完成情况（师评）。 2. 检查学生的总结报告是否达到各项要求（师评）。 3. 评价学生总结报告中存在的优点和不足，引导学生掌握总结报告撰写的方法，写出更好的学习报告

课时： 1课时

1. 硬资源：网络实训室（多媒体设备）等。
2. 软资源：总结报告、工作页等

学习任务 2 船舶离港代理操作

任务描述

学习任务学时：30 课时

任务情境

中国国际船务代理公司广州分公司欲与阳光航运公司就“SUNSHINE”号班轮建立长期代理关系，为期 2 年，从 2014 年 1 月至 2016 年 1 月。“SUNSHINE”号班轮将 2014 年 1 月 15 日在日本横滨港载货，20 日到达广州南沙港 ,27 日 9:00 预离开港口，前往鹿特丹。在我院物流实训基地中，同学们在教师的指导下，模拟该船舶从南沙港出发至鹿特丹港的出口船舶代理操作业务。

我院货运代理项目基地与中国船务广州分公司是校企合作关系，公司经考虑认为我院货代基地有条件和能力完成此项目的工作，故决定将业务委派给我们基地。基地负责教师与学生接受任务后，着手开展相应的业务。

船舶代理操作

工作流程和标准

工作环节 1

接受客户委托

1

1. 接收并阅读学习任务书，抓住关键的信息点，分析任务要求，并记录在工作页的相关内容中。
2. 明确有关海运“船舶”的基础知识，回答工作页中的相关问题。
3. 查阅资料，了解船舶离港（分为船舶靠泊后 / 离港前、船舶开航后）代理操作流程，画出业务流程图，明确工作要点，编写一份业务流程说明书（解释业务流程中各环节的主要任务和工作内容）。

主要成果：

1. 业务流程图；
2. 业务说明书。

工作环节 2

办理船舶出口岸申报手续

2

1. 查找资料，罗列船舶出口岸申报单证，并认识这些单证的作用和内容，填写出口岸申报单证清单。
2. 根据客户某航次船舶运行情况，按照规范填制总申报单、货物申报单、船用物品申报单、船员名单、旅客名单，向海事局申报船舶离港并办理相关手续。
3. 根据客户某航次船舶运行情况，按照规范填制国际航行船舶出口岸申请书、出口载货舱单等，向海关申报船舶离港手续。
4. 根据客户某航次船舶运行情况，按照规范填制船舶出境健康申报书等，向检验检疫总局申报船舶离港。
5. 根据客户某航次船舶运行情况，按照规范填制船舶概况报告单、船舶吨位申报单等，向边防申报船舶离港。

主要成果：

1. 出口岸申报单证清单；
2. 总申报单；
3. 货物申报单；
4. 船用物品申报单；
5. 船员名单；
6. 旅客名单；
7. 船舶出境健康申报书；
8. 船舶概况报告单；
9. 船舶吨位申报单。

工作环节 3

办理船舶开航后业务

3

1. 根据作业流程，在船舶离港后制作离港报告并发送给客户。
2. 查找资料，罗列港口使费项目，填写工作页中的相关内容。
3. 收集并审核港口使费账单，制作航次结算单发给客户进行确认。
4. 根据业务完成情况，制作航次报告并发给船东；同时要求学生做到公平公正，遵守职业道德，发扬良好的敬业精神。

主要成果：

1. 离港报告；
2. 罗列港口使费项目；
3. 航次结算单；
4. 航次报告。

工作环节 4

评价与总结

4

1. 展示整个工作过程所产生的工作 / 学习成果，进行三方评价（自我评价、小组评价、教师评价），填写相关的学习评价表，并提交给教师进行汇总。
2. 根据学习情况，学生做自我总结，提交一份 300 字以上的总结报告。

主要成果：

1. 学习评价表；
2. 总结报告。

学习内容

知识点	1.1 海运船舶的基础知识； 1.2 船舶靠泊后 / 离港前的工作内容； 1.3 船舶开航后的工作内容	2.1 海事局船舶出口申报流程； 2.2 海关船舶出口申报流程； 2.3 边防站船舶出口申报流程； 2.4 检验检疫总局船舶出口申报流程
技能点	1.1 解读任务书，记录关键信息点； 1.2 填写工作页内容； 1.3 绘制船舶离港代理操作流程图； 1.4 编写业务流程说明书； 1.5 流程图及说明书展示与解说	2.1 填写出口岸申报单证清单； 2.2 规范填制货物申报单等单证向海事局申报船舶离港； 2.3 规范填制出口载货舱单等单证向海关申报船舶离港； 2.4 规范填制航海健康申报书等，向检验检疫总局申报船舶离港； 2.5 规范填制船舶概况报告单等，向边防申报船舶离港
 工作环节	工作环节 1 接受客户委托	工作环节 2 办理船舶出口岸申报手续
成果	1.1 业务流程图； 1.2 业务流程说明书	2.1 出口岸申报单证清单； 2.2 船舶出口岸申请书； 2.3 货物申报单； 2.4 船用物品申报单； 2.5 船舶概况报告单； 2.6 船舶吨位申报单； 2.7 出口载货舱单和航海健康申报书
素养	口头表达与展示能力、查找资料能力	规则意识

学习任务 2　船舶离港代理操作

3.1 离港报告的内容和制作要点； 3.2 港口使费项目及收费标准； 3.3 港口使费结算注意事项； 3.4 港口使费账单的内容和要点； 3.5 航次结算单的内容和要点	4.1 评价的内容和意义； 4.2 总结的必要性； 4.3 学习总结报告的构成和要求
3.1 制作离港报告并发送给客户； 3.2 罗列港口使费项目； 3.3 收集并审核港口使费账单； 3.4 制作航次结算单发给客户进行确认； 3.5 制作航次报告并发给客户	4.1 学习成果展示； 4.2 进行三方评价（自我评价、小组评价、教师评价）； 4.3 书写学习总结报告
工作环节 3 办理船舶开航后业务	工作环节 4 评价与总结
3.1 离港报告； 3.2 航次报告； 3.3 港口使费账单； 3.4 航次结算单	4.1 学习评价表； 4.2 总结报告
信息处理能力、规范办事能力	自我剖析能力、总结归纳能力、鉴赏评价能力

学习任务 2　船舶离港代理操作

1 接受客户委托　2 办理船舶出口岸申报手续　3 办理船舶开航后业务　4 评价与总结

	工作子步骤	教师活动	学生活动	评价
接受客户委托	查阅资料，了解船舶离港（分为船舶靠泊后 / 离港前、船舶开航后）代理操作流程，画出业务流程图，明确工作要点，编写一份业务流程说明书	1. 展示及要求学生阅读本次的任务单，引导学生辨识任务中的关键信息点和任务要求，说明工作页填写的要求；并检查学生是否能够找准任务单中的关键信息点。 2. 引导学生自主动通过课本、网络资源查找资料，思考工作页中相关问题。 3. 抽检学生回答工作页中“船舶”相关专业术语的含义的答案并点评其准确性。 4.引导学生查找和利用网络资源，查找和记录船舶靠泊后 / 离港前以及船舶开航后的工作内容，根据这些工作内容规范绘制船舶离港代理操作流程图，并写出相应的流程操作说明，说明流程图绘制的要素和绘制要求；巡视课堂，为个别学生解答疑问，发现共性问题可进行统一指导。 5. 收集学生制作的船舶离港代理操作流程图和流程操作说明书。 6. 挑选具有代表性的学生作业，向全班同学进行展示和解说，并点评	1. 独自阅读任务单，标注任务单中的工作内容及要求，把任务单中的关键信息点记录在工作页中。 2. 按要求独自思考工作页中的“活动准备”问题，查找资料，思考“船舶”相关专业术语的含义。 3. 举手回答工作页中“船舶”相关专业术语的含义的答案并听取点评。 4. 通过网络资源，查找和记录船舶靠泊后 / 离港前，以及船舶开航后的工作内容，根据这些工作内容规范绘制船舶离港代理操作流程图，并写出相应的流程操作说明。 5. 提交船舶离港代理操作流程图和流程操作说明书。 6. 学生代表展示和解说船舶离港代理操作流程并听取教师的点评	1. 检查学生回答工作页中关于任务单中关键信息点的准确性（师评）。 2. 抽查学生回答工作页中“船舶”相关专业术语的含义等问题的情况并点评其正确性（师评）。 3. 根据学生展示的流程图及流程说明进行其正确性、规范性、完整性等方面的评价（师评及互评，多元化评价）
	课时： 4 课时 1. 硬资源：网络实训室（多媒体设备）等。 2. 软资源：工作页、课堂评价表等			
办理船舶出口岸申报手续	根据客户某航次船舶运行情况，规范填制总申报单、货物申报单、船用物品申报单、船员名单、旅客名单等，向海事局申报船舶离港并办理相关手续	1. 呈现及要求学生查看一个有关海事局船舶进口岸申报处理流程，引导学生思考、分析其工作内容和过程，并点评学生掌握情况。 2. 引导学生通过教材、网络等资源自主学习并罗列船舶出口岸时需要向海事局递交的申报单证的类型，并提出工作页填答的要求。	1.独自查看海事局船舶出口申报工作处理流程，试阐述流程中体现的工作内容和工作过程，同学间可相互补充，最后听取教师的点评，做好笔记。 2. 独自查阅资料，罗列船舶出口岸时需要向海事局递交的申报单证的类型，阐述各单证的内容和作用等，区别船舶进口岸申报单证的作用和制单要求，填答工作页中的相关问题。	1. 抽查学生对海事局船舶出口岸申报处理流程的阐述是否正确（他评 + 师评）。 2. 检查工作页中学生对船舶出口岸时需要向海事局递交的申报单证的类型，各单证的内容和作用等问题的回答是否正确（师评）。

基准学时：30

1 接受客户委托　2 办理船舶出口岸申报手续　3 办理船舶开航后业务　4 评价与总结

办理船舶出口岸申报手续

工作子步骤	教师活动	学生活动	评价
	3. 巡查并监控课堂，在学生学习过程中适时给予帮助，对于共性问题进行集中讲解；收集学生提交的各类单证，查看并整理单证中出现的共性和个性问题。 4. 组织学生进行自我评价。 5. 为每一种单证选取有代表性的成果进行展示和点评，总结单证中出现的共性和个性问题。 6. 组织学生分组，采用角色扮演等方式，模拟船舶代理向海事局申报船舶出口岸工作的过程。 7. 组织学生对他组学生的表演进行客观评价，说明可评价的内容（范围）和要求。 8. 组织学生讨论船舶进口岸海事局操作与船舶出口岸操作的区别。点评各小组这一模拟活动的表现情况，给予表扬或批评；最后总结海事局申报船舶离港工作的重点和注意事项	3. 根据工作页中所给出的背景材料和已经填制好的国际航行船舶出口岸申请书，规范填写总申报单、货物 / 船用物品申报单、船员名单等，并提交给教师。 4. 对自己提交的各类单证，对照评价表内容进行自我评价。 5. 点评他人所制单证，听取教师点评，做好笔记。 6. 以小组为单位，模拟船舶代理向海事局申报船舶出口岸工作的过程。 7. 其他小组围绕评价内容，对他组同学的表演进行打分，派代表进行点评时可给予肯定或提出改进意见。 8. 讨论船舶进口岸海事局操作与船舶出口岸操作的区别；听取教师点评，做好笔记	3. 检查和评价学生所制作的各类型单证的正确性、规范性、整洁性（师评及互评，多元化评价）。 4. 检查学生是否能够按照规范向海事局申报船舶出口岸工作，检查其操作的规范性和对流程的熟练程度（他评 + 师评）
课时： 4 课时 1. 硬资源：网络实训室（多媒体设备）等。 2. 软资源：海事局船舶出口岸申报工作处理流程、工作页评价量表等			
根据客户某航次船舶运行情况，按照规范填制国际航行船舶出口岸申请书，向海关申报船舶离港手续	1. 呈现及要求学生查看一个有关海关船舶出口岸申报处理流程，引导学生思考、分析其工作内容和过程，并点评学生掌握情况。 2. 引导学生通过教材、网络等资源自主学习船舶进出口岸时需要向海关递交的申报单证等，并提出工作页填答的要求。 3. 巡查并监控课堂，在学生学习过程中适时给予帮助，对于共性问题进行集中讲解；收集学生提交的进口舱单，查看并整理单证中出现的共性和个性问题。 4. 组织学生进行自我评价。 5. 选取有代表性的成果进行展示和点评，总结单证中出现的共性和个性问题。	1. 独自查看海关船舶出口岸申报工作处理流程，试阐述流程中体现的工作内容和工作过程，同学间可相互补充，最后听取教师的点评，做好笔记。 2. 独自查阅资料，学习船舶进出口岸时需要向海关递交的申报单证的内容、作用和制作依据等，填答工作页中的相关问题。 3. 根据工作页中所给出的背景材料规范填制国际航行船舶出口岸申请书和出口舱单，并提交给教师。 4. 对自己提交的出口舱单，对照评价表内容进行自我评价。 5. 点评他人所制出口舱单，听取教师点评，做好笔记。	1. 抽查学生对海关船舶出口岸申报处理流程的阐述是否正确（他评 + 师评）。 2. 检查工作页中学生对船舶进出口岸时需要向海关递交的单证的内容、作用和制作依据等问题的回答是否正确（师评）。

学习任务 2　船舶离港代理操作

1 接受客户委托　2 办理船舶出口岸申报手续　3 办理船舶开航后业务　4 评价与总结

办理船舶出口岸申报手续

工作子步骤	教师活动	学生活动	评价
	6. 组织学生分组，采用角色扮演等方式，模拟船舶代理向海关申报船舶离港工作的过程。 7. 组织学生对其他组的表演进行客观评价，说明可评价的内容（范围）和要求。 8. 组织学生讨论船舶进口岸海关操作与船舶出口岸操作的区别。点评各小组这一模拟活动的表现情况，给予表扬或批评；最后总结海关申报船舶离港工作的重点和注意事项	6. 以小组为单位，模拟船舶代理向海关申报船舶离港工作的过程。 7. 其他小组围绕评价内容，对他组同学的表演进行打分，派代表进行点评时可给予肯定或提出改进意见。 8. 讨论船舶进口岸海关操作与船舶出口岸操作的区别；听取教师点评，做好笔记	3. 检查和评价学生所制作的正确性、规范性、整洁性（师评及互评，多元化评价）。 4. 检查学生是否能够按照规范向海关申报船舶出口岸工作，检查其操作的规范性和对流程的熟练程度（他评 + 师评）
课时： 2 课时 1. 硬资源：网络实训室（多媒体设备）等。 2. 软资源：海关船舶出口岸申报处理流程、工作页、评价量表等			
根据客户某航次船舶运行情况，按照规范填制航海健康申报书等，向检验检疫总局申报船舶离港	1. 呈现及要求学生查看一个有关检验检疫总局船舶出口岸申报处理流程，引导学生思考、分析其工作内容和过程，并点评学生掌握情况。 2. 引导学生通过教材、网络等资源自主学习船舶出口岸时需要向检验检疫总局递交的申报单证等，并提出工作页填答的要求。 3. 巡查并监控课堂，在学生学习过程中适时给予帮助，对于共性问题进行集中讲解；收集学生提交的航海健康申报书，查看并整理单证中出现的共性和个性问题。 4. 组织学生进行自我评价。 5. 选取有代表性的成果进行展示和点评，总结单证中出现的共性和个性问题。 6. 组织学生分组，采用角色扮演等方式，模拟船舶代理向检验检疫总局申报船舶离港工作的过程。	1. 独自查看检验检疫总局船舶出口岸申报工作处理流程，试阐述流程中体现的工作内容和工作过程，同学间可相互补充，最后听取教师的点评，做好笔记。 2. 独自查阅资料，学习船舶出口岸时需要向检验检疫总局递交的单证的内容、作用和制作依据等，填答工作页中的相关问题。 3. 根据工作页中所给出的背景材料和前面所填制好的国际航行船舶出口岸申请书，规范填写航海健康申报书，并提交给教师。 4. 对自己提交的航海健康申报书，对照评价表内容进行自我评价。 5. 点评他人所做的航海健康申报书，听取教师点评，做好笔记。 6. 以小组为单位，模拟船舶代理向检验检疫总局申报船舶离港工作的过程。	1. 抽查学生对检验检疫总局船舶出口岸申报处理流程的阐述是否正确（他评 + 师评） 2. 检查工作页中学生对船舶出口岸时需要向检验检疫总局递交的航海健康申报书的内容、作用和制作依据等问题的回答是否正确（师评）。 3. 检查和评价学生所制作的航海健康申报书的正确性、规范性、整洁性（师评及互评，多元化评价）。

基准学时：30

1 接受客户委托　2 办理船舶出口岸申报手续　3 办理船舶开航后业务　4 评价与总结

办理船舶出口岸申报手续

工作子步骤	教师活动	学生活动	评价
	7. 组织学生对其他组的表演进行客观评价，说明可评价的内容（范围）和要求。 8. 组织学生讨论船舶进口岸检验检疫总局操作与船舶出口岸操作的区别。点评各小组这一模拟活动的表现情况，给予表扬或批评；最后总结检验检疫总局申报船舶离港工作的重点和注意事项	7. 其他小组围绕评价内容，对他组同学的表演进行打分，派代表进行点评时可给予肯定或提出改进意见。 8. 讨论船舶进口岸检验检疫总局操作与船舶出口岸操作的区别；听取教师点评，做好笔记	4. 检查学生是否能够按照规范向检验检疫总局申报船舶出口岸工作，检查其操作的规范性和对流程的熟练程度（他评 + 师评）
课时： 2 课时 1. 硬资源：网络实训室（多媒体设备）等。 2. 软资源：检验检疫总局船舶出口岸申报处理流程、工作页、评价量表等			
根据客户某航次船舶运行情况，按照规范填制船舶概况报告单、船舶吨位申报单等，向边防申报船舶进港	1. 呈现及要求学生查看一个有关边防总局船舶离口岸申报处理流程，引导学生思考、分析其工作内容和过程，并点评学生掌握情况。 2. 引导学生通过教材、网络等资源自主学习船舶出口岸时需要向边防总局递交的申报单证等,并提出工作页填答的要求。 3. 巡查并监控课堂，在学生学习过程中适时给予帮助，对于共性问题进行集中讲解；收集学生提交的船舶概况报告单、船舶吨位申报单，查看并整理单证中出现的共性和个性问题。 4. 组织学生进行自我评价。 5. 选取有代表性的成果进行展示和点评，总结单证中出现的共性和个性问题。 6. 组织学生分组，采用角色扮演等方式，模拟船舶代理向边防总局申报船舶离港工作的过程。 7. 组织学生对他组同学的表演进行客观评价，说明可评价的内容（范围）和要求。 8. 组织学生讨论船舶进口岸边防操作与船舶出口岸操作的区别。点评各小组这一模拟活动的表现情况,给予表扬或批评；最后总结边防总局申报船舶离港工作的重点和注意事项	1. 独自查看边防总局船舶出口岸申报工作处理流程，试阐述流程中体现的工作内容和工作过程，同学间可相互补充，最后听取教师的点评，做好笔记。 2. 独自查阅资料，学习船舶进出口岸时需要向边防总局递交的单证的内容、作用和制作依据等，填答工作页中的相关问题。 3. 根据工作页中所给出的背景材料和前面所填制好的国际航行船舶出口岸申请书，规范填写船舶概况报告单、船舶吨位申报单，并提交给教师。 4. 对自己提交的船舶概况报告单、船舶吨位申报单，对照评价表内容进行自我评价。 5. 点评他人所做船舶概况报告单、船舶吨位申报单，听取教师点评，做好笔记。 6. 以小组为单位，模拟船舶代理向边防总局申报船舶进港工作的过程。 7. 其他小组围绕评价内容，对他组同学的表演进行打分，派代表进行点评时可给予肯定或提出改进意见。 8. 讨论船舶进口岸边防操作与船舶出口岸操作的区别，听取教师点评，做好笔记	1. 抽查学生对边防总局船舶进口岸申报处理流程的阐述是否正确（他评 + 师评）。 2. 检查工作页中学生对船舶进出口岸时需要向边防总局递交的船舶概况报告单、船舶吨位申报单的内容、作用和制作依据等问题的回答是否正确（师评）。 3. 检查和评价学生所制作的船舶概况报告单、船舶吨位申报单的正确性、规范性、整洁性（师评及互评，多元化评价）。 4. 检查学生是否能够按照规范向边防总局申报船舶出口岸工作，检查其操作的规范性和对流程的熟练程度（他评 + 师评）
课时： 4 课时 1. 硬资源：网络实训室（多媒体设备）等。 2. 软资源：边防总局船舶进口岸申报处理流程、工作页、评价量表等			

船舶代理操作

课程 8　船舶代理操作

学习任务 2　船舶离港代理操作

1 接受客户委托 → 2 办理船舶出口岸申报手续 → 3 办理船舶开航后业务 → 4 评价与总结

办理船舶开航后业务

工作子步骤	教师活动	学生活动	评价
根据作业流程，在船舶离港后制作离港报告并发送给客户；制作航次报告并发给船东	1. 呈现及要求学生查看一份船舶离港报告模板，引导学生思考、分析船舶离港报告的格式、内容和作用，并提出填答工作页相关内容的要求。 2. 巡查并监控课堂，在学生学习过程中适时给予帮助，对于共性问题进行集中讲解。 3. 提出船舶离港报告撰写的要求，包括一般格式要求、使用礼貌用语、祝福语等，同时巡查并监控课堂，给学生适时的帮助。 4. 收集学生所发的邮件，检查学生完成情况，并做好课堂记录。 5. 呈现及要求学生查看一份航次报告模板，引导学生思考、分析航次报告的格式、内容和作用，并提出填答工作页相关内容的要求。 6. 巡查并监控课堂，在学生学习过程中适时给予帮助，对于共性问题进行集中讲解。 7. 提出航次报告撰写的要求，包括格式要求、礼貌用语等，同时巡查并监控课堂，给学生适时的帮助。 8. 收集学生所发的邮件，检查学生完成情况，并做好课堂记录。 9. 组织学生进行自我评价。 10. 选出有代表性的船舶离港报告和航次报告进行展示和点评	1. 独自查看船舶离港报告模板，思考分析船舶离港报告的格式、内容和作用，填答工作页中的相关问题。 2. 分析确认本次任务背景下，船舶离港报告内容要点，并查找资料，确定这些内容所对应的英文表述。 3. 根据本次船舶离港的实际情况，按照教师给出的模板格式，独自撰写船舶离港报告。 4. 将完成后的船舶离港报告作为附件，通过邮箱发送（提交）给教师（客户）。 5. 独自查看航次报告模板，思考、分析航次报告的格式、内容和作用，填答工作页中的相关问题。 6. 分析确认本次任务背景下，航次报告内容要点，并查找资料，确定这些内容所对应的英文表述。 7. 根据本次船舶离港的实际情况，按照教师给出的模板格式，独自撰写航次报告。 8. 将完成后的航次报告作为附件，通过邮箱发送（提交）给船东。 9. 对自己完成的船舶离港报告和航次报告，对照评价表内容进行自我评价。 10. 听取教师点评，做好笔记	1. 检查学生回答工作页中关于船舶离港报告和航次报告的内容要素、格式和作用等问题的正确性（师评）。 2. 检查学生对本次学习任务中船舶离港报告和航次报告内容要点的把握是否正确（师评及互评，多元化评价）。 3. 学生根据评价量表，对所撰写的船舶离港报告和航次报告内容进行自我评价。 4. 教师围绕学生所撰写提交的船舶离港报告、航次报告中存在的共性和个性问题进行点评（师评），并在评价表内打分

课时：4 课时

1. 硬资源：网络实训室（多媒体设备）等。
2. 软资源：船舶离港报告模板、航次报告模板、工作页、评价量表等

基准学时：30

1 接受客户委托　2 办理船舶出口岸申报手续　3 办理船舶开航后业务　4 评价与总结

办理船舶开航后业务

工作子步骤	教师活动	学生活动	评价
收集并审核港口使费账单，制作航次结算单发给客户进行确认	1. 引导学生通过教材、网络等资源自主学习港口使费项目的类型和收费标准，并提出工作页填答的要求。 2. 抽查学生对港口使费项目类型和收费标准学习情况，点评答案，统一标准。 3. 以港口方的身份，分发一份港口使费账单给学生，引导学生识别和审核账单明细。 4. 巡查并监控课堂，在学生学习过程中适时给予帮助，对于共性问题进行集中讲解；收集学生提交的账单，查看并整理单证中出现的共性和个性问题。 5. 收集学生所提交的航次结算单，查看并记录存在问题，然后进行点评。 6. 组织学生开展讨论，进一步学习工作异常情况的处理办法，对学生表现进行评价。 7. 组织学生开展活动总结，针对本次活动过程对学生的表现进行评价。 8. 组织学生讨论船舶进口岸边防操作与船舶出口岸操作的区别。点评各小组这一模拟活动的表现情况，给予表扬或批评；最后总结边防总局申报船舶离港工作的重点和注意事项	1. 独自查阅资料，自主了解港口使费项目的类型和收费标准，填答工作页中的相关问题。 2. 举手回答问题，听取教师的点评，做好笔记。 3. 收集查看港口使费账单，并审核费用项目及费用金额是否正确。 4. 根据正确的港口使费账单，分清客户应缴纳费用项目，制作航次结算单，发送给客户。 5. 听取教师的点评。 6. 讨论费用审核有误时的处理办法，发表讨论结果并听取教师点评。 7. 对照活动自评表，对本环节所学内容进行自我评价。 8. 组织学生讨论船舶进口岸边防操作与船舶出口岸操作的区别；听取教师点评，做好笔记	1. 检查工作页中学生对相关基础理论知识的回答是否正确（师评）。 2. 检查和评价学生所制作的航次结算单内容的正确性、完整性和规范性等（师评及互评，多元化评价）。 3. 检查学生是否能够客观地进行自我评价，总结是否到位等（师评）。 4. 检查学生是否能够按照规范向边防总局申报船舶出口岸工作，检查其操作的规范性和对流程的熟练程度（他评 + 师评）

课时： 6 课时

1. 硬资源：网络实训室（多媒体设备）等。
2. 软资源：边防总局船舶进口岸申报处理流程、工作页、评价量表等

船舶代理操作

课程 8　船舶代理操作

学习任务 2　船舶离港代理操作

1 接受客户委托　2 办理船舶出口岸申报手续　3 办理船舶开航后业务　4 评价与总结

评价与总结

工作子步骤	教师活动	学生活动	评价
整理本次任务过程中所产生的工作成果和学习成果，填写学习评价表，做自我评价，并提交给教师进行汇总	1. 呈现及要求学生查看一份学习评价表,讲解评价的内容和要求，及评价的重要意义。 2. 巡查并监控课堂，在学生学习过程中适时给予帮助，对于共性问题进行集中讲解。 3. 组织学生以小组为单位汇报小组内成员的评价情况，并组织其他小组认真做出表决。 4. 点评与小结	1. 独自查看学习评价表,了解评价的内容，听取教师讲解关于评价的要求和评价的意义及作用。 2. 对照自己在整个任务活动过程中所做的工作和情况，实事求是、客观地做出评价。 3. 以小组为单位，派代表上台汇报本小组各成员的自我评价情况，其他小组进行表决（是否通过）。 4. 听取教师点评，做好笔记	1. 检查学生学习态度是否端正，是否认真客观地进行自我评价（他评 + 师评）。 2. 检查学生评价表的填写是否符合要求，是否规范（师评）

课时： 2 课时

1. 硬资源：网络实训室（多媒体设备）等。
2. 软资源：边防总局船舶进口岸申报处理学习评价表、工作页等

评价与总结

工作子步骤	教师活动	学生活动	评价
根据学习情况，学生做自我总结，提交一份 300 字以上的总结报告	1. 呈现及要求学生查看一份 PPT，说明总结报告撰写的具体要求。 2. 巡查并监控课堂，在学生学习过程中适时给予帮助，对于共性问题进行集中讲解。 3. 收集学生提交的总结报告，选取具有代表性的总结报告，邀请其在全班做总结。 4. 点评学生提交的总结报告，总结优缺点和需改进的地方，在以后督促学生改进	1. 独自查看 PPT，听取关于总结报告撰写的具体要求，在工作页中列出总结报告的大纲。 2. 按要求结合课程内容，做自我总结，撰写总结报告，提交给教师。 3. 同学代表上台分享所写的总结报告，其他同学认真听讲。 4. 听取教师点评，做好笔记	1. 检查学生的总结报告是否达到各项要求（师评）。 2. 评价学生总结报告中存在的优点和不足，引导学生掌握总结报告撰写的方法，写出更好的学习报告

课时： 2 课时

1. 硬资源：网络实训室（多媒体设备）等。
2. 软资源：PPT（课件）、工作页等

考核标准

情境描述

日本邮轮公司有一艘轮船航行于横滨、香港、黄埔，于 6 月 2 日到达黄埔港，公司决定把这次航次代理任务交给无长期代理关系的中海船务代理有限公司广州分公司。2014 年 5 月 28 日，中海船务代理有限公司广州分公司接到日本邮轮公司委托，为其办理在黄埔港的船务代理操作。

任务要求

请根据任务的情境描述，在规定的时间内完成以下任务：

1. 阐述估算备用金的原则；
2. 根据船舶代理操作协议和相关文件，估算备用金；
3. 根据作业流程，模拟完成船舶抵港前后和船舶离港前后的代理业务；
4. 秉承求真务实和尽职尽责的态度完成客户交代的其他包括船舶加油、加水、办理吨税等在内的任务要求；
5. 总结任务过程，提出工作中存在的不足和改进建议。

参考资料

各种单证填写的规范、8S 管理手册、课堂笔记、辅导教材、工作页学习材料。

评价方式

由任课教师实施考核评价，取所有考核人员评分的平均分为学生考核成绩。如果有笔试、实操等多种类型考核内容的，还需说明分数占比或分值计算方式。

考核评分表

序号	操作内容	配分	评分标准	扣分
1	确立船舶代理委托关系	20	(1) 识别国际船舶代理的概念、业务范围和关系类别，10 分； (2) 撰写长期代理协议，10 分	
2	估算备用金	25	(1) 描述备用金的概念与分类，10 分； (2) 正确列出备用金的支出项目，并计算备用金金额，10 分； (3) 正确撰写备用金的索汇函电，5 分	
3	办理进口岸手续	15	(1) 准确填写表 1~3 中内容，5 分。 (2) 正确填写各种进口岸的申报单证，10 分	
4	办理船舶在港外勤业务	20	(1) 准确撰写船舶抵港报告和船舶在港动态报告，5 分； (2) 准确撰写装卸准备就绪通知书，5 分； (3) 准确撰写装卸时间事实记录，5 分， (4) 填写申请吨税证书和船长借支借据，5 分	
5	办理出口岸手续	15	(1) 准确填写表 1~4 中内容，5 分； (2) 正确填写各种出口岸的申报单证，10 分	
6	船舶代理单证归档	5	以爱国、敬业、法治和诚信为指导，审核是否正确应用资料归档方法归档船舶代理单证，5 分	
合计		100		

课程 9　配送中心运营管理

学习任务 1
配送中心在库管理
（30）学时

学习任务 2
家电配送中心选址与布局设计
（50）学时

课程目标

学习完本课程后，学生应能够胜任配送中心的在库管理与配送作业等工作，如在库商品的保管养护、盘点、库存管理、仓储系统的安全防护作业；配送中心的选址、作业区规划、作业设备配置等工作任务，并严格执行行业安全环保管理制度和“6S”管理规定，具备独立分析与解决非常规性专业问题的能力；能够在日后的配送中心运营管理的相关工作中做到诚实守信、爱岗敬业、遵守法律法规等，具体要求如下：

1. 能按在库管理的工作规范，运用专业知识分析方法与客户进行有效的沟通，通过获取在库货物的情况信息，结合所学知识和现状做具体分析，编制一套货品保管保养作业方案。

2. 能按照仓储管理标准规范开展仓储安全工作。通过仓库安全管理规定编制仓库防盗、消防设施设备情况一览表和防火、防水、防电的检查一览表，并应用到实际操作中，检查完毕后填写情况表，通过发现、分析来消除仓库物资管理过程中的各种危险，准确按照仓储安全管理相关规章制度进行操作，务必保证仓库内在库商品以及仓库本身的安全性，从而培养学生的安全管理意识。

3. 能与客户进行和谐、友善的沟通，并按照盘点作业的原则和客户的要求组织盘点作业，通过盘点结果进行分析差异纠因及处理操作，以保证盘点工作的真实性，让学生具备追求完美、永无止境、追求卓越的工匠精神。

4. 能按照客户要求对库存商品进行 ABC 分类，准确收集库存商品信息，并根据 ABC 分类原则，对货品进行分类保管，严格执行在库作业安全环保管理制度和“8S”管理规定。

5. 能展示在库作业的技能点示意图，理解该技术在实践中的应用价值，培养学生的工程思维，将其学到的知识运用到实际的在库作业活动中，并提出改进措施。

6. 能分析配送中心选址过程中的影响因素，遵守选址原则，正确运用选址方法，形成方案文稿。

7. 能将新建立的配送中心按照国家标准和要求规划功能区、配置相关的配送设备及规划配送中的作业流程，克服选址过程可能出现的问题，以进取的精神为配送中心选址，务必做到物尽其用，人尽其才。

8. 能展示方案设计，总结工作经验，分析不足，提出改进措施。

课时：80

课程内容

根据课程目标逐条梳理学习内容：

1. 商品保管养护的措施；
2. 仓库安全管理基本内容（包括防盗、防火、防水、防腐、防虫鼠等）、方法及标准；
3. 盘点作业基本原则；
4. 盘点的方法；
5. 盘点结果的处理；
6. 库存 ABC 分类管理策略及方法；
7. 配送中心选址影响因素、原则及方法；
8. 配送中心设施规划的目标和原则；
9. 配送中心设施规划方法；
10. 配送中心设施规划中的其他问题；
11. 配送中心的管理制度和“8S”管理规定；
12. “社会主义核心价值观”的核心思想。

学习任务 1　配送中心在库管理

任务描述

学习任务学时：30 课时

任务情境

方兴电子贸易公司接到客户投诉电话，称部分商品受潮，外包装出现变形并有霉点现象。方兴公司立即致电康达物流配送中心询问原因，得知由于连续的几场大雨，库房排雨管排雨不畅，返流入库内，部分商品受潮；又由于库内湿度较大，外包装出现了霉变。康达物流配送中心承诺将采取措施提供更好的在库商品保管与保养作业、盘点作业及库存管理等服务，同时保障在库商品的安全。作为康达物流配送中心的库房管理人员，你需要完成在库管理工作。

配送中心运营管理

工作流程和标准

工作环节 1

进行保管保养作业

1

根据方兴电子贸易公司储存货物的情况，需要编制一套货品保管保养作业方案。

1. 库房管理人员李 × 首先要做的是进行在库商品检查，检查商品时要从最易发生问题的地方入手。检查完毕后须填写仓库日常检查记录表和商品异状情况表。
2. 接着要控制仓库的温湿度，采用科学的方法控制与调节仓库的温湿度。列举温湿度控制与调节主要方法，制定防止电子产品发生质量变化的温度控制和相对湿度的要求。每天填写仓库温湿度记录表。
3. 制定救治商品霉腐的措施方法。
4. 制定防治仓库虫鼠害的方法。

主要成果：
1. 仓库日常检查记录表；
2. 商品异状情况表；
3. PPT 展示（仓库温度控制与调节方法）；
4. 仓库温湿度记录表。

工作环节 2

开展仓储安全工作

2

康达物流配送中心为了确保仓库内储存货物在保管中不会再出现受损情况，提高仓库的防盗、防火、防水和防电能力，改善仓库的安全作业水平，现对配送中心的安全情况进行详细的统计。

1. 仓管员检查并改善仓库防盗，制定仓库防盗方法，制作仓库防盗设施设备情况一览表。
2. 仓管员检查并改善仓库防火，首先是日常检查，制作仓库防火检查一览表，发现仓库某处有火灾隐患时，立即处理并上报。制作仓库消防设施设备情况一览表，制定预防措施，展示制作一览表及预防措施（PPT）。
3. 仓管员检查并改善仓库防水，具体列出检查内容。
4. 仓管员检查并改善仓库防电，进行电器检查和电路检查工作，列出检查项目及防电管理预防措施。
5. 仓管员检查并改善仓库安全作业，列举仓库安全作业中都有哪些需要注意的事项。
6. 以实训仓库为背景，模拟进行仓库日常安全管理工作，进一步培养学生仓库安全管理的意识。

主要成果：
1. 仓库防盗设施设备情况一览表；
2. 预防措施 PPT；
3. 仓库防水检查内容。

工作环节 3

进行盘点工作

3

康达物流配送中心根据方兴电子贸易公司的请求，准备对库内储存货物进行一次全面盘点。

1. 仓管员做好盘点前准备，告知货主具体盘点时间，提醒货主不要在盘点期间送货或提货；结清各种未办理手续；清理该仓库的场地；准备盘点表及盘点盈亏表。
2. 登录仓储管理系统进行账面盘点。划分盘点区域，人员分工，进行实物盘点，填写盘点单。
3. 核对盘点结果与账面数量，分析差异纠因。培养学生诚实守信的工作态度，让学生具备追求完美、永无止境、追求卓越的工匠精神。
4. 盘点结果处理，进入仓储管理系统，对盘点结果进行调整。商品盘点差异原因追查清楚后，制定解决办法。

主要成果：
1. 盘点清单；
2. 差异原因分析；
3. 盘点差异解决办法。

工作环节 4

进行库存管理

4

在对库存产品进行盘点后，方兴电子贸易有限公司采购部要求康达物流配送中心对货物进行 ABC 分类和 CVA 分类；对分类之后的产品分别进行重点管理或者一般管理。

1. 对库存中目前拥有的产品进行数据收集，其中包括产品的名称、品种、出库金额和产品的重要程度。
2. 处理数据。对库存商品库存数量百分比、库存数量累计百分比、金额百分比、金额累计百分比等进行计算，另外对各类数据的权重进行赋值，从而算出商品优先级。
3. 进行 ABC 分类，绘制 ABC 分类管理图。根据库存商品 ABC 分类表，对商品进行分类；根据 ABC 分类表绘制 ABC 分类管理图。
4. 绘制 CVA 管理图表。根据数据中每种产品的优先级，制定产品的 CVA 管理图表。
5. 实施产品在库管理。根据 ABC 分类表将库存中的各类产品进行分类管理，然后根据 CVA 管理图将库存中优先级较高的产品进行标注，以便识别提取。

主要成果：
1. ABC 分类表；
2.ABC 分类管理图；
3. CVA 分类管理图。

学习内容

知识点	1.1 影响商品质量的因素； 1.2 仓库温湿度控制； 1.3 预防商品损耗的方法； 1.4 仓库日常工作态度认知	2.1 仓储安全工作主要内容及安全的重要性； 2.2 安全储存措施； 2.3 电器安全管理； 2.4 消防工作
技能点	1.1 在库商品质量检查； 1.2 控制仓库的温湿度； 1.3 防治商品霉腐； 1.4 防治仓库的虫鼠害	2.1 制作仓库防盗设施设备情况一览表、制作仓库消防设施设备情况一览表； 2.2 改善仓库防盗、火、水、电的能力； 2.3 仓库安全作业
工作环节	工作环节 1 进行保管保养作业	工作环节 2 开展仓储安全工作
成果	1.1 温湿度控制与调节主要方法； 1.2 救治商品霉腐的措施方法； 1.3 防治仓库虫鼠害的方法； 1.4 仓库日常检查记录表； 1.5 商品异状情况表； 1.6 仓库温湿度记录表	2.1 展示制作一览表及预防措施（PPT）； 2.2 列出检查内容、防电管理预防措施； 2.3 仓库防盗设施设备情况一览表； 2.4 仓库消防设施设备情况一览表
素养	行业认同感、分析能力、工作责任感	沟通与协调能力、口头表达能力、安全管理意识

学习任务 1　配送中心在库管理

3.1 商品盘点的分类； 3.2 商品盘点的方法； 3.3 商品盘点结果的处理	4.1 数据的收集； 4.2 数据的处理； 4.3 ABC 分析法及其管理图； 4.4 实施分类管理
3.1 分析差异纠因； 3.2 填写盘点单； 3.3 录入盘点结果； 3.4 仓储管理系统操作	4.1 绘制产品表格； 4.2 制定产品管理图
工作环节 3 进行盘点工作	工作环节 4 进行库存管理
3.1 进入仓储管理系统操作； 3.2 填写盘点单； 3.3 分析差异纠因； 3.4 制定解决办法	4.1. ABC 分类表； 4.2. ABC 分类管理图
行业认同感、操作能力、分析能力	逻辑分析判断能力、总结能力

学习任务 1 配送中心在库管理

1 进行保管保养作业 → 2 开展仓储安全工作 → 3 进行盘点工作 → 4 进行库存管理

	工作子步骤	教师活动	学生活动	评价
进行保管保养作业	保管保养作业	1. 讲述库存商品的变化及影响因素，并引导学生学习相关知识。 2. 提出 3 个关于库房保护保养作业中的问题，使用学号抽点学生回答。 3. 通过事例说明“工作是人们要用生命去做的事”，讲解库存日常工作的重要性及保护保养作业的注意要点，并安排学生填写工作页。 4. 根据任务情境，安排学生填写仓库日常检查记录表、商品异常情况表，并填写核对记录。 5. 根据任务情境，提供库房，安排学生分组练习填写仓库温湿度记录表，现场指导。 6. 监督学生角色扮演，巡回辅导。 7. 安排学生根据保护保养作业互评评价标准点评小组作业。 8. 点评角色工作	1. 根据教师讲述的库存商品的变化及影响因素，搜索网络和辅助教程，独自学习库存保管保养知识。 2. 被抽点学生回答教师的提问。 3. 根据任务情境进行角色扮演，小组内部安排两名学生模拟库存情况，针对库存中商品可能存在的异变提出相应的措施和方法。 4. 小组交叉进行角色扮演。 5. 小组互评库存保护保养作业模拟情况。 6. 听教师点评，并做好记录	1. 学生根据保护保养作业评价标准相互评价成果（小组互评）。 2. 教师抽查学生成果，并进行点评（师评）
	课时： 6 课时 1. 硬资源：网络实训室（多媒体设备）等。 2. 软资源：工作页、辅助教材、保护保养作业互评评价标准等。 3. 教学设施：仓储实训室等			
开展仓储安全工作	仓储安全防护工作	1. 提出 5 个关于仓储安全工作知识的问题，要求学生根据学习资源准备答案。 2. 要求学生快速记忆问题的答案。 3. 采用 Excel 的 rand () 函数随机抽点学生回答。 4. 使用 PPT，与学生一起总结 5 个问题的答案。 5. 讲解关于仓库安全管理工作的重要性和安全防护标准。	1. 利用学习资源独自学仓库安全工作相关知识，准备 5 个问题的答案。 2. 快速记忆答案。 3. 被抽点学生回答问题，回答不出可求助班上一名同学代为回答，但课后要把问题和答案复述给小组组长。 4. 修正问题的答案，从而获晓仓储安全工作的知识。 5. 听讲仓储安全防护标准并做好要点记录，意识到在当今社会，安全重视程度之高，安全谈论之多，安全投入之大都是前所未有的。	1. 学生根据评价标准相互评价成果（小组互评）。 2. 教师抽点成果点评（师评）

基准学时：30

1 进行保管保养作业 → 2 开展仓储安全工作 → 3 进行盘点工作 → 4 进行库存管理

	工作子步骤	教师活动	学生活动	评价
开展仓储安全工作	仓储安全防护工作	6. 安排学生分组讨论，总结并列出仓储安全检查内容，并填写工作页。 7. 提供仓储安全工作一览表及预防措施的文稿大纲说明，安排学生分组制作演示文稿。 8. 检查学生提交文稿情况并提供帮助。 9. 提出演示文稿的互评规则。 10. 指导小组互评，教师点评	6. 分组讨论，总结仓储安全检查内容，并完成对应工作页的填写；以实训仓库为背景，模拟进行仓库日常安全管理工作，锻炼实操技能，进一步增强安全管理意识。 7. 根据教师提供的文稿大纲说明，以小组为单位制作文稿。 8. 分组提交文稿。 9. 派小组代表汇报成果。 10. 各小组根据文稿评价规则，点评小组成果	

课时： 8 课时

1. 硬资源：网络实训室（多媒体设备）等。
2. 软资源：工作页、辅助教材、PowerPoint 文稿软件、演示文稿互评规则、仓储安全工作的授课 PPT 等

	工作子步骤	教师活动	学生活动	评价
进行盘点工作	盘点工作	1. 提出 3 个问题，引导学生学习盘点工作的知识。 2. 抽点学生 1 回答问题。 3. 在实训室安排集训区，举例示范如何做好盘点工作，同时引入“工作中如何坚持诚实守信”。 4. 根据任务情境，组织学生分组在系统中生成盘点单。 5. 抽点学生 2 演示账面盘点，填写盘点单。 6. 示范操作盘点结果的核对，并对差异纠因进行分析。 7. 监督学生练习，观察分组指导，解答学生提出的问题。 8. 提出盘点工作的评价规则	1. 以小组为单位，利用网络资源或辅助教材学习盘点前准备工作的知识。 2. 被抽点学生 1 口述盘点前工作的内容，回答问题。 3. 观察教师示范盘点工作，记录操作步骤。意识到诚实守信是为人之本，从业之要。 4. 根据情境任务，分组练习在系统中进行账面盘点。 5. 被抽点学生 2 演示账面盘点流程，其他学生观察。 6. 观察教师示范操作盘点结果核对，记录操作步骤。 7. 分组练习盘点结果的核对，有问题及时咨询教师。 8. 根据系统盘点操作评价规则，互评小组表现	1. 教师点评各小组成果（师评）。 2. 学生根据系统盘点工作评价规则对自己和其他学生进行评价

课时： 8 课时

1. 硬资源：网络实训室（多媒体设备）等。
2. 软资源：工作页、仓储管理系统、盘点单、盘点工作的评价规则等。
3. 教学设施：仓储实训室等

学习任务 1　配送中心在库管理

1 进行保管保养作业　2 开展仓储安全工作　3 进行盘点工作　4 进行库存管理

进行库存管理

工作子步骤	教师活动	学生活动	评价
仓储管理系统查询操作	1. 发送任务，提出绘制表格要求，让学生描述单一品种库存商品的数量、品名、品种、价格。 2. 安排组长检查组员的完成情况，指导组长如何检查、如何点评。 3. 使用纸条抽签的方法抽点一位组长进行点评。 4. 在课间巡回指导，确保每位学生能讲出编辑表格的规范性。 5. 使用蜘蛛网屏控，举例操作，介绍 ABC 分类表、CVA 分类表。 6. 监督学生练习，观察指导。 7. 检查学生提交表格情况并提供帮助。 8. 安排学生互评	1. 接收任务按教师要求对商品库存数据进行收集，使用规定的字体和字号描述单一品种库存商品的数量、品名、品种、价格，并发到组长邮箱。组长登录邮箱，查看组员任务的完成情况，并记录。 2. 被抽组长点评组员完成的规范性。 3. 组员根据组长的点评，修改收集的数据。 4. 认真听教师介绍 ABC 分类、CVA 分类表，并根据分类表分别制作 ABC 分类管理图和 CVA 分类管理图。 5. 根据 ABC 分类管理图对相应的商品进行货品的分类管理。 6. 根据 CVA 管理图对优先级较高的产品进行标注以便识别和提取。 7. 分组提交管理图。 8. 互换管理图，互相点评其他小组成果	1. 编写管理图的规范性，教师安排组长检查组员的管理图，从标题、字体、间距字号、姓名班级等方面进行评价（组长点评）。 2. 教师抽点回答点评（师评）。 3. 学生互相点评

课时： 8 课时

1. 硬资源：网络实训室（多媒体设备）等。
2. 软资源：工作页、ABC 分类表、CVA 分类表、Word 文档软件、管理图评价标准等

基准学时：30

学习任务 2　家电配送中心选址与布局设计

任务描述

学习任务学时：50 课时

任务情境

Y 家电公司是中国最大的白色家电产品制造企业之一，产品涵盖冰箱、空调、洗衣机、冷柜、生活电器等多个领域。目前 Y 家电广州分公司的配送中心专为广州 10 区渠道经销商的供货需求服务，地点位于广州市白云区太和镇胜利路 × 号。然而近两年来，随着 Y 家电广州分公司分销渠道网点的扩张，原有的配送中心已经难以满足随着收发货量增加对货物高吞吐量的要求，且客户的覆盖区不断增加，配送中心超负荷工作。当前的配送中心仓库的位置偏僻，交通状况较差，路程远，送货及时性差，客服服务水平降低，增加了配送中心的运营成本。对 Y 家电广州分公司现状及问题分析后，提出的优化思路是增加一个配送中心的数量用于应对广州 11 区的业务需求。

由于公司近年来一直稳健发展，欲自建配送中心。这涉及新配送中心的选址与布局设计。我院物流专业仓储实训基地安排学生，了解选址因素、选址的原则、选择方法，制定 Y 家电广州分公司的选址方案；运用设施规划方法，进行新家电配送中心的战略规划、资料收集与分析、制定总体规划方案、设计内部详细布局等一系列的工作，最终完成新家电配送中心选址与布局设计。

配送中心运营管理

工作流程和标准

工作环节 1

配送中心的选址

1

以 Y 家电公司为例，分析如何科学地规划旗下的配送中心。

具体要求：

1. 分析选址影响因素，培养学生具有服务社会的使命。
2. 分析选址原则。
3. 认识选址方法。
4. 制定选址方案的大纲，培养学生的工程思维，将其学到的知识运用到实际的在库作业活动中，对其提出改进措施。
5. 运用重心法制定选址方案。

主要成果：

1.PPT（影响因素）；

2.PPT（选址原则）；

3. 选址方案大纲；

4. 选址方案。

工作环节 2

配送中心的战略规划与管理

2

Y 家电要求在对其配送中心进行一个战略的规划和管理，这样他们可以在未来几年内通过战略对配送中心实施具体的目标管理；Y 要求具体到制作配送中心的战略报告大纲，并且利用 SWOT 分析法对 Y 家电的战略环境进行具体的分析，最终要给 Y 家电的领导部门呈现出配送中心的战略规划报告。

我们作为物流专业的学生，现在就以 Y 家电企业为实体案例学习配送中心的战略规划与管理，并模拟制作出其配送中心的战略规划报告。

具体要求：

1. 认识战略管理的概念与内容。
2. 认识战略管理的构成要素。
3. 认识战略环境的分析内容，培养学生尊重自然，绿色发展理念。
4. 制定配送中心战略规划报告大纲，务必做到物尽其用，人尽其才，为国家的富强事业“添砖加瓦”。
5. 运用 SWOT 分析法制定配送中心的战略规划报告。

主要成果：

1.PPT 展示（SWOT 分析的内容及方法）；

2. 配送中心的战略规划报告大纲；

3. 配送中心的战略规划报告。

学习任务 2　家电配送中心选址与布局设计

工作环节 3

配送中心的资料收集与分析

3

Y 家电企业要求配送中心利用 EIQ 分析法对配送中心的货物搬运能力和拣货能力等进行测算，并根据测算结果，重新划分配送中心作业区域，并形成完整的方案。

具体要求：

1. 明确资料收集的内容。
2. 分析物品特性。
3. 分析储运单元。
4. 分析订单变动趋势。
5. EIQ 分析。
6. 分析作业区域。
7. 分析作业活动。
8. 制定作业区域划分方案大纲。
9. 制定作业区域划分方案。

主要成果：

1. PPT 展示（物品特性、储运单元）；
2. 盘点清单；
3. 作业区域划分方案。

工作环节 4

制定总体规划方案

4

Y 家电企业现在决定启动第二个城市配送中心计划，但仍需要制定一个完整的配送中心总体规划方案大纲，从而制定总体规划方案。另外，在其配送中心内部，Y 家电企业希望设立多个流通加工工厂，提高配送中心的效益的，现需要画出加工工厂间的物流从至表。

具体要求：

1. 运用物流从至表分析作业区的物流关系。
2. 运用 Visio 软件绘制关联关系图。
3. 运用 Visio 软件绘制位置关系图。
4. 制定总体规划方案大纲。
5. 制定总体规划方案。

主要成果：

1. 物流从至表；
2. 作业区物流相关表；
3. 作业区位置关系图；
4. 总体规范方案。

工作环节 5

设计内部详细布局

5

1. 明确货区分布的目标。
2. 计算家电商品的货区分配数量。
3. 运用 Visio 软件绘制货区分布图。
4. 搬运设备的选择。
5. 存储设备的选择。
6. 通道的设计。
7. 运用 Visio 软件绘制内部详细布局图。

主要成果：

1. 货区分布图；
2. 内部详细布局图。

学习内容

知识点	1.1 配送中心选址的概念； 1.2 配送中心选址因素及企业服务宗旨； 1.3 配送中心的选址原则； 1.4 重心法的基本思想	2.1 配送中心战略管理的概念与内容； 2.2 战略管理的构成要素； 2.3 配送中心的战略环境分析内容； 2.4 SWOT 分析法	3.1 资料收集的内容； 3.2 物品特性； 3.3 储运单元； 3.4 分析订单变动趋势； 3.5 EIQ 分析方法	4.1 配送中心的作业区域； 4.2 作业活动； 4.3 配送中心常见的作业区划分方案
技能点	1.1 分析选址影响因素； 1.2 分析选址原则； 1.3 认识选址方法； 1.4 制定选址方案大纲； 1.5 运用重心法制定选址方案； 1.6 提交选址方案	2.1 认识战略管理的概念与内容； 2.2 认识战略管理的构成要素； 2.3 认识战略环境的分析内容； 2.4 制定配送中心战略规划报告大纲； 2.5 运用 SWOT 分析法制定配送中心的战略规划报告； 2.6 提交配送中心的战略规划报告	3.1 明确资料收集的内容； 3.2 分析物品特性； 3.3 分析储运单元； 3.4 分析订单变动趋势； 3.5 EIQ 分析； 3.6 提交 EIQ 分析结果	4.1 分析作业区域； 4.2 分析作业活动； 4.3 制定作业区域划分方案大纲； 4.4 制定作业区域划分方案； 4.5 提交作业区域划分方案
工作环节	工作环节 1 配送中心的选址	配送中心的战略规划与管理 工作环节 2	工作环节 3 配送中心的资料收集与分析	
成果	1.1 选址方案	2.1 配送中心的战略规划报告	3.1 EIQ 分析结果	4.1 作业区域划分方案
素养	文档编辑能力、知识梳理能力、企业责任感	文档编辑能力、逻辑分析能力、尊重自然、绿色发展	数学计算能力	逻辑分析能力、文档编辑能

学习任务 2　家电配送中心选址与布局设计

5.1 物流从至表； 5.2 作业区的关联关系图； 5.3 作业区的位置关系图； 5.4 Visio 工具的基本操作	6.1 物流动线的概念； 6.2 物流动线的基本形式； 6.3 平面布局图	7.1 家电货区分类； 7.2 货区划分的原则	8.1 搬运设备； 8.2 存储设备； 8.3 配送中心的通道
5.1 运用物流从至表分析作业区的物流关系； 5.2 运用 Visio 软件绘制关联关系图； 5.3 运用 Visio 软件绘制位置关系图	6.1 分析物流动线； 6.2 制定总体规划方案大纲； 6.3 制定总体规划方案； 6.4 提交总体规划方案	7.1 明确货区分布的目标； 7.2 计算家电商品的货区分配数量； 7.3 运用 Visio 软件绘制货区分布图； 7.4 提交货区分布图	8.1 搬运设备的选择； 8.2 存储设备的选择； 8.3 通道的设计； 8.4 运用 Visio 软件绘制内部详细布局图
工作环节 4 **制定总体规划方案**		**工作环节 5** **设计内部详细布局**	
5.1 物流从至表； 5.2 作业区物流相关表； 5.3 作业区位置关系图	6.1 作业区域划分方案	7.1 货区分布图	8.1 内部详细布局图
逻辑分析能力、Visio 软件操作能力	文档编辑能力、逻辑分析能力	数学计算能力、Visio 软件操作能力	逻辑分析能力、Visio 软件操作能力

课程 9 配送中心运营管理

学习任务 2 家电配送中心选址与布局设计

1 配送中心的选址 → 2 配送中心的战略规划与管理 → 3 配送中心的资料收集与分析 → 4 制定总体规划方案 → 5 设计内部详细布局

	工作子步骤	教师活动	学生活动	评价
配送中心的选址	选址方案的制定	1. 任务前准备知识阶段,发送任务,要求学生学习配送中心的概念、功能及作用等相关知识。 2. 运用表格对比法对比配送中心与物流中心的差异,讲授配送中心的概念、功能。 3. 发送任务,要求学生学习配送中心选址的知识,并引入"企业的发展离不开什么"展开讨论。 4. 抽点学生回答选址问题,举例引导学生回答问题。 5. 若学生回答正确,给予表扬;若学生无法回答或回答有误,则安排下一位学生补充回答。 6. 发送任务,要求学生分组思考配送中心选址要考虑哪些因素,写在白纸上。 7. 选派组长进行点评。 8. 讲授在具体选址过程中,应遵循配送中心的原则。 9. 引导学生学习重心法选址方法,解析重心法的公式。 10. 举例运用重心法计算某超市的物流配送中心 X 的坐标位置。 11. 提供选址方案的大纲,分发任务,让学生完成选址方案。 12. 教师在课间巡回指导,确保每一位学生都能按大纲要求制作选址方案。 13. 教师使用多媒体教学软件屏控,检查学生提交文档情况并提供帮助。 14. 提供选址方案的评价规则,安排学生互评	1. 接收任务,利用辅助教材或网络理解配送中心的概念、功能及作用等相关知识。 2. 听教师上课,做好笔记。 3. 接收任务,利用辅助教材或网络理解配送中心选址的定义,认识企业发展需要技术创新、人才、管理思想、社会责任感。 4. 被抽点学生回答问题,其他学生听同学回答,并做好补充准备。 5. 其他学生补充回答问题。 6. 接收任务,将选址因素罗列在白纸上。 7. 归纳总结,写在工作页上。 8. 认真听教师介绍配送中心的原则,并做好笔记。 9. 认真听教师讲重心法的知识点。 10. 试算例题中 Y 的坐标位置,测试是否掌握重心法的方法。 11. 根据教师提供选址方案大纲说明,制作新家电配送中心的选址方案。 12. 完成选址方案。 13. 提交选址方案。 14. 同桌互换文档,根据选址方案的评价规则点评小组成果	1. 选址要考虑的因素(组长点评)。 2. 教师抽点回答点评(师评)。 3. 学生根据选址方案的评价规则相互评价汇报过程

课时: 12 课时

1. 硬资源:网络实训室(多媒体设备)等。
2. 软资源:工作页、Word 文档软件、选址方案的评价规则等。
3. 教学设施:大头笔、大白纸等

1 配送中心的选址 → 2 配送中心的战略规划与管理 → 3 配送中心的资料收集与分析 → 4 制定总体规划方案 → 5 设计内部详细布局

配送中心的战略规划与管理

工作子步骤	教师活动	学生活动	评价
配送中心战略规划报告的制定	1. 提出疑问，引导学生学习战略管理知识。 2. 抽点学生回答问题。 3. 引导学生理解战略管理的构成要素，理解市场渗透与市场开发、竞争优势的 3 种模型。 4. 讲解战略环境的分析内容中引入建设生态文明是关系人民福祉、关系民族未来的大计”展开讨论，并组织学生填写工作页。 5. 引导学生学习 SWOT 分析法。 6. 提供配送中心的战略规划报告大纲，分发任务，让学生完成报告。 7. 教师在课间巡回指导，确保每位学生能按大纲要求撰写报告。 8. 使用蜘蛛网屏控，检查学生提交文档情况并提供帮助。 9. 提供配送中心的战略规划报告评价规划，安排学生互评	1. 搜索网络和辅助教程，独自学习战略管理知识，把战略管理的概念和内容填写在工作页中。 2. 被抽点学生回答教师的问题。 3. 填写关于构成要素相关问题的工作页。 4. 填写工作页，对配送中心行业环境分析，列出 5 种竞争作用力，并深刻认识到贯彻绿色发展理念是企业可持续性发展的必然要求。 5. 学习 SWOT 分析法。 6. 根据教师提供战略规划报告的大纲说明，制作新家电配送中心的报告。 7. 完成报告。 8. 提交战略规划报告。 9. 同桌互换文档，根据配送中心的战略规划报告评价规则点评小组成果	1. 学生根据配送中心的战略规划报告评价规则相互评价成果（小组互评）。 2. 教师抽查学生成果，并进行点评（师评）

课时： 8 课时

1. 硬资源：网络实训室（多媒体设备）等。
2. 软资源：工作页、配送中心的战略规划报告大纲、辅助教材、配送中心的战略规划报告评价规则等

学习任务 2 家电配送中心选址与布局设计

1 配送中心的选址 → 2 配送中心的战略规划与管理 → 3 配送中心的资料收集与分析 → 4 制定总体规划方案 → 5 设计内部详细布局

配送中心的资料收集与分析

工作子步骤	教师活动	学生活动	评价
EIQ 分析	1. 讲解资料收集的内容，要求学生能在 10 分钟内记下来。 2. 采用 Excel 的 rand () 函数随机抽点学生回答。 3. 讲解物品特性。 4. 讲解储运单位分析。 5. 讲解配送中心常见的订单变动趋势分析。 6. 介绍 EIQ 分析的内容。 7. 举例学习如何做 EIQ 分析。 8. 抽查学生是否掌握 EIQ 统计的操作。 9. 指导学生使用 Excel 软件，使用函数统计 EQ、EN、IQ、IK。 10. 分发任务，完成对商品的 EIQ 分析。 11. 检查学生的作业。 12. 评价	1. 学习资料收集的内容,快速记忆 E、I、Q、R、S、T、C。 2. 被抽点学生回答问题，回答不出可求助班上一名同学代为回答，但课后要把问题和答案复述给小组组长。 3. 听教师讲解，识别物品特性。 4. 听教师讲解，分析配送中心常见的储运单位形式。 5. 听教师讲解，区别不同类型的变动趋势。 6. 学习 EIQ 分析的内容。 7. 听取教师讲 EIQ 统计例子。 8. 被抽学生回答问题。 9. 学习使用 Excel 软件，使用函数统计 EQ、EN、IQ、IK。 10. 完成课堂任务。 11. 提交 EIQ 分析结果。 12. 听教师讲解，修改答案	1.EIQ 分析方法的分析项目（小组互评）。 2. 教师抽点成果点评（师评）
课时： 6 课时 1. 硬资源：网络实训室（多媒体设备）等。 2. 软资源：工作页、辅助教材、EIQ 授课 PPT 等			
作业区域划分方案的制定	1. 使用学号抽点学生回答问题，并引导学生回顾 EIQ 分析的要点。 2. 使用 PPT 讲解配送中心常见的作业区域。 3. 根据任务情境，分配任务，让学生划分家电配送中心的作业区域。 4. 根据任务情境，分配任务，让学生描述作业区域的作业活动。 5. 提供作业区域划分方案的大纲说明，分发任务，让学生完成方案。 6. 在课间巡回指导，确保每个小组都能按大纲要求撰写方案。 7. 使用蜘蛛网屏控，检查各个小组提交文档情况并提供帮助。	1. 被抽点学生回顾 EIQ 分析的要点。 2. 听教师讲解，做好笔记。 3. 根据任务情境，接受任务，划分家电配送中心的作业区域。 4. 根据任务情境，描述作业区域的作业活动。 5. 根据教师提供作业区域划分方案的大纲说明，制作新家电配送中心的作业区域划分方案。 6. 分组完成方案。 7. 各小组提交方案。	1. 学生根据作业区域划分方案评价规则相互评价成果（小组互评）。 2. 教师对提交的成果进行点评（师评）

1 配送中心的选址 → 2 配送中心的战略规划与管理 → 3 配送中心的资料收集与分析 → 4 制定总体规划方案 → 5 设计内部详细布局

	工作子步骤	教师活动	学生活动	评价
配送中心的资料收集与分析		8. 提供作业区域划分方案评价规划评价规则，安排小组代表汇报方案，其他小组点评。 9. 小结，点评各组表现	8. 小组代表汇报小组方案，其他小组根据作业区域划分方案评价规则，点评小组成果。 9. 听教师小结，并修正方案	
	课时： 4 课时 1. 硬资源：网络实训室（多媒体设备）等。 2. 软资源：工作页、作业区域划分方案评价规则、辅助教材、作业区域划分方案大纲、配送中心的作业区域与作业活动 PPT 等			
制定总体规划方案	总体规划方案内容分析	1. 巡堂观察指导学生学习物流从至表，提出相关的 3 个问题。 2. 抽点学生 1 回答从至表行列的含义。 3. 补充物流从至表的知识。 4. 安排学生 3 分钟快速记忆物流强度等级的含义及比例。 5. 抽点学生 2 回答问题。 6. 分配任务，运用物流从至表分析作业区的物流关系。 7. 举例讲解作业区关系对 P=N（N-1）/2。 8. 使用 Visio 示范绘制作业区物流相关表。 9. 根据任务情境，安排学生绘制新家电配送中心物流关系表并巡堂提供帮助。 10. 讲解作业区关联关系分析内容。 11. 介绍作业区关系等级的线条和颜色表示。 12. 分配任务，根据任务情境，绘制作业区域关系图。 13. 使用蜘蛛网屏控，检查每个学生提交图表情况并提供帮助。 14. 点评学生作图情况。 15. 总结活动任务，安排学生写活动任务小结	1. 以小组为单位，利用网络资源或辅助教材了解物流从至表的知识。 2. 被抽点学生 1 回答从至表行列的含义。 3. 独自记忆 A、E、I、O、U 符号的含义。 4. 被抽点学生 2 回答问题。 5. 接受任务，运用物流从至表分析作业区的物流关系。 6. 听教师讲解，获知作业关系对。 7. 认真听讲要点，学习绘制作业区物流相关表。 8. 绘制新家电配送中心物流关系表，有问题咨询巡堂教师。 9. 认真听讲，并做笔记。 10. 听教师讲解，学习作业区关系等级的线条和颜色表示。 11. 接受任务,绘制作业区域关系图。 12. 提交作业区域关系图。 13. 听教师点评，修改图表。 14. 听教师总结，写出活动任务小结	1. 学生互评回答问题的准确性，评价物流从至表、作业区物流相关表、作业区位置关系图（小组互评）。 2. 教师点评小组任务完成情况（师评）
	课时： 4 课时 1. 硬资源：网络实训室（多媒体设备）等。 2. 软资源：工作页、作业区域划分方案评价规则、辅助教材、作业区域划分方案大纲、配送中心的作业区域与作业活动 PPT 等			

学习任务 2　家电配送中心选址与布局设计

1 配送中心的选址　2 配送中心的战略规划与管理　3 配送中心的资料收集与分析　4 制定总体规划方案　5 设计内部详细布局

	工作子步骤	教师活动	学生活动	评价
制定总体规划方案	总体规划方案的制定	1. 提出 3 个问题，引导学生学习物流动线的知识。 2. 抽点学生 1 口述 I 型和 U 型物流动线的特点。 3. 使用 PPT、图例介绍物流动线的基本形式、平面布局图。 4. 提供总体规划方案的大纲说明，分发任务，让学生完成方案。 5. 在课间巡回指导，确保每个小组都能按大纲要求撰写方案。 6. 使用蜘蛛网屏控，检查各个小组提交文档情况并提供帮助。 7. 提供总体规划方案评价规划评价规则，安排小组代表汇报方案，其他小组点评。 8. 小结、点评各组表现	1. 以小组为单位，利用网络资源或辅助教材了解物流动线的知识。 2. 被抽点学生 1 口述 I 型和 U 型物流动线的特点。 3. 听教师讲解物流动线的基本形式、平面布局图。 4. 根据教师提供的总体规划方案的大纲说明，制作新家电配送中心的总体规划方案。 5. 分组完成方案。 6. 各小组提交方案。 7. 小组代表汇报小组方案，其他小组根据总体规划方案评价规划评价规则，点评小组成果。 8. 听教师小结，并修正方案	1. 学生根据总体规划方案评价规则相互评价成果（小组互评）。 2. 教师对提交的成果进行点评（师评）
	课时： 8 课时 1. 硬资源：网络实训室（多媒体设备）等。 2. 软资源：工作页、辅助教材、总体规划方案评价规则、总体规划方案大纲、配送中心的物流动线基本形式 PPT 等			
设计内部详细布局	货区分布图的绘制	1. 提问，回顾上周的作业区域与作业活动内容。 2. 分配任务，让学生查找资料，了解都有哪些家电产品。 3. 使用 Excel 的 rand () 函数抽点学生回答家电产品。 4. 讲解货区划分的原则。 5. 根据任务情境，分配任务，抽点学生提问，以便了解学生是否明确货区分布的目标。 6. 示范计算商品的货区分配数量。 7. 根据任务情境，分配任务，安排学生计算商品的货区分配数量。 8. 分配任务，要求学生根据任务情境运用 Visio 软件绘制货区分布图，巡堂观察指导，并解答学生提出的问题。 9. 使用蜘蛛网接收作业。	1. 回顾知识点和技能点，回答问题。 2. 接受任务，查找资料，了解家电产品。 3. 被抽点学生回答问题。 4. 听讲，做笔记。 5. 被抽点学生回答货区分布的目标。 6. 观察教师示范操作，并理解。 7. 接受任务，完成商品的货区分配数量。 8. 接受任务，运用 Visio 软件绘制货区分布图，遇到操作问题举手请教教师。 9. 提交货区分布图。	1. 评价绘制货区分布图的步骤（小组互评）。 2. 教师对提交的成果进行点评（师评）

基准学时：50

1 配送中心的选址
2 配送中心的战略规划与管理
3 配送中心的资料收集与分析
4 制定总体规划方案
5 设计内部详细布局

<table>
<tr><th></th><th>工作子步骤</th><th>教师活动</th><th>学生活动</th><th>评价</th></tr>
<tr><td rowspan="4">设计内部详细布局</td><td></td><td>10.把作业交叉发给学生,让学生点评成果。
11. 提供正确的货区分布图,并进行解释。
12. 抽点学生描述绘制货区分布图的步骤。
13. 小结</td><td>10. 交叉点评学生成果。
11. 听教师讲解，修正货区分布图。
12.被抽点学生描述货区分布图的步骤。
13. 听教师小结，记录要点</td><td></td></tr>
<tr><td colspan="4">课时：4 课时
1. 硬资源：网络实训室（多媒体设备）等。
2. 软资源：辅助教材、Visio 软件、工作页、货区分布图的参考图等</td></tr>
<tr><td>内部详细布局图的绘制</td><td>1. 提问，回顾上周货区分布图绘制的内容。
2. 讲解配送中心搬运设备类型。
3. 讲解配送中心存储设备类型。
4. 讲解通道原则、通道的类型。
5. 根据任务情境，分配任务，要求学生分组完成搬运设备的选择。
6. 安排小组代表汇报搬运设备的选择结果及理由。
7. 根据任务情境，分配任务，要求学生分组完成存储设备的选择。
8. 安排小组代表汇报存储设备的选择结果及理由。
9. 根据任务情境，分配任务，思考通道设计要考虑的因素。
10. 分配任务，要求学生根据任务情境运用 Visio 软件绘制内部详细布局图，巡堂观察指导，并解答学生提出的问题。
11. 接收作业。
12. 把作业交叉发给学生，让学生点评成果。
13.提供正确的内部详细布局图,并解释。
14. 抽点学生描述绘制内部详细布局图的步骤。
15. 小结</td><td>1. 回顾知识点和技能点，回答问题。
2.听教师讲解,识别配送中心搬运设备。
3.听教师讲解,识别配送中心存储设备。
4. 听讲，做笔记。
5. 分组完成搬运设备的选择。
6. 小组代表汇报搬运设备的选择结果及理由。
7. 分组完成存储设备的选择。
8. 小组代表汇报存储设备的选择结果及理由。
9.接受任务,查找网络资料或辅助教材,举手回答通道设计要考虑的因素。
10. 学生接受任务，运用 Visio 软件绘制内部详细布局图，遇到操作问题举手请教教师。
11. 提交内部详细布局图。
12. 交叉点评学生成果。
13.听教师讲解,修正内部详细布局图。
14. 被抽点学生描述内部详细布局图的步骤。
15. 听教师小结，记录要点</td><td>1. 评价绘制的货区分布图的步骤（小组互评）。
2. 教师对提交的成果进行点评（师评）</td></tr>
<tr><td colspan="4">课时：4 课时
1. 硬资源：网络实训室（多媒体设备）等。
2. 软资源：辅助教材、Visio 软件、工作页、内部详细布局参考图等</td></tr>
</table>

配送中心运营管理

考核标准

情境描述

广州美达物流公司是一家专门为各大连锁超市配送中小型家电产品的企业。它的客户包括沃尔玛、家乐福、大润发、卜蜂莲花、麦德龙等。随着业务的发展，为了更好地服务于用户的需求，需要建设一个大型的配送中心，并提供更好的在库商品保管保养作业、盘点作业及库存管理等服务，同时保障在库商品的安全。假设你是公司配送中心的经理，请根据目前公司的运营状况和实际需求，分析应该如何开展这些工作。

任务要求

1. 使用重心法确定配送中心的坐标位置。
2. 编制配送中心设施规划与设计的程序框架图。
3. 设计配送中心内部规划布局图（作业区布局图、配送中心平面布局图）。
4. 编制一套货品保管保养作业方案。
5. 根据 ABC 分类原则，对货品进行分类保管。
6. 展示介绍配送中心选址、设施的规划过程。

参考资料

实施任务时，可以使用所有的常见教学资料，如工作页、教材、管理手册、个人笔记等。

评价方式

由任课教师、专业教师、专业组长组成考评小组共同实施考核评价，取所有考核人员评分的平均分为学生考核成绩。

考核评分表

序号	项目	作业内容	配分	评分标准	扣分
1	选址	使用重心法确定配送中心的坐标位置	15	画出重心法示意图占 5 分； 求物体重心过程占 10 分	
2	设施规划	编制配送中心设施规划与设计的程序框架图	13	框架 6 阶段占 3 分； 每个阶段有任务内容占 10 分	
2	设施规划	编制是否符合行业标准规范	2	规范得 2 分； 不规范扣 2 分	
3	内部规划布局	设计配送中心内部规划布局图（作业区布局图、配送中心平面布局图）	20	作业区布局图占 10 分； 配送中心平面布局图 10 分	
4	保管保养作业	编制一套货品保管保养作业方案	20	方案包括仓库防盗、消防设施设备情况一览表和防火、防水、防电的检查一览表占 15 分； 有现状分析占 5 分	
5	在库管理	根据 ABC 分类原则，对货品进行分类保管	10	制作库存商品清单占 3 分； 处理数据占 3 分； 进行 ABC 分类占 4 分	
6	展示	展示介绍配送中心选址、设施的规划过程	20	友善、礼貌、有目光交流、微笑、语言表达流畅占 3 分； 对该项目分析内容正确，思路清晰占 10 分； 幻灯片美观整洁，风格一致，展示有动画占 5 分； 与考核人员有交流占 2 分	
合计			100		
考核人员签名：					

课程 10 运输调度管理

学习任务 1
汽车运输调度管理
（40）学时

学习任务 2
铁路运输调度管理
（40）学时

课程目标

学习完本课程后，学生应能够掌握在运输过程中可能出现的各种情况的处理，按照任务的要求，完成分析货量、流向，根据车源情况，选择合适车辆，合理安排司机出车时间，注重安全行驶制度，编制配载计划，严格按照操作安全制度要求组织装车、跟踪货物、货物到达以及运用严谨理性的态度做好点数工作等事宜，聚焦物流中的前沿信息技术，能运用现代运输中的新技术甩挂运输，并且能够接受货运合同变更，完成运输变更作业；同时严格执行行业安全环保管理制度和“8S”管理规定，具备文档编辑、分析解决问题、归纳总结、自主学习以及爱岗敬业的能力，规范办事、鉴赏评价等方面的能力，经常学习交通法规的新条例，避免车辆违反交通法规。具体要求如下：

1. 能基于任务要求，分析现有货量、流向。
2. 能够根据任务需求，分析车源情况，选择合适车辆。
3. 能够编制配载计划，组织装车。
4. 能够在货物到达后，做好点数工作。
5. 能够在运输过程中掌握甩挂技术，提高运输效率。
6. 能够在线跟踪货物情况，在货物到达后完成提货作业，发挥团队合作意识。
7. 能够正确运用相关的参数对运输调度进行考核。
8. 能够完成货运合同的变更要求。
9. 能够秉持忠于职守、乐学善学的事业精神和勤勤恳恳、一丝不苟的奉献精神。
10. 与客户沟通态度友善、回答专业及准确，遵循实事求是的原则，不欺骗客户。

课时：80

课程内容

根据课程目标逐条梳理学习内容：

1. 分析货源和车源的方法；
2. 车辆选择的依据；
3. 编制配载计划的方法；
4. 甩挂技术；
5. 铁路货运合同；
6. 办理铁路货运合同变更；
7. 卸车准备工作；
8. 铁路货运合同；
9. 铁路货运合同变更手续；
10. 卸车准备工作；
11. 提货业务流程；
12. 提货须知；
13. 到货通知的处理；
14. 铁路部门对货物储存的规定；
15. 客户的提货流程。

学习任务 1　汽车运输调度管理

任务描述

学习任务学时：40 课时

任务情境

2014 年 1 月 20 日，广州明达物流公司业务员小张共受理了两票货物，其中一票货是广州喜奇服装公司从白云区 3 号仓库运至河南郑州的 13 t 服装包托运业务，要求 1 月 24 日前送达；另一票货物是广州安南食品有限公司从白云区 3 号仓库运至河南郑州的 7 t 食品托运业务，要求 1 月 25 日前送达。部门主管安排调度员小李完成这两票货物的运输调度管理任务。企业运输调度员小李接到任务后，根据现有货量和货物流向，选择了合适的运输车辆，并根据配载原则、装车原则与技巧、装卸设备编制了配载计划，组织装车。装车后根据装车质量检查要点，检查装车质量，最后由上级部门进行调度考核。

运输调度管理

工作流程和标准

工作环节 1

接受任务，分析现有货量、流向

1

1. 接受任务，计算货物重量和体积；
2. 根据计算出的货物重量和体积，统计货物流量；
3. 根据任务要求，统计货物流向；
4. 在统计流量和流向过程中运用 Excel 统计工具进行统计。

主要成果：

1. 货量统计表；
2. 货物流向统计表；
3. 货物体积计算结果；
4. 货物重量计算结果。

工作环节 2

分析车源情况，选择合适车辆

2

1. 利用网络资源，查找货车分类，掌握不同类型的车辆装载的货物重量和体积；
2. 根据任务要求，统计出货量，选择合适的车辆；
3. 掌握选择车辆的依据；
4. 对比选择不同的车辆成本，选择成本最少的作为本次任务的车辆；
5. 分组讨论和总结甩挂技术的特点及其应用以及成本构成。

主要成果：

1. 车辆分类表；
2. 车辆成本比较表。

工作环节 3

编制配载计划，组织装车

3

1. 掌握车辆配置的目标和原则；
2. 根据车辆配置的目标和原则，完成本次任务的车辆配载计划表；
3. 掌握各种装卸设备工具的特点和规范操作要点，为本次任务选择合适的装卸搬运工具；
4. 根据配载计划表，安排货物装车，填写车辆装载清单。

主要成果：
1. 车辆配载计划表；
2. 车辆装载清单；
3. 车辆装载顺序表。

工作环节 4

在线跟踪货物情况

4

1. 掌握车辆管理系统的工作原理；
2. 能利用车辆管理系统，完成本次任务的货物跟踪；
3. 列举货物在运输过程中会出现的各种异常情况以及处理方法；
4. 认识货物运输变更，掌握运输变更的限制条件和方法；
5. 能正确填写货物运输变更申请书，完成任务的要求。

主要成果：货物运输变更申请书。

工作环节 5

货物到达，考核运输调度情况

5

1. 认识运输调度考核表中的各项指标，根据重要程度，并给每项配分；
2. 根据任务完成情况，填写运输调度考核表；
3. 总结调度工作经验。

主要成果：运输调度考核表。

学习内容

知识点	1.1 货量的含义； 1.2 货物流向的含义； 1.3 Excel 统计工具的使用	2.1 货车分类知识； 2.2 车辆选择依据； 2.3 现有车源分析方法； 2.4 运输成本的计算方法； 2.5 甩挂技术的特点； 2.6 产生的背景和意义以及成本构成	3.1 配载原则； 3.2 配载目标； 3.3 装车原则； 3.4 装车技巧； 3.5 装卸设备的认识
技能点	1.1 统计现有货量； 1.2 总结货物流向； 1.3 运用 Excel 表格进行统计	2.1 分辨出各种类型车辆的装载量及长度； 2.2 依据货物重量、体积，综合货物流量选择合适车辆； 2.3 分析现有车源； 2.4 计算出每种运输方法的成本，进行比较； 2.5 选择并确定车辆； 2.6 讨论甩挂技术的特点及其成本构成	3.1 运用配载原则，选择配载顺序； 3.2 按照配载顺序，制订配载计划表； 3.3 装车完毕后，填写车辆装载清单； 3.4 运用正确的装卸工具进行装车
工作环节	工作环节 1 接受任务，分析现有货量、流向	分析车源情况，选择合适车辆 工作环节 2	工作环节 3 编制配载计划，组织装车
成果	1.1 货物体积计算结果； 1.2 货物重量计算结果； 1.3 货量统计表； 1.4 货物流向统计表	2.1 车辆分类表； 2.2 车辆成本比较表	3.1 车辆装载顺序表； 3.2 车辆配载计划表； 3.3 车辆装载清单
素养	文档编辑能力、按规范办事能力、口头表达能力	自主学习能力、规范办事能力、技术应用	理解分析问题能力、规范办事能力、归纳总结能力

学习任务 1　汽车运输调度管理

4.1 认识车辆管理系统或管家宝； 4.2 运输过程异常情况类型； 4.3 货物运输变更申请书的格式； 4.4 货物运输变更内容和限制条件	5.1 调度考核表
4.1 使用车辆管理系统或管车宝在线跟踪货物情况； 4.2 根据任务要求，填写货物运输变更申请书，完成处理货运变更作业； 4.3 依据不同的情况运用不同的方法进行运输过程中异常情况处理； 4.4 掌握货运运输变更的条件，选择是否进行合同变更	5.1 编写调度考核表； 5.2 依据调度考核表，进行调度考核； 5.3 总结调度工作经验
工作环节 4 **在线跟踪货物情况**	**工作环节 5** **货物到达，考核运输调度情况**
4.1 货物运输变更申请书	5.1 运输调度考核表
理解分析问题能力、规范办事能力、归纳总结能力	自我剖析能力、总结归纳能力、鉴赏评价能力

课程 10 运输调度管理

学习任务 1 汽车运输调度管理

1 接受任务，分析现有货量、流向 → 2 分析车源情况，选择合适车辆 → 3 编制配载计划，组织装车 → 4 在线跟踪货物情况 → 5 货物到达，考核运输调度情况

	工作子步骤	教师活动	学生活动	评价
接受任务，分析现有货量、流向	统计现有货量，总结货物流向	1. 提出独自学习的规则，抽点学生回答。 2. 提出完成工作页规则、说明计算体积和重量的方法并抽点学生演示。 3. 说明填写货物流向统计表规则监控并提供帮助。 4. 监控并提供帮助。 5. 提出汇报规则和评价标准	1. 利用学习资源分析客户资料，完成货物体积和重量的计算。 2. 完成工作页的情境对话填写并展示。 3. 根据货量的含义，思考获知货量信息有何作用。 4. 归纳总结技巧	1. 分组展示填写的货物流向统计表并表明作用，教师抽点演示点评（师评）。 2. 学生根据评价标准相互评价汇报过程
	课时： 6 课时 1. 硬资源：网络实训室（多媒体设备）等。 2. 软资源：工作页、互评评价标准等。 3. 教学设施：画图工具等			
	运用 Excel 工具统计货物流向	1. 讲解各种 Excel 各种函数的功能和操作。 2. 提出任务，让学生运用 Excel 各种函数进行货物流向的统计，抽点学生成果点评。 3. 监督学生练习，观察指导。 4. 点评学生完成情况	1. 利用学习资源学习 Excel 各种函数知识。 2. 根据所学 Excel 知识统计货物流向。 3. 完成工作页的问题。 4. 展示统计的过程	1. 分组演示本组运用 Excel 各种函数完成货物流向统计的过程，教师抽点演示点评（师评）。 2. 学生根据评价标准相互评价汇报过程
	课时： 6 课时 1. 硬资源：网络实训室（多媒体设备）等。 2. 软资源：工作页、Excel 各种函数定义、互评评价标准等			
分析车源情况，选择合适车辆	分析现有车源	1. 提出学生独自学习的规则，抽点学生回答。 2. 提出完成工作页规则和说明，指导学生正确完成车辆分类表。 3. 说明如何计算车辆的出车成本	1. 利用学习资源找出货车的分类，填写车辆分类表。 2. 根据公司现有货车情况列表，找出空闲的车辆。 3. 根据已有资料，计算出车成本	1. 分组展示计算过程及计算的结果，教师抽点演示点评（师评）。 2. 学生根据评价标准相互评价汇报过程
	课时： 4 课时 1. 硬资源：网络实训室（多媒体设备）等。 2. 软资源：工作页、计算工具、互评评价标准等			

基准学时：40

1 接受任务，分析现有货量、流向 → 2 分析车源情况，选择合适车辆 → 3 编制配载计划，组织装车 → 4 在线跟踪货物情况 → 5 货物到达，考核运输调度情况

	工作子步骤	教师活动	学生活动	评价
分析车源情况，选择合适车辆	选择合适车辆	1. 提出学生独自学习的规则，抽点学生回答。 2. 提出选择车辆的依据。 3. 总结比较自有车辆和外请车辆。 4. 指出计算出车成本的方法。 5. 组织学生认识甩挂技术的相关知识，引导学生体会甩挂技术的优越性以及对社会的影响	1. 利用货物信息，根据车辆情况完成车辆的选择。 2. 列出自有车辆和外请车辆的优缺点。 3. 计算出车成本,每组根据计算结果，按照成本最低的原则选择车辆，展示本组选择的成果并阐述理由。 4. 通过网络查询甩挂技术的特点、产生的背景及其应用，分析本任务在使用甩挂技术车辆情况下的成本构成，与其他车辆的成本构成进行比较，说明选择甩挂技术车辆的原因，体会其优越性。 5. 完成工作页中的问题	1. 检查学生完成工作页的情况(师评)。 2. 学生根据评价标准相互评价汇报过程
	课时： 8 课时 1. 硬资源：网络实训室（多媒体设备）等。 2. 软资源：工作页、互评评价标准等			
编制配载计划，组织装车	运用配载原则，制作配载计划表	1. 提出学生独自学习的规则，抽点学生回答。 2. 讲解车辆配载的目标和原则，并让学生对本次任务进行分析。 3. 讲解填写车辆配载计划表的方法并指导学生完成。 4. 提出完成工作页规则和说明制作货物标签规则，并抽点学生演示。 5. 提出汇报规则和评价标准	1. 利用车辆配载的目标和原则分析本次任务是否符合要求。 2. 完成工作页中车辆配载计划表的填写。 3. 掌握标签的作用和内容。 4. 展示每组制作的货物标签并分小组按标准评价	1. 分组展示制作的货物标签，教师抽点演示点评（师评）。 2. 学生根据评价标准相互评价汇报过程
	课时： 3 课时 1. 硬资源：网络实训室（多媒体设备）等。 2. 软资源：工作页、互评评价标准等。 3. 教学设施：工具等			

学习任务 1　汽车运输调度管理

1 接受任务，分析现有货量、流向 → 2 分析车源情况，选择合适车辆 → 3 编制配载计划，组织装车 → 4 在线跟踪货物情况 → 5 货物到达，考核运输调度情况

	工作子步骤	教师活动	学生活动	评价
编制配载计划，组织装车	组织装车	1. 提出独自学习的规则，抽点学生回答。 2. 检查学生填写的装卸设备的内容和车辆装载原则，并提供帮助。 3. 提出完成工作页规则和说明，制作随车清单的要点及注意事项并抽点学生演示。 4. 提出汇报规则和评价标准	1. 利用学习资源查找各种装卸设备的特点和规范操作要点。 2. 查找车辆装载原则。 3. 填写车辆装载清单，分小组展示填写的随车清单，互评	1. 分组展示每组所填写的装载清单，教师抽点演示点评（师评）。 2. 学生根据评价标准相互评价汇报过程
	课时： 3 课时 1. 硬资源：网络实训室（多媒体设备）等。 2. 软资源：工作页、互评评价标准等			
在线跟踪货物情况	监控货物在途状态，办理货物运输变更业务	1. 提出独自学习的规则，抽点学生回答。 2. 提出完成工作页规则和说明，引导学生思考运输过程中的异常情况。 3. 指导学生完成货物运输变更申请书的填写并检查完成情况。 4. 监控并提供帮助	1. 利用学习资源查找车辆管理系统的工作原理。 2. 列举货物在运输过程中可能出现的异常情况。 3. 完成货物运输变更申请书的填写。 4. 掌握货物运输变更申请的限制条件	1. 分组展示本组填写的货物运输变更申请书，教师抽点演示点评（师评）。 2. 学生根据评价标准相互评价汇报过程
	课时： 6 课时 1. 硬资源：网络实训室（多媒体设备）等。 2. 软资源：卸货工具图片、工作页、互评评价标准等			

基准学时：40

1 接受任务，分析现有货量、流向 → 2 分析车源情况，选择合适车辆 → 3 编制配载计划，组织装车 → 4 在线跟踪货物情况 → 5 货物到达，考核运输调度情况

货物到达，考核运输调度情况

工作子步骤	教师活动	学生活动	评价
归纳总结	1. 提出独自学习的规则，抽点学生回答。 2. 引导学生思考运输调度考核表应该从哪些方面进行考核。 3. 学生练习，观察分组指导解答学生提出的问题。 4. 点评每组填写的运输调度考核表。 5. 提出互评规则和标准	1. 利用学习资源独自学习写作知识。 2. 完成工作页（学习心得）。 3. 列举运输调度考核表的考核指标。 4. 根据重要程度，给每个考核指标进行配分，并根据任务完成情况打分。 5. 交换，互评	1. 学生根据评价标准相互评价成果。 2. 教师对学生提交的成果进行点评（师评）

课时： 4 课时
1. 硬资源：网络实训室（多媒体设备）等。
2. 软资源：参考教材、工作页、讲授 PPT、互评评价标准等

学习任务 2　铁路运输调度管理

任务描述

学习任务学时：40 课时

任务情境

2014 年 2 月 20 日，美达物流公司新疆分公司物流部主管审核了新疆天山种子站的业务单，业务单记录的情况为：在 2014 年 2 月 28 日前把一批 120 t 的小麦从新疆天山种子站运送至河南省郑州中原区百盛粮食储备公司。美达物流公司运用铁路运输方式对这批货物进行运输。在运输的过程中，美达物流公司的调度员王 × 收到收货人提出更改目的地的要求，由原来的郑州站改为开封站。面对收货人提出的合同变更，王 × 首先要求收货人出示相关证件与资料，审核无误后，按照铁路部门规定填写货运合同变更要求书。收货人办理好手续后，王 × 把所有资料汇总后，递交给上级领导，顺利完成了本次合同变更，满足了客户的要求。

理

工作流程和标准

工作环节 1

签订铁路运输合同，接受运输

1

1. 接受货主委托，分析任务要求；
2. 明确任务，掌握铁路运输合同的要点，与托运人签订铁路运输合同；
3. 根据铁路运输合同的特征和要点，审核合同是否正确。

主要成果：铁路运输合同。

工作环节 2

对货运合同变更进行分析，确认是否受理

2

1. 掌握铁路货运合同变更的定义和特点，了解铁路货运合同变更的限制条件；
2. 根据铁路货运合同变更的限制条件，结合本次任务，审核是否符合要求；
3. 确认本次任务符合铁路货运合同变更的要求，开始受理变更业务。

主要成果：铁路运输合同变更要求书。

工作环节 3

安排填写货运合同变更要求书，进行审核

3

1. 确认受理铁路货运合同变更，通知申请人携带相关资料进行办理；
2. 根据任务要求，填写货物运输合同变更要求书；
3. 根据客户填写的货物运输合同变更要求书，按照填写要求进行审核；
4. 归纳货物运输合同变更要求书填写要点和注意事项。

主要成果：
1. 货物运输合同变更要求书；
2. 填写要点与注意事项。

工作环节 4

铁路运输货物到达作业

4

1. 卸车前，车站工作人员做好相关卸货准备，注意卸车的注意事项；
2. 卸车后，工作人员办理到货通知，与收货人联系，告知过来取货；
3. 根据铁路部门对货物保管期的规定，对客户的货物收取保管费；
4. 清楚客户过来取货需要带的提货资料，并在到货通知时提醒客户；
5. 熟悉铁路提货流程，按照提货流程给客户办理提货。

主要成果：
1. 提货签收单；
2. 货物暂存规定；
3. 提货流程。

学习内容

知识点	1.1 铁路运输合同的提出对象及提出需具备的条件； 1.2 铁路运输合同的概念； 1.3 铁路运输合同的特点	2.1 铁路货运合同变更的内容； 2.2 铁路货运合同变更的限制条件
技能点	1.1 确认铁路运输合同的提出方； 1.2 运用铁路货运合同的知识，填写铁路运输合同； 1.3 根据铁路运输合同的特点，对运输合同进行审核	2.1 确定合同变更的内容； 2.2 运用合同变更的限制条件，判断是否受理变更
工作环节	工作环节 1 签订铁路运输合同，接受运输	工作环节 2 对货运合同变更进行分析，确认是否受理
成果	1.1 铁路运输合同	2.1 铁路运输合同变更要求书
素养	文档编辑能力、按规范办事能力、口头表达能力	自主学习能力、规范办事能力

学习任务 2　铁路运输调度管理

3.1 货运合同变更要求书； 3.2 合同变更要求书的填写内容； 3.3 合同变更提出方需提供的资料	4.1 卸车前准备工作； 4.2 铁路部门对于到货通知和货物暂存的要求； 4.3 提货业务流程； 4.4 提货须知
3.1 进行货运合同变更要求书的填写； 3.2 运用合同变更要求书的填写要求，评判填写的正确性； 3.3 审核提出货运合同变更的资料是否齐全	4.1 在火车到达前，根据货物情况，选择好卸车工具和人员，做好卸车准备工作； 4.2 做好卸车后货物存放等后续工作； 4.3 卸货后，下达到货通知，通知客户过来取货； 4.4 根据铁路部门对于货物保管的要求，对货物收取相应的保管费； 4.5 根据铁路提货流程，协助收货人完成提货
工作环节 3 **安排填写货运合同变更要求书，进行审核**	**工作环节 4** **铁路运输货物到达作业**
3.1 填写要点与注意事项； 3.2 货物运输合同变更要求书	4.1 铁路部门对于货物保管的规定； 4.2 提货业务流程； 4.3 提货签收单
理解分析问题能力、规范办事能力、归纳总结能力	理解分析问题能力、规范办事能力、归纳总结能力

课程 10　运输调度管理

学习任务 2　铁路运输调度管理

1 签订铁路运输合同，接受运输 → 2 对货运合同变更进行分析，确认是否受理 → 3 安排填写货运合同变更要求书，进行审核 → 4 铁路运输货物到达作业

	工作子步骤	教师活动	学生活动	评价
签订铁路运输合同，接受运输	签订铁路运输合同	1. 提出学生独自学习的规则，抽点学生回答。 2. 引导学生讨论铁路运输合同的特征。 3. 说明填写铁路运输合同的要点。 4. 提出完成工作页规则，让学生分组完成铁路运输合同的签订。 5. 监控并提供帮助。 6. 提出汇报规则和评价标准	1. 利用学习资源分析客户资料，归纳铁路运输合同的特征。 2. 完成铁路运输合同的签订。 3. 根据铁路运输合同签订要点，分组交叉对铁路运输合同进行审核。 4. 完成工作页中的问题	学生根据评价标准相互评价汇报过程
签订铁路运输合同，接受运输	**课时：** 12 课时 1. 硬资源：网络实训室（多媒体设备）等。 2. 软资源：工作页、互评评价标准等			
对货运合同变更进行分析，确认是否受理	掌握铁路运输合同变更的特点	1. 提出独自学习的规则，抽点学生回答。 2. 提出完成工作页规则和说明铁路货运合同变更的特点。 3. 引导学生对铁路货运合同限制条件进行讨论	1. 利用学习资源查找铁路运输线路，找出沿线铁路站。 2. 完成工作页的情境对话填写并展示。 3. 根据铁路货运合同变更的定义讨论铁路货运合同变更的特点。 4. 分组讨论铁路货运合同变更有哪些限制条件	学生根据评价标准相互评价总结过程
对货运合同变更进行分析，确认是否受理	**课时：** 12 课时 1. 硬资源：网络实训室（多媒体设备）等。 2. 软资源：工作页、计算工具、互评评价标准等			

基准学时：40

1 签订铁路运输合同，接受运输 → 2 对货运合同变更进行分析，确认是否受理 → 3 安排填写货运合同变更要求书，进行审核 → 4 铁路运输货物到达作业

	工作子步骤	教师活动	学生活动	评价
安排填写货运合同变更要求书，进行审核	填写铁路货运合同变更要求书	1. 提出独自学习的规则，抽点学生回答。 2. 提出完成工作页。 3. 说明完成铁路运输变更要求的填写要求，监控并提供帮助。 4. 提出汇报规则和评价标准	1. 分析任务要求,掌握任务信息。 2. 完成工作页的情境对话填写并展示。 3. 按照铁路运输变更要求书的填写要求，完成填写。 4. 展示每组填写的铁路运输变更要求书，并分小组按标准进行评价	1. 分组展示填写的结果，教师抽点演示点评（师评）。 2. 学生根据评价标准相互评价汇报过程
	课时： 6 课时 1. 硬资源：网络实训室（多媒体设备）等。 2. 软资源：工作页、互评评价标准等			
铁路运输货物到达作业	完成卸货、提货工作，办理相关手续	1. 提出独自学习的规则，抽点学生回答。 2. 提出任务，说明完成铁路提货流程图的注意事项，抽点学生成果进行点评。 3. 监督学生练习，观察指导。 4. 提出互评规则和标准	1. 利用学习资源查找卸车准备工作内容。 2. 根据货物暂存的要求，完成到货通知。 3. 分组讨论铁路提货时需准备的资料。 4. 根据任务要求完成铁路提货流程图。 5. 分小组展示流程图，互评	1. 分组展示本组填写的铁路提货流程图并进行讲解，教师抽点演示点评（师评）。 2. 学生根据评价标准相互评价汇报过程
	课时： 10 课时 1. 硬资源：网络实训室（多媒体设备）等。 2. 软资源：工作页、货物签收单样本、互评评价标准等			

考核标准

情境描述

2008 年 4 月 19 日，托运人在广东省物资储运公司广州东站托运甘油，收货人是上海宏隆实业有限公司。货物运单记载，货物是甘油，共 240 件，价格 6 万元，铁桶包装。货物装入 P632697 号 60 t 棚车，由托运人自装自锁，施封号码 0276 号，托运人确定重量 60 t。在货物已装运发车后，广东省物资储运公司向广州火车东车站提出变更收货人与到站，收货人由上海宏隆实业有限公司变为赵 ×，卸货地点改为昆山车站。广州火车东车站在收到广东省物资储运公司的申请后，进行了审核，同意了广东省物资储运公司的要求，请协助广东省物资储运公司完成本次托运合同变更的手续。

任务要求

请根据铁路货运合同变更以及工作流程完成以下任务。

一、纸笔测试（制定完成工作任务的方案）

1. 阐述铁路货运合同变更的定义。

2. 阐述哪些情况下不能进行铁路货运合同的变更。

3. 完成铁路货运合同变更申请书的填写。

二、任务实操

解决方案完成后，根据作业操作流程，完成铁路货运合同的变更申请书的填写。

参考资料

回答上述问题时，可以使用所有的常见教学资料，如工作页、教材、快递作业规范、个人笔记等。

评价方式

由任课教师、专业组长、企业代表组成考评小组，对各小组提交的项目实施方案进行评审、提问和打分，按照评分表对其他考核内容进行打分，共同实施考核评价，取所有考核人员评分的平均分为学生考核成绩。

1. 阐述铁路货运合同变更的定义，占 20%。

2. 列出铁路货运合同变更的限制条件，占 25%。

3. 根据任务情境，完成铁路货运合同的变更，占 35%。

4. 问题处理方法的合理性、有效性、可行性，占 20%。

运输调度管理

课程 11 物流项目管理

学习任务

校园快件派取项目管理

（120）课时

课程目标

学习完本课程后，学生应能够理解项目管理的相关概论、工作内容和工作要求，明确项目管理工作流程，围绕项目经营管理目标，根据相关管理规定，完成包括项目前期评估，撰写项目分析报告、商业计划书、项目实施计划等项目资料；并按计划开展项目实施和管理；培养学生物流项目规划设计能力、市场调查能力、参与决策能力，进而提高学生的参与意识、责任意识、协作意识和创新创业意识；同时严格执行行业安全环保管理制度和 8S 管理规定，具备文档编辑、分析解决问题、归纳总结、自主学习能力，规范办事、鉴赏评价等方面的综合素质和能力。具体要求如下：

1. 正确描述和介绍“校园快件收发项目”的背景，根据项目管理流程步骤，接受“校园快件收发项目”管理任务，分析任务要求，明确关键工作环节。

2. 能够较准确地对“校园快件收发项目”开展的意义、项目预期目标、限制条件等进行初步分析，并形成项目需求建议书提交给上级领导审核。

3. 能够选用现金流量、净现值 、投资收益率等指标，通过对指标的计算，对“校园快件收发项目”的经济性做出分析与评价。

4. 能够理解并应用常见的成本计算方法，全面估算“校园快件收发项目”的项目成本，并使用挣得值评价曲线办法对项目成本进行评价和控制。

5. 能够应用项目调查分析法，针对“校园快件收发项目”的可行性问题开展市场调研，并完成项目可行性分析报告。

6. 能够根据项目实际实施环境和问题，应用工作分解结构图表办法等，合理制订“校园快件收发项目”计划书并提交给上级领导审核。

7. 能够运用经验类比法、历史数据等方法，围绕“校园快件收发项目”各项工作完成所需的工作时间，制定项目工作时间估算表，形成项目进度计划。

8. 能够根据项目计划，有序安排和监督“校园快件收发项目”实施过程，在运行模式、成本管理、场地、人员管理等方面敢于创新，敢于践行新思维和新模式；开展项目进度管理和风险评估，完成阶段性工作报告。

9. 能够阐述项目实施过程中可能存在的风险类型，正确分析“校园快件收发项目”可能存在的各项风险，提出科学、有效的防范措施，形成风险应对计划；提高自身项目风险防控意识。

10. 能够对项目实施情况进行汇报展示，要求不弄虚作假，不应付了事，踏实干活，谦虚谨慎；能够以公平、公正的态度评价他人表现，或诚恳地进行批评和自我批评，敢于担责。

11. 能够通过分析讨论和自身洞察力，挖掘校园快件收发项目商机，尝试将此“校园快件收发项目”打造成社区内的商业项目，制作一份商业项目计划书提交社区负责人，并在条件允许的情况下进行展示与汇报。

课时：120

课程内容

根据课程目标逐条梳理学习内容：

1. 项目的定义、特征、分类；

2. 项目计划制定的原则与步骤；

3. 项目计划所列出的任务清单；

4. 项目计划的种类与用途；

5.WBS 结构设计内容；

6. 项目工作分解结构表示形式；

7. 工作分解结构的制定方法；

8. 项目工作分解的步骤；

9. 计算工程量或工作量；

10. 进度安排的方法与内容；

11. 估算工作持续时间的依据和影响因素；

12. 工程时间估算方法；

13. 项目进度管理的影响因素和管理方法；

14. 项目进度计划编制方法；

15. 项目风险管理的概念、作用、类型、过程；

16. 项目风险识别的工具与技术；

17. 项目风险评估的含义和方法；

18. 项目风险处理的策略；

19. 市场调研的方法、流程；

20. 市场调查报告的格式、内容和撰写方法；

21. 项目实施安全事故典型案例及启示；

22. 商业项目计划书的作用、格式内容和撰写方法；

23.“双创”思维方式；

24. 创新创业的条件、方法和路径。

学习任务　校园快件派取项目管理

任务描述

学习任务学时：120 课时

任务情境

在社区居民和其他单位职员享受快递公司带来的“上门取派件”服务的便捷时，我院师生却不得不跑到校门外的路边，在大大小小的邮包中翻找自己的快件，尤其在各大电商节期间乱象更是严重，这不仅拖慢了快递员派件的速度，而且阻塞交通、影响学校形象，更重要的是存在交通安全隐患，使师生人身安全受到威胁。我院现代化物流实训基地的物流协会社团，针对目前我院校门外收发快件带来的诸多不便问题，提议在校内建立一个校园快件派取站，并牵头成立了“校园快件派取项目”。你是项目组成员之一，请协助项目组，对项目的成本、效益、可行性等进行全面的分析和评估，形成相关的分析报告。依据项目可行性分析的数据，制订快件派取项目的进度计划方案并实施管理。在实施过程中，项目组预先估计项目的各项风险，及时监控并识别，运用各种方法规避风险或者处理已出现的风险情况。最后总结快件派取项目的成果及出现的问题，制订项目改进方案。

物流项目管理

工作流程和标准

工作环节 1

接受任务

1

根据我院师生面临的实际情况，对项目进行认知，列举项目的分属以及注意事项，促进项目建设的顺利进行。另外，面对我院师生的需求，由项目组负责教师从其备选方案中选出可行性较高的方案，并就项目的目标、功能、范围以及项目设计的各主要因素、大体轮廓进行设想和界定。

1. 项目认知：围绕本校园快件派取项目成立的背景，以“何为项目以及如何开展项目管理”为题，组织各项目小组的学生，制作 PPT 对项目的定义、特征、分类、要素、项目管理内容和过程等概述内容进行自学、展示介绍。
2. 教师组织各项目小组识别和构思校园快件派取项目，对快件派取项目的必要性、限制条件、实施后的影响和项目的资源需求做出初步分析，形成校园快件派取项目需求建议书，并提交给教师进行审核。
3. 教师审阅各项目小组所提交的项目需求建议书，选出 1~2 份较好的，由小组派代表进行展示。在此过程中教师进行指导，提出修改建议。

主要成果：

1. “何为项目以及如何开展项目管理”PPT；
2. 项目需求建议书。

工作环节 2

进行项目的可行性分析

2

对校园快件派取项目进行可行性分析，其中包括项目的经济性评价、不确定性分析、成本估算可行性分析报告的认知活动，调查报告和可行性分析报告的编制。

1. 项目的经济性评价。引导学生进行项目经济指标认知活动（了解现金流量、净现值和内外部收益率等经济性评价指标及其含义等）；各小组结合项目实际，对校园快件派取项目进行经济性评价，通过 PPT 的形式进行展示和阐述。
2. 成本估算。让学生利用网络进行成本估算的工具和技术的认知活动，制作成本估算的工具和技术分析表，并选择合适的方法对校园快件派取项目内的各项工作进行成本估算，预估完成项目各项工作所需资源的总费用的近似值，制作项目成本预估表。
3. 不确定性分析。制作敏感性因素变化率与盈亏平衡图。
4. 认知可行性分析报告。组织学生通过书本资料和网络了解项目可行性分析报告的价值及其步骤，明确可行性分析的目标和范围，收集并调查、分析相关资料，制作项目可行性分析报告概述（PPT）。
5. 编制调查报告。各项目小组利用课余时间收集资料，设计一份合适的调查问卷，并在校内师生中开展问卷调查活动，然后将活动过程中收集的资料，选择恰当的方法进行统计、分析，并得出结论。在此基础上，参照样例，编制一份调查报告。
6. 编制可行分析报告。各小组通过对前期任务数据的计算和调查报告，拟定一份可行方案，提交给教师。由教师和各小组组长经讨论后确定最优方案，最后各小组根据最优方案编制项目可行性分析报告，并附各小组成员分工表。

主要成果：

1. 校园快件派取项目的经济性评价（PPT）；
2. 项目成本预估表；
3. 成本估算的工具和技术分析表；
4. 敏感性因素变化率与盈亏平衡图；
5. 项目可行性分析报告概述（PPT）；
6. 校园快件派取项目调查问卷；
7. 调查报告；
8. 快件派取项目可行性分析报告；
9. 小组成员分工表。

学习任务　校园快件派取项目管理

工作环节 3

校园快件派取项目实施与管理

根据项目经济效果的评价、成本估算及项目可行性分析，明确该快件派取项目是可行的。现根据可行性分析所得的数据，制订快件收取项目的进度计划方案并实施管理。实施过程中，项目组对项目进行风险评估与实施过程控制，保证项目各项工作能顺利进行并发挥积极作用。

1. 根据校内环境、现有资源与条件，及校内师生的快件派取需求调查情况，进行项目描述。通过对校园快件项目的工作分解结构，项目组根据项目工作分工的范围、内容等数据信息，完成项目中各项工作描述、工作责任分配以及工作关系确定，并编制项目工作描述表。
2. 组织学生运用经验类比法、历史数据等方法，估算每项工作完成所需的工作时间、突发事件处理时间、有效工作时间，制定项目工作时间估算表 (Excel)。
3. 根据各项进度工作所得的项目描述、工作描述及工作时间估算的结果，项目组运用甘特图法、里程碑法等方法得出能在合理的时间有效完成各项快件收取工作的进度计划及实施控制措施，编制项目进度计划以及项目进度实施方案。
4. 教师收集有关物流项目工程实施过程中出现的重大安全事故及其处理结果的典型案例，分发给学生进行查看和学习，组织学生进行风险管理的重要性和责任感的讨论。
5. 项目组根据快件派取对校园师生的学习生活影响、校园周边环境的影响以及包裹自身安全因素等情况，通过德尔菲技术、访谈等手段，识别快件派取在实施过程中可能遇到的风险情况，制作项目风险清单。
6. 对所列的风险清单内容通过统计法、决策树法等方法，评估风险的影响程度、先后顺序转化可能性等情况，为解决未知或已发生的风险打下基础，制作风险评价图表。
7. 结合风险评价图表中预想的各种具体风险状况，实施回避风险、预防风险、降低风险、转移风险等手段，控制并避免在项目实施各个环节中风险的发生，制订风险应对措施方案。

主要成果：

1. 项目工作描述表；
2. 项目工作时间估算表 (Excel)；
3. 校园快件派取项目进度管理计划；
4. 项目进度实施方案；
5. 项目风险清单；
6. 风险评价图表；
7. 风险应对措施方案。

工作环节 4

项目总结与改进

校园快件派取项目的实施，能有效改进校园收派件的流转速度，保证师生快递邮件的安全，改善校门口的良好秩序。但是在实施项目的过程中也发现了不少问题，如个别快件派送过程中损坏的责任划分，快件分派箱子的利用率与周转率的协调，快递物流公司的快件分配等问题。

1. 根据校园快件派取项目的实施效果，就快件收取安全、快件收取周转速度、校园门口收取秩序、快递物流公司派送效率、快件收取成本预算等，组织学生对校园快件派取项目进行总结，编写快件派取项目实施总结 PPT。
2. 根据项目实施过程的总结，引导学生通过网络相关案例学习，并对项目可行性方案、项目进度管理方案以及项目风险管理方案中与实施环节不相符的内容进行修改，制订能有效解决在实施过程中所出现的各项问题的方案，各小组制作项目改进方案。
3. 任务拓展。挖掘校园快件派取项目商机，尝试将此“校园快件派取项目”打造成社区内的商业项目，制作一份商业计划书提交社区负责人，并在条件允许的情况下进行展示与汇报。

主要成果：

1. 快件派取项目实施总结 PPT；
2. 校园快件派取项目改进方案；
3. 商业计划书。

学习内容

知识点	1.1 项目的概念及内涵； 1.2 物流项目管理的内涵； 1.3 项目的特征、要素； 1.4 项目需求建议书的作用； 1.5 需求建议书的内容和格式	2.1 常用的数据搜集方法； 2.2 经济性评价的定义及其意义； 2.3 经济性评价的步骤； 2.4 项目成本估算的意义； 2.5 成本估算的方法； 2.6 项目成本估算的步骤	3.1 项目运行中的不确定因素； 3.2 盈亏影响因素； 3.3 敏感因素变化； 3.4 可行性分析的概念及其价值； 3.5 可行性报告编制的要求及其内容	4.1 市场调研的方法； 4.2 调查报告的格式、内容和撰写要求； 4.3 可行性分析报告的编制
技能点	1.1 获取任务书中的关键信息； 1.2 理解项目及其管理的内涵； 1.3 收集、整理校园快件派取项目相关资料； 1.4 按要求制作 PPT 并进行展示汇报； 1.5 识别和构思校园快件派取项目； 1.6 分析快件派取项目的必要性、限制条件、实施后的影响和项目的资源需求等； 1.7 制作需求建议书	2.1 项目经济指标认知； 2.2 选择及应用适合的数据搜集方法； 2.3 对校园快件派取项目进行经济性评价； 2.4 认知成本估算的工具和技术 2.5 制作成本估算的工具和技术分析表； 2.6 选择合适的方法对项目内进行成本估算； 2.7 制作项目成本预估表	3.1 分析项目的不确定性因素； 3.2 计算敏感性因素变化率 3.3 制作盈亏平衡图； 3.4 明确可行性分析的目标和范围； 3.5 制作项目可行性分析报告概述（PPT）	4.1 明确调查目的，设计调查问卷； 4.2 开展问卷调查活动； 4.3 统计与分析调查结果； 4.4 编制调查报告； 4.5 根据前期任务数据的计算和调查报告，拟定可行方案； 4.6 讨论并确定最优方案； 4.7 根据最优方案编制项目可行性分析报告； 4.8 完善小组成员分工表并提交

工作环节

成果	1.1 “何为项目以及如何开展项目管理”PPT； 1.2 需求建议书	2.1 校园快件派取项目的经济性评价； 2.2 成本估算的工具和技术分析表； 2.3 项目成本预估表	3.1 盈亏平衡图、敏感性因素变化率； 3.2 项目可行性分析报告概述（PPT）	4.1 调查报告； 4.2 小组成员分工表； 4.3 项目可行性分析报告
素养	解决问题能力、沟通表达能力、办公文稿制作能力、理解分析能力	信息分析能力、数据搜集能力、计算能力、团队合作能力	计算能力、制图能力、团结合作能力、办公文稿制作能力、数据搜集能力	团结合作能力、综合分析能力、数据统计能力

学习任务　校园快件派取项目管理

5.1 项目分解与活动界定； 5.2 工作描述内容； 5.3 工作责任分配方法； 5.4 工作排序与工作关系确定； 5.5 计算工程量或工作量； 5.6 进度安排的方法与内容； 5.7 估算工作持续时间的依据和影响因素； 5.8 工作时间估算方法	6.1 项目进度管理的影响因素； 6.2 项目进度管理方法； 6.3 项目进度计划编制方法； 6.4 快件项目的实施内容； 6.5 项目的实施步骤； 6.6 项目风险管理的概念、作用、过程； 6.7 项目风险识别的工具与技术； 6.8 项目风险识别的依据； 6.9 项目风险识别的成果内容	7.1 项目风险评估的含义； 7.2 项目风险评估的工具； 7.3 项目风险评价的目的； 7.4 项目风险评估的方法； 7.5 项目风险控制的目标； 7.6 项目风险应对方案的依据	8.1 项目实施时出现的问题； 8.2 项目出现问题的解决措施； 8.3 项目总结的内容； 8.4 项目总结的步骤； 8.5 商业计划书的定义和作用； 8.6 商业计划书的内容和制作要求
5.1 归纳项目内各项工作的描述内容； 5.2 清晰明确各项工作责任，并在图表中标明责任联系； 5.3 合理排序每项工作并确定工作关系； 5.4 制定项目工作描述表； 5.5 计算每项工作的工作量； 5.6 估算每项工作所花的有效工作时间； 5.7 合理安排工作进度时间； 5.8 编制项目工作时间估算表	6.1 写出项目进度计划的流程步骤； 6.2 确定项目进度计划中各个步骤的内容； 6.3 编制校园快件派取项目进度管理计划； 6.4 项目实施的操作过程； 6.5 分辨已识别风险与潜在风险； 6.6 编制项目风险清单	7.1 确定风险评价的步骤； 7.2 运用统计法、决策树法等方法评价该项目风险影响程度； 7.3 编制风险评价图表； 7.4 根据项目风险评估正确选择项目风险处理策略； 7.5 正确描述项目风险监控的步骤与内容； 7.6 根据各种项目风险制订应对的计划； 7.7 编制风险应对计划书	8.1 分析项目实施效果，进行项目总结； 8.2 撰写项目实施总结，并进行展示汇报； 8.3 记录项目改进意见； 8.4 编制项目改进方案； 8.5 认知商业计划书； 8.6 讨论将校园项目扩展成社区项目的可能性； 8.7 制作商业计划书； 8.8 展示商业计划书

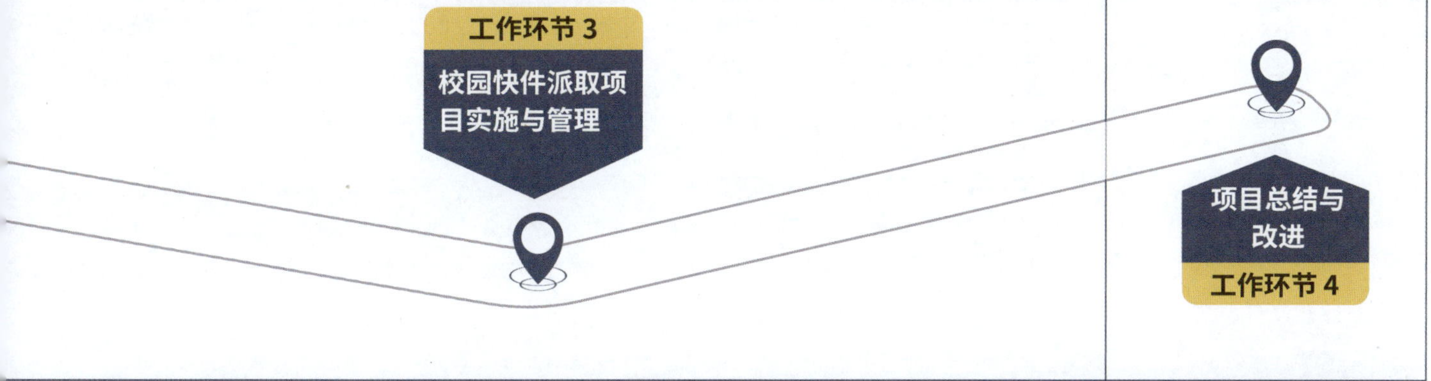

5.1 项目工作描述表； 5.2 项目工作时间估算表	6.1 校园快件派取项目进度管理计划； 6.2 项目进度实施方案； 6.3 项目风险清单	7.1 风险评价图表； 7.2 风险应对措施方案	8.1 快件派取项目实施总结 PPT； 8.2 校园快件派取项目改进方案； 8.3 商业计划书
获取关键信息能力、图示表达能力、任务分解能力	获取关键信息能力、团队合作意识、任务分解能力、团队协作精神、风险防控意识	团队协作精神、图示表达能力、风险防控意识	工作总结能力，自我剖析能力，技术运用、发现和解决问题能力，实证求真

课程 11　物流项目管理

学习任务　校园快件派取项目管理

1 接受任务　2 进行项目的可行性分析　3 校园快件派取项目实施与管理　4 项目总结与改进

接受任务

工作子步骤	教师活动	学生活动	评价
项目认知	1. 展示及要求学生阅读本次的任务单，引导学生辨识任务单的内容及要求，并说明工作页中的相关要求。 2. 提出填答工作页中关于任务单的内容及要求的问题，说明工作页中的相关要求。 3. 抽检学生回答工作页中关于任务单的内容及要求的答案并点评其准确性。 4. 讲述新课内容，引导学生分析项目管理的内容。 5. 提出制作项目管理概述 PPT 规则。 6. 抽查学生回答工作页中关于项目管理的问题并点评其准确性。 7. 提出小组制作 PPT 并说明工作页中的要求。 8. 巡察监控课堂，回答学生学习过程中遇到的问题，集中讲解共性问题。 9. 提出小组汇报 PPT 的要求，听看小组展示及互评并点评学生讲述过程中的优缺点，对 PPT 提出修改建议。 10. 对小组修改后的客户个人信息表给予分数及简短文字评价。 11. 对本课堂的学生学习过程的表现及学习成果质量进行小结，并提出今后实际工作中的注意事项	1. 独自阅读任务单，标注任务单中的工作内容及要求。 2. 按要求独自填答工作页中关于任务单的内容及要求的问题。 3. 回答工作页中关于任务单中内容及要求的答案，听点评。 4. 听课并在教师指引下思考、分析项目的特征分类及其要素。 5. 独自阅读项目管理知识点，并完成填写工作页中关于项目认知的任务。 6. 回答工作页中关于项目认知的问题，听点评。 7. 学习过程中遇到的各种问题与教师个别沟通或听课。 8. 对客户个人信息进行查重、补漏。 9. 以小组形式制作项目管理概述 PPT，提交小组讨论，选出最优的发言人讲述 PPT。 10. 根据修改建议修改项目管理概述 PPT，并上交。 11. 认真聆听教师的小结	1. 抽检学生回答工作页中关于任务单的内容及要求的答案并点评其准确性（他评）。 2. 抽查学生回答工作页中关于项目及其管理的问题并点评其准确性（师评）。 3. 根据学生角色扮演现场表现情况进行点评（师评及互评，多元化评价）。 4. 对制作的 PPT 进行评价（自评）。 5. 展示项目管理概述 PPT，并进行自评、互评、师评（多元化评价）。 6. 对小组修改后的 PPT 给予分数及简短文字评价（定性及定量评价）

课时：6 课时

1. 软资源：物流项目管理工作页、项目概述、授课教师制作的授课 PPT。
2. 硬资源：多媒体一体机、手机（在教师的监控下使用）、展示白板等

基准学时：120

1 接受任务　2 进行项目的可行性分析　3 校园快件派取项目实施与管理　4 项目总结与改进

接受任务

工作子步骤	教师活动	学生活动	评价
制作需求建议书	1. 展示及要求学生阅读清晰、简洁和视觉化地介绍我校及京东物流基本情况的 PPT，并引导学生分析 Word 软件的用途及制作 Word 的注意事项。 2. 提出填答工作页中关于我校及京东物流基本情况，Word 软件的用途及制作需求建议书注意事项的问题及说明要求。 3. 抽检填答工作页中关于我校及京东物流基本情况、Word 软件的用途及制作文档注意事项的问题并点评其准确性。 4. 呈现并结合项目识别和构思的方法，提出填答工作页中关于项目识别和构思的问题。 5. 抽检填答工作页中关于项目识别和构思的问题并点评其准确性。 6. 组织各项目小组识别和构思校园快件派取项目，对快件派取项目的必要性、限制条件、实施后的影响和项目的资源需求做出初步分析，形成校园快件派取项目需求建议书。 7. 巡回观察学生表现，适时帮助学生解决在制作需求建议书过程中遇到的问题，对于共性问题教师集中讲解。 8. 组织各小组汇报介绍需求建议书的结构和内容，组织小组互评并点评，提出修改建议。 9. 根据上交的文档给出分数评价和简短文字评价。 10. 对本课堂中学生学习过程的表现及学习成果质量进行小结，并提出今后实际工作中的注意事项	1. 独自观看介绍我校与京东基本情况的 PPT，在教师的指导下思考、分析 Word 软件的用途及制作 Word 的注意事项。 2. 按要求独自填答工作页中关于我校及京东基本情况、Word 软件的用途、制作 Word 注意事项等问题。 3. 回答教师关于我校及京东物流基本情况、Word 软件的用途及制作需求建议书注意事项的问题，然后听取相关点评。 4. 听课及做笔记并填答工作页中关于需求建议书的相关问题，如有疑问可以小组讨论。 5. 回答教师关于需求建议书的问题，然后听取相关点评，如有疑问与教师探讨。 6. 小组分工协作根据工作页中提供的公司资料，提取关键词，运用 Word 文档制作一份项目需求建议书。 7. 制作需求建议书的过程中遇到的种种问题先由小组讨论解决，必要时与教师个别沟通或讨论。 8. 汇报及陈述快件派取项目的必要性、限制条件、实施后的影响和大体轮廓。 9. 根据修改建议修改并上交。 10. 认真聆听教师的小结	1. 抽检填答工作页中关于我校及京东物流基本情况及制作 Word 文档注意事项的问题并点评其准确性（师评）。 2. 抽检填答工作页中关于项目识别和构思的问题并点评其准确性（师评）。 3. 小组汇报校园快件派取项目的 Word 文档，小组自评、互评，教师点评，提出修改建议（自评与他评）。 4. 对学生制作修改后的 PPT，教师给予分数及简短文字评价（定性及定量评价）

课时： 6 课时

1. 软资源：物流项目管理工作页、介绍广州市工贸技师学院及京东物流基本情况 PPT、授课教师制作的 PPT、办公软件（Microsoft 2010 版或 WPS）。
2. 硬资源：多媒体一体机、手机（在教师的监控下使用）、机房、展示白板等

物流项目管理

课程 11 物流项目管理

学习任务　校园快件派取项目管理

1 接受任务 → 2 进行项目的可行性分析 → 3 校园快件派取项目实施与管理 → 4 项目总结与改进

进行项目的可行性分析

工作子步骤	教师活动	学生活动	评价
项目的经济性评价	1. 给学生提出阅读工作页经济评价的相关基础知识。 2. 提出填答工作页中关于项目经济性评价的问题，并说明工作页中的要求。 3. 抽检学生回答工作页中关于项目经济评价及其指标问题并点评其准确性。 4. 集中讲授常用数据项目经济性评价指标测算分析方法的知识点，重点讲解对比分析法，抽检学生回答问题并点评其准确性。 5. 提出学生制作经济效果评价指标简介（PPT），并说明制作规则。 6. 巡察并监控课堂，在学生制作本次PPT 制作过程中适时给予帮助，对共性问题集中讲解。 7. 提出小组汇报本次接待任务的启示的要求，听看小组展示、互评并点评，提出修改建议。 8. 根据上交的本次接待任务的启示给出分数评价和简短文字评价。 9. 提出学生搜集项目经济性评价指标所需数据的要求，并要求其根据对应数据测算相应的指标。 10. 布置任务，让学生根据校园快件收发项目本身的情况做出项目经济性评价（PPT），根据学生的情况给予指导。 11. 组织学生汇报各小组的成果，并逐一点评其优缺点。 12. 对本步骤下学生学习过程的表现及学习成果质量进行小结，并提出今后实际工作中的注意事项	1. 按照要求独自搜集快件收发项目经济性评价所需的指标，在教师的指引下思考、分析数据搜集的方法。 2. 按要求独自填答工作页中关于数据搜集方法及其注意事项等问题。 3. 回答工作页中关于数据搜集方法及其注意事项等问题并聆听点评。 4. 认真听课，回答有关数据分析方法的问题并选择适合本次项目分析的方法。 5. 独自制作经济性评价指标（PPT）。 6. 汇报 PPT。 7. 根据教师的点评，各小组总结自身的优缺点，以及需要改进的地方。 8. 搜集项目经济性评价各项指标需要的数据。 9. 通过搜集的数据对各项指标进行计算，并通过各层数据对项目做出整体的项目经济性评价。 10. 汇报及陈述本次经济性评价，聆听并记录点评意见、修改建议。 11. 根据修改建议修改本次项目经济性评价，并上交。 12. 认真聆听教师的小结	1. 抽检学生填答工作页中关于项目经济性评价的相关问题并点评其准确性。 2. 回答工作页中关于项目经济性评价及其指标的相关问题，教师抽答点评其准确性（师评）。 3. 小组汇报本次接待任务的启示，听看小组展示、互评并点评，提出修改建议（自评、互评、他评）。 4. 对上交的本次任务给出分数评价和简短文字评价（定型及定量评价）

课时： 12 课时

1. 软资源：物流项目管理工作页、项目经济性评价及其指标的基础知识（PPT）、授课教师制作的授课 PPT、办公软件。
2. 硬资源：多媒体一体机、手机（在教师的监控下使用）等

基准学时：120

1 接受任务　2 进行项目的可行性分析　3 校园快件派取项目实施与管理　4 项目总结与改进

进行项目的可行性分析

工作子步骤	教师活动	学生活动	评价
成本估算	1. 给学生提出阅读成本估算的相关基础知识，并引导学生学习成本估算的工具和技术。 2. 提出填答工作页中关于项目成本估算的问题，并说明工作页中的要求。 3. 抽检学生回答工作页中关于成本估算的问题并点评其准确性。 4. 提出学生制作成本估算的工具和技术（Word），并说明制作规则。 5. 巡察并监控课堂，在学生制作本次 PPT 制作过程中适时给予帮助，对共性问题集中讲解。 6. 提出小组汇报本次任务的 Word 文档的要求，听看小组展示、互评并点评，提出修改建议。 7. 对上交的本次任务的Word文档，给出分数评价和简短文字评价。 8. 组织学生汇报学习成果。 9. 提出学生搜集项目成本估算所需数据的要求，并根据对应数据测算相应的指标。 10. 布置任务，让学生根据校园快件收发项目本身的情况计算完成项目所需资源近似值的要求，根据学生的情况给予指导。 11. 组织学生汇报各小组的成果，并逐一点评其优缺点。 12. 对本步骤下学生学习过程的表现及学习成果质量进行小结，并提出今后实际工作中的注意事项	1. 根据工作页和课本，在教师的引导下学习成本估算的相关知识点，标注关键词。 2. 填答工作页中关于成本估算的相关问题，然后听取相关点评。 3. 各小组进行分工，通过网络资源和课本知识制作成本估算的工具和技术（Word）。 4. 汇报成果。 5. 各小组间互相点评，并在教师的带领下选择校园快件成本估算所需要的工具和技术。 6. 独立理解项目数据，在教师的指引下思考、分析、测算校园快件派取项目所需资源的近似值。 7. 个人独立完成净现值计算表的制作，小组讨论评出较优地完成校园快件派取项目所需资源的近似值。 8. 计算过程中遇到的种种问题先进行小组讨论，必要时与教师个别沟通或听课。 9. 汇报及陈述本次完成校园快件派取项目所需资源的近似值及其缘由，聆听并记录点评意见、修改建议。 10. 根据修改建议修改，并上交	1. 抽检学生填答工作页中有关项目成本估算的相关问题并点评其准确性（师评）。 2. 回答工作页中关于项目成本估算工具和技术的相关问题，教师抽答点评其准确性（师评）。 3. 小组汇报本次任务的成果，听看小组展示、互评并点评，提出修改建议（自评、互评、他评）。 4. 对上交的本次任务成果给出分数评价和简短文字评价（定型及定量评价）

课时： 6 课时

1. 软资源：物流项目管理工作页、授课教师制作的授课 PPT、办公软件（Microsoft 2010 版或 WPS）。
2. 硬资源：多媒体一体机、手机（在教师的监控下使用）、机房、展示白板等

物流项目管理

课程 11 物流项目管理

学习任务 校园快件派取项目管理

1 接受任务　2 进行项目的可行性分析　3 校园快件派取项目实施与管理　4 项目总结与改进

	工作子步骤	教师活动	学生活动	评价
进行项目的可行性分析	不确定性分析	1. 给学生提出阅读不确定分析的相关基础知识的要求。 2. 讲解不确定性分析的概念及其价值，并叮嘱学生做好笔记。 3. 提出填答工作页中关于不确定性分析的问题，并说明工作页中的要求。 4. 抽检学生回答工作页中关于不确定性分析的问题并点评其准确性。 5. 提出学生制作盈亏平衡图、敏感性因素变化率，并说明制作规则。 6. 巡察并监控课堂，在制作过程中给予帮助，对共性问题集中讲解。 7. 提出小组汇报本次任务成果的要求，听看小组展示、互评并点评，提出修改建议。 8. 对上交的本次任务成果给出分数评价和简短文字评价。 9. 对本步骤下学生学习过程的表现及学习成果质量进行小结，并提出今后实际工作中的注意事项	1. 根据工作页和课本，在教师的引导下学习项目不确定性分析的相关知识点，标注关键词。 2. 填答工作页中关于项目不确定性分析的相关问题，然后听取相关点评。 3. 各小组分工合作完成盈亏平衡图和敏感性因素变化率的制作。 4. 制作及计算过程中遇到的种种问题先由小组讨论，必要时与教师个别沟通或听课。 5. 汇报及陈述本次成果，聆听并记录点评意见、修改建议。 6. 根据修改建议修改，并上交	1. 抽检学生填答工作页中关于不确定性分析的相关问题并点评其准确性（师评）。 2. 小组汇报本次任务的成果，听看小组展示、互评并点评，提出修改建议（自评、互评、他评）。 3. 对上交的本次任务成果给出分数评价和简短文字评价（定型及定量评价）

课时：6 课时

1. 软资源：物流项目管理工作页、授课教师制作的授课 PPT、办公软件（Microsoft 2010 版或 WPS）。
2. 硬资源：多媒体一体机、手机（在教师的监控下使用）、机房、展示白板等

基准学时：120

① 接受任务 ② 进行项目的可行性分析 ③ 校园快件派取项目实施与管理 ④ 项目总结与改进

进行项目的可行性分析

工作子步骤	教师活动	学生活动	评价
认知可行性分析报告	1. 给学生提出阅读可行性分析的相关基础知识的要求。 2. 讲解可行性分析的概念及其价值，并叮嘱学生做好笔记。 3. 提出填答工作页中关于可行性分析的问题，并说明工作页中的要求。 4. 抽检学生回答工作页中关于不确定性分析的问题并点评其准确性。 5. 提出学生制作项目可行性分析报告概述（PPT）的要求，并说明工作页制作规则。 6. 巡察并监控课堂，在制作过程中适时给予帮助，对共性问题集中讲解。 7. 提出小组汇报本次任务成果的要求，听看小组展示、互评并点评，提出修改建议。 8. 根据上交的本次任务成果给出分数评价和简短文字评价。 9. 对本步骤下学生学习过程的表现及学习成果质量进行小结，并提出今后实际工作中的注意事项	1. 根据工作页和课本，在教师的引导下学习可行性分析的相关知识点，标注关键词。 2. 填答工作页中关于可行性分析的相关问题，然后听取相关点评。 3. 各小组分工合作完成项目可行性分析报告（PPT）的制作。 4. 制作过程中遇到的问题先由小组讨论，必要时与教师个别沟通或听课。 5. 汇报及陈述本次成果，聆听并记录点评意见、修改建议。 6. 根据修改建议修改，并上交	1. 抽检学生填答工作页中关于项目成本估算的相关问题并点评其准确性（师评）。 2. 回答工作页中关于项目成本估算工具和技术的相关问题，教师抽答点评其准确性（师评）。 3. 小组汇报本次任务的成果，听看小组展示、互评并点评，提出修改建议（自评、互评、他评）。 4. 对上交的本次任务成果给出分数评价和简短文字评价（定型及定量评价）

课时： 6 课时

1. 软资源：物流项目管理工作页、授课教师制作的授课 PPT、办公软件（Microsoft 2010 版或 WPS）。
2. 硬资源：多媒体一体机、手机（在教师的监控下使用）、机房、展示白板等

课程 11 物流项目管理

学习任务 校园快件派取项目管理

1 接受任务 → 2 进行项目的可行性分析 → 3 校园快件派取项目实施与管理 → 4 项目总结与改进

进行项目的可行性分析

工作子步骤	教师活动	学生活动	评价
编制调查报告	1. 给学生提出阅读调查问卷及调查报告的相关基础知识的要求。 2. 讲解调查问卷和调查报告，并叮嘱学生做好笔记。 3. 提出填答工作页中关于调查问卷和调查报告的问题，并说明工作页中的要求。 4. 引导学生利用课余和课堂实际制作调查问卷，并通过其搜集的数据编制调查报告，说明制作规则；鼓励学生积极、主动、自信地开展调查活动，勇于克服各种困难；对学生遇到的困难给予及时的回应和指导，共同探讨解决办法。 5. 抽检学生回答工作页中调查报告的问题并点评其准确性。 6. 巡察并监控课堂，在制作过程中适时给予帮助，对共性问题集中讲解。 7. 提出小组汇报本次任务成果的要求，听看小组展示、互评并点评，提出修改建议。 8. 根据上交的本次任务成果给出分数评价和简短文字评价。 9. 对本步骤下学生学习过程的表现及学习成果质量进行小结，并提出今后实际工作中的注意事项	1. 根据工作页和课本，在教师的引导下学习市场调研的方法，如何制作调查问卷等，并围绕本次调研的目的，尝试设计一份合适的调查问卷。 2. 各小组学生利用课余和课堂到校内开展问卷调查活动，引导师生填写问卷调查表，并妥善保管活动过程资料。 3. 各小组对访问和实地调研活动得到的数据进行分析，提取对完成校园快件派取项目有用的数据。 4. 各小组对有效的数据进行二次分析，并进行调查报告的编制活动。 5. 汇报及陈述本次成果。 6. 聆听并记录点评意见、修改建议。 7. 根据修改建议修改，并上交	1. 抽检学生填答工作页中关于调查报告的问题并点评其准确性（师评）。 2. 小组汇报本次任务的成果，听看小组展示、互评并点评，提出修改建议（自评、互评、他评）。 3. 根据上交的本次任务成果给出分数评价和简短文字评价（定型及定量评价）

课时： 12 课时

1. 软资源：物流项目管理工作页、授课教师制作的授课 PPT、办公软件（Microsoft 2010 版或 WPS）。
2. 硬资源：多媒体一体机、手机（在教师的监控下使用）、机房、展示白板等

基准学时：120

1 接受任务 → 2 进行项目的可行性分析 → 3 校园快件派取项目实施与管理 → 4 项目总结与改进

进行项目的可行性分析

工作子步骤	教师活动	学生活动	评价
编制可行性分析报告	1. 提出学生阅读工作页中关于如何整合数据的要求。 2. 讲解如何整合既往数据，并叮嘱学生做好笔记。 3. 提出填答整合数据的问题，并说明工作页中的要求。 4. 抽检学生回答工作页中整合的问题并点评其准确性。 5. 提出制作校园快件收发项目可行性分析报告的要求，并说明制作规则。 6. 巡察并监控课堂，在制作过程中适时给予帮助，对共性问题集中讲解。 7. 提出小组汇报本次任务成果的要求，听看小组展示、互评并点评，提出修改建议。 8. 根据上交的本次任务成果给出分数评价和简短文字评价。 9. 对本步骤下学生学习过程的表现及学习成果质量进行小结，并提出今后实际工作中的注意事项	1. 根据工作页和课本，在教师的引导下学习如何整合可行性分析报告所需的数据。 2. 各小组分析既往测算数据，拟定各类可行方案。 3. 各小组比较可行方案间的优劣，并从中选取一种最优方案。 4. 利用选取的最优方案编制校园快件派取项目的可行性分析报告。 5. 汇报及陈述本次成果。 6. 聆听并记录点评意见、修改建议。 7. 根据修改建议修改，并上交	1. 抽检学生填答工作页中关于制作项目可行性分析报告的问题并点评其准确性（师评）。 2. 小组汇报本次任务的成果，听看小组展示、互评并点评，提出修改建议（自评、互评、他评）。 3. 对上交的本次任务成果给出分数评价和简短文字评价（定型及定量评价）

课时： 12 课时

1. 软资源：物流项目管理工作页、授课教师制作的授课 PPT、办公软件（Microsoft 2010 版或 WPS）。
2. 硬资源：多媒体一体机、手机（在教师的监控下使用）、机房、展示白板等

物流项目管理

课程 11　物流项目管理

学习任务　校园快件派取项目管理

1 接受任务　2 进行项目的可行性分析　3 校园快件派取项目实施与管理　4 项目总结与改进

校园快件派取项目实施与管理

工作子步骤	教师活动	学生活动	评价
完成项目中各项工作描述、工作责任分配以及工作关系确定，并制定项目工作描述表	1. 下发教学 PPT，抽点学生回答如何界定并分解项目各项活动。 2. 指导学生了解自由市场法的学习规则，引导学生分组完成工作职责划分、工作描述及工作关系确定等内容。 3. 对各小组填写的合理安排快件收取工作职责、工作排序等项目工作描述表内容进行控制与指导。 4. 提出互评规则与标准。	1. 利用教师所给的教学 PPT 与网络搜集信息学习项目分解、工作描述、责任分配等内容。 2. 分小组运用自由市场法学习快件收取项目的项目分解与活动界定、工作描述、工作责任分配、工作关系等内容，并写在白纸上。 3. 各小组相互借鉴所描述的内容，在认为正确的小组旁贴上小红花，并回到自己小组改进答案。 4. 根据改进的内容完成工作页中的问题，合理安排快件收取中每项工作的责任联系、工作排序等内容。 5. 分小组编制项目工作描述表。 6. 各小组成果互评	1. 抽检学生回答工作页中关于项目工作描述内容及要求的答案并点评其准确性（他评）。 2. 抽查学生回答工作页中关于工作描述的问题并点评其准确性（师评）。 3. 根据学生制作项目工作描述表的表现情况进行点评（师评及互评，多元化评价）。 4. 制作项目工作描述表（自评）。 5. 展示项目工作描述表，并进行自评、互评、师评（多元化评价）。 6. 对小组修改后项目工作描述表内容给予分数及简短文字评价（定性及定量评价）
课时： 3 课时 1. 软资源：物流项目管理工作页、项目工作描述表及相关内容书面资料、授课教师制作的授课 PPT、互评评价标准等。 2. 硬资源：多媒体一体机、手机（在教师的监控下使用）、展示白板等			
估算每项工作完成所需的工作时间、突发事件处理时间、有效工作时间，制定项目工作时间估算表	1. 给出互联网搜索的关键词，抽点学生回答学习工作量计算、进度安排等内容。 2. 指导学生了解小组拼图法的学习规则：①引导演示组学习并总结，将内容写在白纸上并展示。②引导专家组对白纸内容进行评价，并提出意见。 3. 引导学生正确回答工作页中的问题。 4. 提出工作量确定、估计工作持续时间、进度安排内容，抽查各小组制作项目工作时间估算表并讲评。 5. 提出互评规则与标准	1. 利用互联网资源独立学习工作量计算、进度安排等内容。 2. 分小组运用小组拼图法进行学习：①本小组对快件派取的工作量确定、估计工作持续时间、进度安排等内容总结并展示。②其他小组组成专家组对该小组总结情况提问，发表意见，本小组对总结内容进行修改。 3. 根据总结内容填写工作页的问题：①快件派取每项活动应花费的有效工作时间是多少？②快件收取的工作进度安排时间与工作量分别是多少？ 4. 分小组制作项目工作时间估算表。 5. 各小组成果互评	1. 抽检学生回答工作页中关于项目工作时间估算及要求的答案并点评其准确性（他评）。 2. 抽查学生回答工作页中关于项目工作时间估算的问题并点评其准确性（师评）。 3. 根据学生制作项目工作时间估算表的表现情况进行点评（师评及互评，多元化评价）。 4. 制作项目工作时间估算表（自评）。 5. 展示项目工作时间估算表，并进行自评、互评、师评（多元化评价）。 6. 对小组修改后项目工作时间估算表内容给予分数及简短文字评价（定性及定量评价）
课时： 3 课时 1. 软资源：物流项目管理工作页、项目工作描述表及相关内容书面资料、授课教师制作的授课 PPT、互评评价标准等。 2. 硬资源：多媒体一体机、手机（在教师的监控下使用）、展示白板等			

校园快件派取项目实施与管理

工作子步骤	教师活动	学生活动	评价
编制项目进度管理计划	1. 给出互联网搜索的关键词，抽点学生回答项目进度管理的方法、计划的编制方法。 2. 指导学生明白旋转木马法的学习规则，引导学生分小组由各成员相互介绍所学内容，监督各小组展示归纳总结成果。 3. 引导学生运用甘特图法、里程碑法等方法编写进度管理方案。 4. 评价学生成果，并引导学生在工作页中绘制正确的编制项目进度管理计划。 5. 提出互评规则与标准	1. 利用互联网搜索信息及教师 PPT 内容学习项目进度管理的方法、影响因素及编制方法。 2. 分小组运用旋转木马法相互介绍项目进度计划的流程步骤，归纳总结后展示给其他小组。 3. 在确定进度管理过程中，运用甘特图法、里程碑法确定进度方案内容。 4. 根据展示内容在工作页中完成确定项目进度计划的各个步骤，并编制项目进度管理计划。 5. 各小组成果互评	1. 抽检学生回答工作页中关于项目进度管理的影响因素及方法并点评其准确性（他评）。 2. 抽查学生回答工作页中关于项目进度流程步骤的问题并点评其准确性（师评）。 3. 根据学生编制项目进度管理计划的表现情况进行点评（师评及互评，多元化评价）。 4. 编制项目进度管理计划（自评）。 5. 展示项目进度管理计划，并进行自评、互评、师评（多元化评价）。 6. 对小组修改后项目进度管理计划内容给予分数及简短文字评价（定性及定量评价）
课时： 6 课时 1. 软资源：物流项目管理工作页、编制项目进度管理计划及相关内容书面资料、授课教师制作的授课 PPT、互评评价标准等。 2. 硬资源：多媒体一体机、手机（在教师的监控下使用）、展示白板等			
编制项目进度实施方案	1. 通过教师机下发时区教学 PPT 并抽点学生回答项目实施内容等问题。 2. 通过视频教学法让学生明白快件派取实施的各项具体工作内容及可交付的成果。 3. 通过行动导向法让学生完成项目实施的依据、结果等问题，并讲解项目描述确定的范围。 4. 对各小组制作过程进行监控及指导，讲评项目实施的制作注意事项。 5. 提出互评规则与标准	1. 接收由教师发来的教学 PPT，独自学习，在工作页中作答，完成项目实施的依据、结果等问题。 2. 观看案例视频，结合工作页情境描述内容，写出项目实施的步骤等内容。 3. 完成工作页中有关快件派取项目实施操作步骤等问题。 4. 分小组确定快件派取项目进度实施方案。 5. 各小组交换完成的实施方案，互评	1. 抽检学生回答工作页中关于工作实施内容及要求的答案并点评其准确性（他评）。 2. 抽查学生回答工作页中关于项目实施的问题并点评其准确性（师评）。 3. 根据学生制作项目实施表现情况进行点评（师评及互评，多元化评价）。 4. 制作项目进度实施方案（自评）。 5. 展示项目进度实施方案，并进行自评、互评、师评（多元化评价）。 6. 对小组修改后项目描述内容给予分数及简短文字评价（定性及定量评价）
课时： 12 课时 1. 软资源：物流项目管理工作页、项目实施方案制订步骤及相关内容书面资料、授课教师制作的项目进度实施方案、互评评价标准等。 2. 硬资源：多媒体一体机、手机（在教师的监控下使用）、展示白板等			

课程 11　物流项目管理

学习任务　校园快件派取项目管理

1 接受任务 → 2 进行项目的可行性分析 → 3 校园快件派取项目实施与管理 → 4 项目总结与改进

校园快件派取项目实施与管理

工作子步骤	教师活动	学生活动	评价
识别快件派取在实施过程中有可能遇到的风险情况，制作项目风险清单	1. 搜索有关物流项目工程实施过程中出现的重大安全事故及其处理结果的典型案例，分发给学生查看和学习，组织学生进行风险管理的重要性和责任感的讨论。 2. 下发教学 PPT 与情境案例，抽点学生回答项目风险管理的过程与工具。 3. 指导学生了解自由市场法的学习规则，引导学生分组完成项目风险识别的技术、编制方法、成果内容。 4. 指导学生完成对其他小组贴小红花的操作。 5. 对各小组回答的项目风险识别问题进行指导。 6. 在各小组编制项目风险清单的过程中进行巡堂指导，及时答疑。 7. 提出互评规则与标准	1. 学习教师提供多个物流工程项目中因风险防控意识薄弱导致的典型事故案例，讨论、分析和学习项目风险的类型和风险防控的重要性。 2. 运用教师所给的教学 PPT 及工作页情境描述独立学习项目风险管理的作用、过程以及工具。 3. 分小组运用自由市场法将项目风险识别的技术、编制方法、成果内容写在白纸上。 4. 各小组相互借鉴所描述的内容，在认为正确的小组旁贴上小红花，并回到自己小组改正答案。 5. 根据前面所掌握的知识分小组尝试分析和确定快件派取项目已识别风险与潜在风险，编制项目风险清单。 6. 各小组成果互评	1. 抽检学生回答工作页中关于项目风险清单确认的影响因素及方法并点评其准确性（他评）。 2. 抽查学生回答工作页中关于项目风险管理的问题并点评其准确性（师评）。 3. 对学生编制项目风险清单的表现情况进行点评（师评及互评，多元化评价）。 4. 编制项目风险清单（自评）。 5. 展示项目风险清单，并进行自评、互评、师评（多元化评价）。 6. 对小组修改后项目进度管理计划内容给予分数及简短文字评价（定性及定量评价）
课时： 3 课时 1. 软资源：物流项目管理工作页、编制项目风险清单及相关内容书面资料、教师授课用 PPT（含视频材料）、互评评价标准等。 2. 硬资源：多媒体一体机、手机（在教师的监控下使用）、展示白板等			
对所列的风险清单内容，运用统计法、决策树法等方法，评估风险的影响程度、先后顺序、转化可能性	1. 给出互联网搜索的关键词，抽点学生回答项目风险评估的工具、方法等内容。 2. 指导学生了解卡片法的学习规则，引导学生将本组意见写在白纸上，并汇总意见。 3. 引导学生正确回答工作页中的内容。 4. 抽查各小组制作 PPT 的情况并讲评 PPT 展示的结果。 5. 提出互评规则与标准	1. 利用互联网资源及工作页情境独立学习项目风险评估的工具及方法等内容。 2. 分小组运用卡片法对快件派取项目风险评估步骤及风险评价影响程度等内容进行总结并展示。 3. 根据总结内容填写工作页中的问题：①校园收发快件所列风险的影响程度有哪些？②如何运用决策树法评价校园收发快件的风险？　③风险评价的步骤有哪些？ 4. 分小组制作风险评价图表。 5. 各小组成果互评	1. 抽检学生回答工作页中关于项目风险评价的影响因素及方法并点评其准确性（他评）。 2. 抽查学生回答工作页中关于项目风险评价的问题并点评其准确性（师评）。 3. 对学生编制的项目风险评价的表现情况进行点评（师评及互评，多元化评价）。 4. 编制风险评价图表（自评）。 5. 展示风险评价图表，并进行自评、互评、师评（多元化评价）。 6. 对小组修改后的风险评价图表内容给予分数及简短文字评价（定性及定量评价）
课时： 3 课时 1. 软资源：物流项目管理工作页、编制风险评价图表及相关内容书面资料、授课教师制作的授课 PPT、互评评价标准等。 2. 硬资源：多媒体一体机、手机（在教师的监控下使用）、展示白板等			

1 接受任务 2 进行项目的可行性分析 3 校园快件派取项目实施与管理 4 项目总结与改进

	工作子步骤	教师活动	学生活动	评价
校园快件派取项目实施与管理	控制并避免风险的发生，制订风险应对措施方案	1. 给出互联网搜索的关键词，抽点学生回答项目风险处理的策略、目标、依据。 2. 提出项目风险处理策略的选择要点，抽查各小组是否选择正确的风险处理策略并讲评。 3. 对各小组填制工作页的风险应对内容与步骤进行指导，控制任务完成过程。 4. 对各小组风险应对方案有误的内容进行评讲及指导。 5. 提出互评规则与标准。 6. 布置课外作业	1. 利用互联网资源独立学习项目风险处理的策略、目标、依据等内容。 2. 根据教师所讲企业风险应对案例，结合学习情境中项目组所面对的风险清单内容，选择正确的风险处理策略。 3. 观看风险应对处理教学视频，按照处理方法填写工作页中有关风险应对的步骤与内容。 4. 各小组制订风险应对方案。 5. 各小组成果互评。 6. 课外收集快递领域以外其他物流领域项目潜在风险及其防范措施，进一步了解不同项目的风险内容，深刻理解风险防控在项目管理中的重要性和普遍性	1. 抽检学生回答工作页中关于风险应对管理的影响因素及方法并点评其准确性（他评）。 2. 抽查学生回答工作页中关于风险应对计划的问题并点评其准确性（师评）。 3. 对学生编制风险应对方案的表现情况进行点评（师评及互评，多元化评价）。 4. 编制风险应对方案（自评）。 5. 展示风险应对方案，并进行自评、互评、师评（多元化评价）。 6. 对小组修改后的风险应对方案内容给予分数及简短文字评价（定性及定量评价）
	课时： 6 课时 1. 软资源：物流项目管理工作页、编制风险应对方案及相关内容书面资料、授课教师制作的授课 PPT、互评评价标准等。 2. 硬资源：多媒体一体机、手机（在教师的监控下使用）、展示白板等			
项目总结与改进	快件派取项目实施总结 PPT	1. 给出互联网搜索的关键词，抽点学生回答收发快件项目总结内容。 2. 指导学生了解头脑风暴法的学习规则：①引导学生描述总结的内容、过程等输入关键词轮流发言，组长汇总记录并展示。②引导其他小组对该组展示结果进行客观评价。 3. 引导学生正确回答工作页中的问题。 4. 引导各小组制作项目总结 PPT，对于总结内容强调实事求是，不应付了事；能够恳地进行批评和自我批评，敢于担责。 5. 提出互评规则与标准	1. 利用互联网资源与工作页的内容独立学习项目总结的内容、过程。 2. 分小组运用头脑风暴法进行学习：①小组成员就项目总结各个步骤等输入关键词讨论，组长汇总成员发言并写在白纸上，向其他小组展示成果。②其他小组运用头脑风暴法对该小组成果进行评价并提出修改意见。 3. 根据总结内容填写工作页中的问题。 4. 各小组以实事求是、敢于担当的原则，根据头脑风暴法汇总及修改的成果分小组制作项目实施总结 PPT。 5. 各小组成果互评	1. 抽检学生回答工作页中关于目项目实施总结内容及要求的答案并点评其准确性（他评）。 2. 抽查学生回答工作页中关于快件收取项目实施总结内容的问题并点评其准确性（师评）。 3. 对学生运用头脑风暴法现场表现情况进行点评（师评及互评，多元化评价）。 4. 制作项目实施总结 PPT（自评）。 5. 展示校园快件项目实施总结，并进行自评、互评、师评（多元化评价）。 6. 对小组修改后校园快件项目实施总结给予分数及简短文字评价（定性及定量评价）
	课时： 6 课时 1. 软资源：物流项目管理工作页、项目实施总结 PPT 制订步骤及相关内容书面资料、授课教师制作的授课 PPT、互评评价标准等。 2. 硬资源：多媒体一体机、手机（在教师的监控下使用）、展示白板等			

课程 11　物流项目管理

学习任务　校园快件派取项目管理

1 接受任务　2 进行项目的可行性分析　3 校园快件派取项目实施与管理　**4 项目总结与改进**

项目总结与改进

工作子步骤	教师活动	学生活动	评价
制订校园快件派取项目改进方案	1. 给出互联网搜索及任务情境的关键词，抽点学生回答项目计划制订的改进方案步骤。 2. 指导学生分组并描述关键词法的学习规则，引导各小组标示项目实施步骤的关键词，小组间互相描述其步骤内容。 3. 组织各小组展开讨论活动。 4. 引导各小组找到改进的方法和措施，指导完成项目改进方案的制作。 5. 收集学生成果并进行点评	1. 通过阅读任务情境及相关信息结合互联网百度搜索，独自学习项目实施问题与解决措施等知识。 2. 分小组将关键词法运用在项目改进措施等步骤中。 3. 以小组为单位，根据前期项目总结内容，进一步讨论项目实施过程中存在的不足，并详细记录。 4. 各小组针对项目中存在的不足，结合实际情况，提出改进意见和措施，并形成项目改进方案	1. 抽检学生回答工作页中关于改进方案及要求的答案并点评其准确性（他评）。 2. 抽查学生回答工作页中关于任务清单内容的问题并点评其准确性（师评）。 3. 对学生运用关键词法现场表现情况进行点评（师评及互评，多元化评价）。 4. 制作项目改进方案（自评）。 5. 展示校园快件项目改进方案步骤，并进行自评、互评、师评（多元化评价）。 6. 对小组修改后校园快件项目计划改进方案给予分数及简短文字评价（定性及定量评价）

课时： 3 课时

1. 软资源：物流项目管理工作页、项目计划制订的改进方案内容书面资料、授课教师制作的授课 PPT、互评评价标准等。
2. 硬资源：多媒体一体机、手机（在教师的监控下使用）、展示白板等

工作子步骤	教师活动	学生活动	评价
任务拓展：制作商业计划书	1. 引导学生通过工作页和网络资源库，认知商业计划书的定义、作用等概述内容，并适当进行知识内容补充和突出重点内容。 2. 指导、收集学生课堂上归纳的商业计划书内容和制作要求，并进行点评。 3. 通过问题引导的方式，引导学生制定社区调查的目标和内容，并检查学生完成情况；对学生不明之处和困难做出引导，商讨解决办法。 4. 引导学生发散思维，进行热烈的讨论，并尝试让学生得出一致的意见和较优的问题解决方案。 5. 在得出社区项目可行的结论下，引导学生进行商业计划书的制作。 6. 布置场地，模拟展示与答辩现场，邀请校内外教师 / 企业专家开展答辩会议。 7. 引导和收集学生最终成果，妥善保管	1. 通过工作页和网络资源库认知商业计划书的定义、作用等概述内容。 2. 根据教材、网络资源等，参考教师下发的"某某商业计划书"样本，归纳学习商业计划书的主要内容和制作要求，并把关键信息写在大白纸上，再张贴到学习墙上。 3. 应用头脑风暴探索将"校园快件派取项目"转化为商业项目的可能性。 4. 以小组为单位利用课余时间到大学校园开展市场调查。在此过程中大胆尝试，交流总结经验，改进方法，提高市场调查的有效性。 5. 在得出社区项目可行的结论下，制作商业计划书。 6. 模拟现场展示与答辩，各小组派代表进行商业展示与答辩。 7. 根据展示答辩情况修改形成定稿，提交给教师	1. 针对工作页中的问题，抽检学生学习情况（师评）。 2. 全面检查各小组归纳要点，评出最优的一组（师评）。 3. 市场调查数据搜集情况（自评）。 4. 商业计划书内容（多元化评价）。 5. 对各小组整体活动的完成情况进行评价，填写评价表格（多元化评价）

课时： 9 课时

1. 软资源：物流项目管理工作页、"某某商业计划书"样本、授课用 PPT、各式评价表等。
2. 硬资源：多媒体一体机、手机（在教师的监控下使用）、展示白板、大白纸、大头笔等

考核标准

情境描述

某中职院校拥有现代物流专业在校学生约 250 人，主要培养的是面向仓配企业的基层操作技工和班组长人才。目前该校尚未建立任何物流专业的实训室，对于一体化教学没有配套的基础设备，也没有配备物流竞赛的基本设备。为了加强学生实操技能的培养，学校决定将校内一个约 200 平方米的库房，改造成一间现代化仓储实训室，以基本满足教学实训、技能竞赛等方面的要求。如果你是该校现代物流专业的负责人，请你以“XXX 学校仓储实训室建设项目”为题，开展项目需求调研，撰写项目实施方案，并在模拟环境中完成项目实施过程和项目实施报告。

任务要求

1. 请围绕“××× 学校仓储实训室建设项目”向校领导充分阐述项目的必要性和迫切性；

2. 开展项目需求调研：参观企业配送中心运作现场和同类型学校物流实训室，结合行业发展趋势和新技术应用，撰写一份项目实施方案（含设备需求清单一份），并通过市场调研，确定招标底价；

3. 结合事业单位项目招投标流程，充分讨论“XXX 学校仓储实训室建设项目”招投标工作中可能存在的风险，并就如何规避这些风险等问题提出建议和意见，形成“XXX 学校仓储实训室建设项目风险预防管理意见书”提交给校领导审核；

4. 根据所给项目实施过程中发生的供货商人员未按规定时间到位、项目进度缓慢、供应商提供的设备不符合规定等 3 个问题，提出合理的解决办法，并形成项目实施报告，提交给校领导。

参考资料

1. 工作页、课本教材、个人笔记；

2. 事业单位招投标管理办法；

3. 某技工院校立体仓储实训室设备采购清单（模板）。

评价方式

由任课教师、专业组长、企业代表组成考评小组，对各小组提交的项目实施方案进行评审、提问和打分，按照评分表对其他考核内容进行打分，共同实施考核评价，取所有考核人员评分的平均分为学生考核成绩。

1. 项目实施方案的可行性、实用性、完整性、创新性，占 25%；

2. 项目实施方案展示与答辩，占 15%；

3. XXX 学校仓储实训室建设项目风险预防管理意见书的可操作性、全面性，内容的完整性，占 15%；

4. 问题处理方法的合理性、有效性、可行性，占 20%；

5. 项目实施报告内容翔实、实事求是、描述清楚、完整，含改进措施，占 15%；

6. 各小组成员在工作过程中的参与度、积极度、团结协作能力、学习态度，占 10%。

学习任务 物流创新创业实训

任务描述

学习任务学时：100 课时

任务情境

随着电商行业的快速发展，网购以其预订方便、选择多样的优越性，越来越受到学生的欢迎，进而造就了快递行业的高速发展；加之学校周边商店较为分散、距离宿舍较远等原因，加剧了快递的需求。然而，快递的发展，带来了一系列的问题——乱摆乱放、治安乱象，极大地影响学生的生活作息和校园治安。因而，物联网概念下的物流服务方案应运而生，不仅延伸了学生的取件时间（学生可以提前预约，无须排队），增加了取件期限（短期寄存），还增加了学生服务的选择内容（可以要求礼品包装、送礼上门、制造送礼惊喜、策划送礼过程、定时定期寄送货物或信件）。针对上述情况，同学们需要组建一个团队，在众创空间里成立物流中心，主要经营如下功能业务：

1. 管理功能：接收快递公司每时段集中送来的包裹，并重新进行编号，登记顾客信息。
2. 寄存功能：提供存储包裹的场所，为不能及时收件的包裹提供短期储藏服务。
3. 派送功能：由派送员将快递按时送往指定地点。
4. 监管功能：对人员进行管理，保证对快递有序管理、确保安全准时地把快件送到顾客手中。
5. 激励功能：通过一定的激励机制，提高工作人员的积极性，尽一切可能降低派送快递的错件率和漏件率。
6. 修正功能：建立完善的客户投诉机制和快递退回机制，及时解决运营过程中出现的问题，努力提高服务质量与水平。

在未来的5周时间内，同学们将在创业导师的帮助下，讨论项目的可行性、规划项目的设计思路、挖掘产品的目标客户群、拟定推广方式，并完成市场调研，设计商业模式，撰写商业计划书，策划和实施项目，完成融资路演等过程。

物流
项目
管理

学习内容

专业知识与技能	1.1 服务对象的确定； 1.2 主营业务的确定； 1.3 涉及的技术要求汇总； 1.4 团队的组建与人员分工	2.1 专业技术上的创新包括： （1）接收快递公司每时段集中送来的包裹，并重新进行编号，高质量、高水平地完成配送快件的业务； （2）合理运用数据库等计算机技术，仔细登记顾客信息，保证包裹顺利托运或寄出； （3）通过一定的激励机制，提高工作人员的积极性等，尽一切可能降低派送快递的错件率和漏件率。 2.2 这些技术创新点怎样形成技术壁垒： （1）项目核心人员具备深厚的行业经历与人脉资源； （2）项目核心人员具备强硬的物流管理经验； （3）项目负责人具备深厚互联网项目开发经验，熟悉物流行业市场营销领域	3.1 项目技术的可行性： 为什么团队可以做这件事？有何技术优势？ 3.2 项目的技术风险： 技术力量是否足够？不够的话怎么解决？怎么保护知识产权？ 3.3 竞品的技术分析： 竞争对手的技术有哪些创新
创新创业知识与技能	1.1 市场调查的基本知识； 1.2 制订调研方案： （1）确定调研对象； （2）选择调研形式； （3）编制调研问卷。 1.3 开展调研实践活动： （1）在线问卷调研； （2）线下调研； （3）网络大数据调研。 1.4 调研报告的撰写： （1）调研数据统计分析； （2）编写调研报告。 1.5 调研报告分享： （1）制作分享 PPT； （2）分享调研过程与结论。	2.1 商业计划书的一般结构。 2.2 商业模式画布的结构与含义： （1）“客户细分”的含义； （2）“价值主张”的含义； （3）“客户关系”的含义； （4）“渠道通路”的含义； （5）“关键业务”的含义； （6）“核心资源”的含义； （7）“重要伙伴”的含义； （8）“成本结构”的含义； （9）“收入来源”的含义。 2.3 讨论、绘制并展示商业模式画布。 2.4 编写商业计划书	3.1 项目在市场方面的可行性：为什么团队可以做这件事，有什么市场优势？ 3.2 项目在市场营销、运营管理等方面存在哪些风险？ 3.3 竞品及其市场分析
 工作环节	工作环节 1 市场调研 挖掘商机 （获取信息）	编写商业计划书 （制订计划） 工作环节 2	工作环节 3 优化商业计划书 （做出决策）
输出成果	1.1 市场调查方案； 1.2 市场调查过程材料（照片 / 录音 / 小视频）； 1.3 市场调查报告； 1.4 市场调查汇报 PPT	2.1 商业模式画布； 2.2 商业计划书	3.1 定稿版商业计划书

学习任务　物流创新创业实训

工作环节 4	工作环节 5	工作环节 6
4.1 管理知识：接收快递公司每时段集中送来的包裹，并重新进行编号，登记顾客信息； 4.2 寄存知识：提供存储包裹的场所，为不能及时收件的人短期储藏包裹； 4.3 派送知识：由派送员将快递按时送往指定地点； 4.4 监管知识：对人员进行管理，保证对快递有序管理，确保安全准时地把快件送到顾客手中； 4.5 激励知识：通过一定的激励机制，提高工作人员的积极性，尽一切可能降低派送快递的错件率和漏件率； 4.6 管理制度：建立完善的客户投诉机制和快递退回机制，及时解决运营过程中出现的问题，努力提高服务质量与水平	5.1 如何测试校园物流服务是否满足学生的要求； 5.2 如何填写质量检测报告； 5.3 第一位使用者有哪些反馈； 5.4 根据反馈进行哪些调整； 5.5 原来预测的成本，现在有什么变化，确定新的成本预算； 5.6 定价策略是否需要调整，请确定新的定价方案； 5.7 基于成本与定价的调整，确定利润情况； 5.8 基于确定的利润情况，预测未来 3 年的发展规划	6.1 总结项目有哪些技术创新点； 6.2 分析项目的成本与收益； 6.3 项目亮点在 PPT 和汇报中的体现； 6.4 路演陈述中如何介绍产品技术
4.1 创新意识： （1）创新动机：随着电商行业的快速发展，网购以其预订方便、选择多样的优越性，越来越受到学生的欢迎，进而造就了快递行业的高速发展；加之学校周边商店较为分散、距离宿舍较远等原因，加剧了快递的需求。然而，快递的发展，带来了一系列的问题——乱摆乱放、治安乱象，极大地影响学生的生活作息和校园治安。因而，物联网概念下的物流服务方案应运而生，不仅延伸了学生的取件时间（学生可以提前预约，无须排队），增加了取件期限（短期寄存），还增加了学生服务的选择内容（可以要求礼品包装、送礼上门、制造送礼惊喜、策划送礼过程、定时定期寄送货物或信件）。 （2）创新兴趣：物联网概念下的配送方案扩大了学生取件的时间范围，扩大了学生的选择空间，提升了学生取件的自由度和体验。 （3）创新情感：让事业结合所学专业，促进创业项目的成功。 4.2 创新技能： （1）物流项目管理能力：采用先进的信息处理和管理技术，对物品进行智能化的包装、配送、装卸和储藏等环节，物品的流动状态可以进行实时的显示，在货物流动的过程中还能进行全程的监控，货物能够及时地送递到需求者的手中。 （2）整合能力：收集、整理、归纳客户资料，对客户群进行透彻的分析。 4.3 创业精神： 物联网的出现被认作为是第三次信息产业变革，物联网逐渐被列入国家的新兴战略产业中。物联网的出现为实现智能物流提供了强有力的技术前提。借助物联网技术推动物流行业的发展，提高物流运输和管理的效率，真正实现物流行业信息化和智能化。 4.4 创业技能： （1）物流项目管理能力：采用先进的信息处理和管理技术，在物品进行智能化的包装、配送、装卸和储藏等环节，物品的流动状态可以进行实时的显示，在货物流动的过程中还能进行全程的监控，将货物及时地送到消费者的手中。 （2）团队建设与管理能力：形成物流管理章程，确保项目按时按质有效落地。	5.1 产品的质量在创业中有什么影响； 5.2 如何向客户承诺产品质量； 5.3 产品质量报告需要哪些权威部门认证； 5.4 正确把握质量与广告的关系、避免法务风险； 5.5 成本的核算； 5.6 销售定价的一般依据； 5.7 利润的计算方法； 5.8 未来发展的预测依据	6.1 项目路演评价标准； 6.2 制作路演 PPT，提升逻辑思维能力； 6.3 完成路演环节，提升专业性的口头表达能力； 6.4 完成个人总结，培养归纳能力，反思及持续改善职业习惯； 6.5 客观评价组员的任务表现
产品设计制造 / 服务提供 （实施计划） 工作环节 4	工作环节 5 产品 / 服务 验证 （检查控制）	工作环节 6 产品 / 服务 发布 （评价反馈）
4.1 快递派送的真实案例资料； 4.2 实施过程（照片、视频、文档）	5.1 质量检测报告 / 总结报告	6.1 路演资料一套（PPT 及视频）

专创融合学习任务

学习任务　物流创新创业实训

1 市场调研挖掘商机（获取信息） → 2 编写商业计划书（制订计划） → 3 优化商业计划书（做出决策） → 4 产品设计制造/服务提供（实施计划） → 5 产品/服务验证（检查控制） → 6 产品/服务发布（评价反馈）

市场调研挖掘商机（获取信息）

教师活动

1. 情境创设：提醒学生阅读工作页中的“情境描述”。随着电商行业的快速发展，网购以其预订方便、选择多样的优越性，越来越受到学生的欢迎；加之学校周边商店较为分散、距离宿舍较远等原因，加剧了快递的需求。然而，快递的发展，带来了一系列的问题——乱摆乱放、治安乱象，极大地影响学生的生活作息和校园治安。因而，物联网概念下的物流服务方案应运而生，不仅延伸了学生的取件时间（学生可以提前预约，无须排队），增加了取件期限（短期寄存），还增加了学生服务的选择内容（可以要求礼品包装、送礼上门、制造送礼惊喜、策划送礼过程、定时定期寄送货物或信件）。针对上述情况，你们需要组建一个团队，在众创空间里成立物流中心，完成快递中最后一百米的送达业务。
2. 组织各组学生讨论这个项目的价值主张和目标定位：我们提供什么服务？这些服务可以解决哪些问题？谁需要我们提供的这些服务？各组绘制一份海报并安排人做出说明。
3. 组织学生讨论这个项目的主营业务：我们具体做什么？涉及哪些技术？需要哪些资源？我们有什么优势？用角色扮演来带入学生思考，各组的角色分工如下：

(1) 每两组为一对，A 组扮演经常网购的同学，向 B 组提出自己的需求（2 项）；B 组扮演校园物流服务中心的经营者，向 A 组解释自己将会怎样满足对方的需求（把方案说得清晰具体），并尽量使对方满意。

(2) A 组和 B 组角色互换（也是 2 项）。

(3) 如果还能从顾客角度想出更多需求，回到①项。

(4) 创业者的这一组负责安排人详细记录顾客需求和针对性的解决方案。

(5) 组织学生汇总、整理记录，得出创业团队的主营业务。

4. 组织学生讨论团队的组建与人员分工：创业团队一般需要哪些人员？谁是项目负责人？各组员分别负责什么？给团队起个什么名字？
5. 介绍市场调查在创业过程中的重要性和市场调研的基本方法。

学生活动

1. 听教师布置任务，阅读工作页中的“情境描述”。① 用荧光笔画出其中的关键词。② 跟组员讨论关键词的含义。③ 对学习任务中存疑的地方向教师提问，直至弄清楚任务情境。
2. 讨论项目的价值主张和服务对象，绘制海报并安排人上台分享。把价值主张和服务对象记录在工作页中。
3. 认真思考、激烈讨论，得出“如果我是经常网购的同学，我可能需要校园物流服务中心的经营者给我提供怎样的服务？”的答案，罗列在纸上，准备向对方提出需求。① 听完对方的解决方案，觉得是否满意？不满意的地方继续发问，直至满意。② 认真听取对方提出的需求，组内讨论，针对这些需求，我们可以怎样解决问题，用关键词列出解决方案，并向对方说明解决方案。③ 各组的需求和解决方案汇总到一起，拼凑出创业者要提供的服务内容，记录在工作页中。
4. 讨论组内分工，绘制组织架构图海报，并分享给其他各组（介绍一下团队），把组织架构图绘制到工作页中。
5. 听教师介绍市场调查在创业过程中的重要性和市场调研的基本方法，将工作页补充完整。

评价

1. 对专创融合学习任务的理解。
2. 是否清楚创业的方向？表达是否清晰有条理？
3. 扮演顾客的，是否能清楚全面地提出自己的需求？扮演创业者的，是否能清楚全面地提供解决方案？
4. 组内人员分工是否科学合理？
6. 调研问卷的问题是否科学有效？
7. 有否开展调研实践？调研报告是否符合要求

市场调研挖掘商机（获取信息）

教师活动	学生活动	评价
6. 组织学生小组制订调研方案： （1）确定调研对象。 （2）选择调研形式：在线问卷？纸质问卷？会议调查？网络大数据调研？ （3）编制调研问卷（10 个问题，含选择题和简答题）。 7. 安排开展调研实践活动：课外时间完成，每一组最少回收 15 份有效问卷，各组的调研对象不能相同。对象可以包括认识的同学和任课教师。组织各组分享调研的情况，收取各组调研报告，并给出该环节的学习评价	6. 各组制订调研方案，编制调研问卷。 7. 开展调研实践活动：① 调研 10 位经常网购的同学和 5 位任课教师，回收 15 份有效问卷。② 进行数据统计分析，得出结论。③以海报或者 PPT 形式完成调研报告提纲及调研结论，向全班分享。④ 编写调研报告并提交给教师评价	

课时：20 课时

1. 硬资源：一体化课室等。
2. 软资源：工作页、参考教材、授课 PPT 等

学习任务　物流创新创业实训

1 市场调研挖掘商机（获取信息） → 2 编写商业计划书（制订计划） → 3 优化商业计划书（做出决策） → 4 产品设计制造/服务提供（实施计划） → 5 产品/服务验证（检查控制） → 6 产品/服务发布（评价反馈）

	教师活动	学生活动	评价
编写商业计划书（制订计划）	1. 展示一份商业计划书，介绍商业计划书的一般结构，阐述商业计划书的作用，让学生对商业计划书有一个初步认识。 2. 展示一张完整的商业模式画布，简要说明商业模式画布的结构。 3. 组织学生讨论商业画布各项要素的含义。 （1）组织各组通过百度等途径，了解商业模式画布中“客户细分”的含义，提醒每组做好说明“客户细分”的准备；抽取某一组来说明“客户细分”的含义，并以本项目为例，说明“客户细分”的对象都有哪些。 （2）组织各组通过百度等途径，了解商业模式画布中“价值主张”的含义，提醒每组做好说明“价值主张”的准备；抽取某一组来说明“价值主张”的含义，并以本项目为例，说明“价值主张”是什么。 （3）组织各组通过百度等途径，了解商业模式画布中“客户关系”的含义，提醒每组做好说明“客户关系”的准备；抽取某一组来说明“客户关系”的含义，并以本项目为例，说明“客户关系”有哪些。 （4）组织各组通过百度等途径，了解商业模式画布中“渠道通路”的含义，提醒每组做好说明“渠道通路”的准备；抽取某一组来说明“渠道通路”的含义，并以本项目为例，说明“渠道通路”有哪些。 （5）组织各组通过百度等途径，了解商业模式画布中“关键业务”的含义，提醒每组做好说明“关键业务”的准备；抽取某一组来说明“关键业务”的含义，并以本项目为例，说明“关键业务”有哪些。 （6）组织各组通过百度等途径，了解商业模式画布中“核心资源”的含义，提醒每组做好说明“核心资源”的准备；抽取某一组来说明“核心资源”的含义，并以本项目为例，说明“核心资源”有哪些。 （7）组织各组通过百度等途径，了解商业模式画布中“重要伙伴”的含义，提醒每组做好说明“重要伙伴”的准备；抽取某一组来说明“重要伙伴”的含义，并以本项目为例，说明“重要伙伴”有哪些。	1. 观察一个完整的商业计划书，分析商业计划书的一般结构，听教师说明商业计划书，有存疑的地方要提出来。 2. 观察一个商业模式画布案例，分析商业模式画布的一般结构，听教师说明商业模式画布，有存疑的地方要提出来。 3. 讨论商业画布各项要素的含义。 （1）通过百度等途径，了解商业模式画布中“客户细分”的含义，讨论本项目的“客户细分”的对象都有哪些？向其他组分享自己的看法（假如被抽到）。 （2）了解商业模式画布中“价值主张”的含义，讨论本项目“价值主张”的对象都有哪些？向其他组分享自己的看法（假如被抽到）。 （3）了解商业模式画布中“客户关系”的含义，讨论本项目“客户关系”的对象都有哪些？向其他组分享自己的看法（假如被抽到）。 （4）了解商业模式画布中“渠道通路”的含义，讨论本项目“渠道通路”的对象都有哪些？向其他组分享自己的看法（假如被抽到）。 （5）了解商业模式画布中“关键业务”的含义，讨论本项目“关键业务”的对象都有哪些？向其他组分享自己的看法（假如被抽到）。 （6）了解商业模式画布中“核心资源”的含义，讨论本项目“核心资源”的对象都有哪些？向其他组分享自己的看法（假如被抽到）。 （7）了解商业模式画布中“重要伙伴”的含义，讨论本项目“重要伙伴”的对象都有哪些？向其他组分享自己的看法（假如被抽到）。	商业模式画布是否合理、完整？ 商业计划书是否能清晰描述创业设计

教师活动	学生活动	评价
(8) 组织各组通过百度等途径，了解商业模式画布中“成本结构”的含义，提醒每组做好说明“成本结构”的准备；抽取某一组来说明“成本结构”的含义，并以本项目为例，说明“成本结构”有哪些。 (9) 组织各组通过百度等途径，了解商业模式画布中“收入来源”的含义，提醒每组做好说明“收入来源”的准备；抽取某一组来说明“收入来源”的含义，并以本项目为例，说明“收入来源”有哪些。 4. 组织各组根据以上的讨论、绘制并展示分享商业模式画布。 5. 布置课后编写商业计划书	(8) 了解商业模式画布中“成本结构”的含义，讨论本项目“成本结构”的对象都有哪些？向其他组分享自己的看法（假如被抽到）。 (9) 了解商业模式画布中“收入来源”的含义，讨论本项目“收入来源”的对象都有哪些？向其他组分享自己的看法（假如被抽到）。 4. 根据以上的讨论、绘制商业模式画布（海报），安排小组成员上台展示与分享商业模式画布。 5. 完成商业计划书编写（课后）	
课时：10 课时 1. 硬资源：一体化课室等。 2. 软资源：工作页、参考教材、授课 PPT、商业计划书案例等		

学习任务　物流创新创业实训

1 市场调研 挖掘商机（获取信息） → 2 编写商业计划书（制订计划） → 3 优化商业计划书（做出决策） → 4 产品设计制造 / 服务提供（实施计划） → 5 产品 / 服务 验证（检查控制） → 6 产品 / 服务 发布（评价反馈）

	教师活动	学生活动	评价
优化商业计划书（做出决策）	组织各组学生深入讨论： 1. 项目的可行性怎样？为什么团队可以做这件事？有什么市场优势？抽取一组上台分享他们的观点。 2. 项目在市场营销、运营管理等方面存在哪些风险？抽取一组上台分享他们的观点。 3. 目前市场上有哪些类似的竞品？竞品有哪些特点？我们与之相比有哪些差异？抽取一组上台分享他们的观点	从市场和技术的角度，深入讨论： 1. 项目的可行性怎样？为什么团队可以做这件事？有什么市场优势？上台分享本组的观点（如果被抽到）。 2. 项目在市场营销、运营管理等方面存在哪些风险？上台分享本组的观点（如果被抽到）。 3. 目前市场上有哪些类似的竞品？竞品有哪些特点？我们与之相比有哪些差异？上台分享本组的观点（如果被抽到）。 4. 结合教师的批改和以上讨论，修订商业计划书，提交定稿版商业计划书	评价定稿版商业计划书
	课时：10 课时 1. 硬资源：一体化课室等。 2. 软资源：工作页、参考教材、授课 PPT 等		
产品设计制造/服务提供（实施计划）	1. 组织学生进驻众创空间，创办校园物流服务中心，安排各组分别接收快递公司每时段（课余时间）集中送来的包裹，并重新进行编号，登记顾客信息。 2. 检查各组学生存储包裹的场所，指导学生安全、规范存放物件。 3. 课堂上组织各组学生分享本组成员轮流负责担任派送员、将快递送到客户手中的情况。 4. 组织学生小组介绍本组的组内人员管理，如何保证对快递有序管理、确保安全准时地把快件送到顾客手中，促进各组相互学习。 5. 安排每一组的项目负责人说明本组的激励机制，以及如何提高工作人员的积极性、降低派送快递的错件率和漏件率。 6. 布置各组建立完善的客户投诉机制和快递退回机制，及时解决运营过程中出现的问题，努力提高服务质量与水平，组织各组学生展示和分享各组的管理制度	1. 快递物件管理：每组学生进驻众创空间一个月，接收快递公司每时段（课余时间）集中送来的包裹，并重新进行编号，登记顾客信息。 2. 寄存物件：提供存储包裹的场所，在众创空间为不能及时收件的包裹提供短期储藏服务。 3. 派送物件：由本组成员轮流负责担任派送员，将快递按时送往指定地点并完成签收。 4. 过程监管：对组内人员进行管理，保证有序管理快递，确保安全准时地把快件送到顾客手中。 5. 激励方式：通过一定的激励机制，提高工作人员的积极性，尽可能降低派送快递的错件率和漏件率。 6. 管理制度：建立完善的客户投诉机制和快递退回机制，及时解决运营过程中出现的问题，努力提高服务质量与水平	是否能按时开发出众创空间 App？运行体验是否良好
	课时：40 课时 1. 硬资源：一体化课室等。 2. 软资源：工作页、参考教材、授课 PPT 等		

基准学时：100

1 市场调研 挖掘商机（获取信息） → 2 编写商业计划书（制订计划） → 3 优化商业计划书（做出决策） → 4 产品设计制造 / 服务提供（实施计划） → 5 产品 / 服务 验证（检查控制） → 6 产品 / 服务 发布（评价反馈）

	教师活动	学生活动	评价
产品/服务验证（检查控制）	1. 请各组学生介绍自己创作的故事音频有哪些特色和教育意义，指导各组持续完善音频。 2. 引导学生填写工作页中的质量记录。 3. 检查各组的音频修改情况。 4. 指导各组学生完成财务分析。	1. 分析校园物流服务中心是否满足广大学生收快递的要求。 2. 填写质量工作报告（工作页）。 3. 讨论第一批听众的反馈意见。 4. 根据反馈意见进行调整。 5. 确定新的成本预算。 6. 定价策略是否需要调整？请确定新的定价方案。 7. 基于成本与定价的调整，确定利润情况。 8. 基于确定的利润情况，预测未来 3 年的发展规划	评价质量工作报告（工作页）
	课时：10 课时 1. 硬资源：一体化课室等。 2. 软资源：工作页、参考教材、授课 PPT 等		
产品/服务发布（评价反馈）	1. 说明项目路演评价标准。 2. 组织各组制作路演 PPT，并进行项目路演。 3. 布置完成个人总结，客观评价组员的任务表现	1. 听教师介绍项目路演的评审标准，总结项目有哪些技术创新点，分析项目的成本与收益，注意项目亮点在 PPT 和汇报中的体现。 2. 小组制作路演 PPT，从项目背景、市场分析、产品介绍、创新做法、市场定位、营销渠道、财务预测、风险预测、3 年规划、团队介绍等方面进行项目路演。 3. 在工作页中填写个人工作总结，客观评价组员的任务表现	从项目的创新性、商业价值、财务分析、团队介绍、答辩情况等方面综合评价学生的路演
	课时：10 课时 1. 硬资源：一体化课室等。 2. 软资源：工作页、参考教材、授课 PPT、路演 PPT 案例路演录像、路演技巧讲解教学视频等		

专创融合学习任务

评价方式与标准

评价方式

评价方式可参照创新创业大赛的形式，或直接参加校级创新创业大赛，通过现场展示进行考核评价，展示各项目团队制作展示的 PPT、视频等材料，上台介绍项目的基本情况、商业价值、技术创新、商业模式、财务状况、团队分工等情况，现场评分。

评委组成

由任课教师、创新创业指导中心教师、校外创业导师组成。

评审标准

评审内容	评审细则	配分
商业价值	1. 符合国家产业政策和地方产业发展规划、现行法律法规相关要求。 2. 竞品分析充分，对项目的产品或者服务、技术水平、市场需求、行业发展等方面定位准确、调研清晰、分析透彻。 3. 商业模式设计可行，具备盈利能力。 4. 在竞争与合作、技术基础、产品或服务方案、资金及人员需求等方面具有实践基础	25 分
创新水平	1. 具备产教融合、工学结合、校企合作背景。 2. 突出原始创意和创造力，体现工匠技艺传承创新。 3. 项目设计科学，体现“四新”技术。 4. 体现面向职业、岗位技术创新、工种的创意及创新特点（如加工工艺创新、实用技术创新、产品 / 技术改良、应用性优化、民生类创新和小发明小制作等），具有低碳、环保、节能等特色	25 分
社会效益	1. 服务精准帮扶、农民增收、绿色发展等需要。 2. 具有示范作用，可复制可推广。 3. 具备可持续发展潜力，促进社会就业	15 分
团队能力	1. 团队成员的价值观、专业背景、实践经历、能力与专长、业务分工情况。 2. 指导教师、合作企业、项目顾问和其他资源的有关情况及使用计划。 3. 项目或企业的组织架构、股权结构与人员配置	15 分
回答问题	答辩过程中，回答问题准确、有条理	20 分